# 稀世珍本

# 经典华拳（上册）

蔡龙云 著

人民体育出版社

# 作者简介

蔡龙云（1928年11月—2015年12月）汉族，山东济宁人。中国共产党党员。中国著名武术技击家、理论家、教育家，上海体育学院教授，原国家体委武术研究院副院长。中国武术九段，国际级武术裁判。

曾任上海体育学院武术教研室主任、体育系副主任，上海市武术协会副主席，上海市职工武术气功协会主席，中国武术协会副主席，中国武术学会副主任，中华全国体育总会委员，第7届全国政协委员。

幼年习武，擅长华拳、少林、太极、形意诸技，尤精技击。1943年、1946年，先后在上海与西洋拳击家比赛，以中国拳法击败俄国拳击家马索洛夫、美国重量级拳击冠军鲁赛尔，被人们誉为“神拳大龙”。1953年，在全国民族形式体育竞赛暨表演大会上获“优秀奖”；后入选国家队并兼任政治辅导员。1956年开始，屡任国际、国内武术比赛裁判长、总裁判长，任第11届亚运会武术竞赛委员会主任。

多年从事武术教学、科研和管理，卓有建树。著有《武术运动基本训练》《华拳》《剑术》《少林寺拳棒阐宗》和《琴剑楼武术文集》等专著十余部。曾主编我国第一部《武术竞赛规则》，参与编写全国体育院校通用《武术》教材。在报纸杂志上发表学术性、技术性、知识性文章七十余篇。

为武术事业做出卓著的贡献，1959年被国家体委授予“第1届全国运动会先进个人”；1983年任全国武术遗产挖掘整理工作组副组长，1984年获国家体委授予“全国武术挖整工作先进个人”；1985年被评为“全国体育优秀裁判员”，同年，被授予“新中国体育开拓者”荣誉奖章；1988年荣膺中国国际武术节“武术贡献奖”。1991年起，享受国务院颁发的“政府特殊津贴”；2008年，上海市教育委员会为他建立了“蔡龙云大师工作室”。

# 序一

## 人去遗文在，丹心照汗青
## ——蔡龙云先生遗著序

蔡龙云先生，不仅是新中国第一所体育高等学府上海体育学院的一位名师，也是享誉国内外的武术大师。

蔡龙云先生的一生是武术的一生。作为武术家之子的蔡龙云，幼年习武，少年两次技挫国外拳击家（1943年、1946年），而在武林享有“神拳大龙”之誉。青年参加全国第２届青年代表大会（1952年）、1953年获“全国民族形式体育表演及竞赛大会”金质奖章、1954年入选国家武术队兼政治辅导员。中年参与新中国武术标准化建设，1957—1959年间作为国家体委武术研究小组组长先后完成了武术动作的技术规格、武术身体的训练系统、武术竞赛规则的研制、“甲组、乙组、初级刀枪剑棍拳”三级五类套路的编创、武术教材的编写等现代武术运动技术系统的建设；1960年调入上海体育学院后，负责编写了1961年、1978年、1983年全国体育院校通用教材《武术》，主编了《国际武术教练员培训教材》《国际武术裁判员培训教材》；1986年任国家武术研究院副院长后，组织了第一次全国武术工作会议、制定了武术走向世界的战略。

蔡龙云先生的一生又是现代与传统交融的一生。作为中西体育文化碰撞时代的一位武术昆仑，先生在积极地面对西方体育时以创新的精神为中国武术的现代化转型做出了卓越的贡献，被授予“新中国体育开拓者”荣誉奖章；同时，更为难能可贵的是先生带着对传统武术文化的万般崇敬，不仅以“武术发展道路的‘舞与击’，散打的‘击必中，中必摧’，套路的‘四击八法十二型’技法、‘工、行、醉、绵、劲、别’的演练样式、‘五体称，乃可谓之形备’与‘筋骨遒，乃可谓之质善’的美学理念”等学术归纳与理论提炼，为现代武术的中国话语、中国武术的理论建设，做出了永不磨灭的历史贡献；而且无论是1983年先生作为全国武术挖掘整理工作组副组长组织了武术遗产的挖掘整理工作，还是在2008年上海市教育委员会为先生建立了“蔡龙云大师工作室”以后，连续7年对中国武术经典套路华拳的亲身传授和系统整理，清晰可睹的是先生一以贯之的武术现代化建设的中国立场。

作为蔡龙云大师遗著出版的前言，以上的只字片语，一方面是对大师的纪念，另一方面要将大师继承与创新精神转化为上海体育学院世界一流体育大学建设的动力，服务于中国体育文化自觉的建设。

上海体育学院院长　陈佩杰

2016年11月27日

# 序二

## 承载中国武术历史荣耀
## 见证中国武术辉煌时刻
### ——悼大师蔡龙云

在2015年10月11日晚22:00劝先生“去医院、服药、陪同”不果后，10月12日早8:00送先生去长海医院急诊，随后与同事每日探视先生，11月13日先生成功完成心脏支架手术，11月17日由重症监护转普通病房一级监护，12月15日转新华医院重症监护，12月19日晚国家体育总局武术运动管理中心张秋平主任、陈国荣副主任等专程来沪探视，见先生比在长海医院更为清晰的谈吐，愈发坚定我们对先生能够三拳两脚击败疾病的信念，激发了我们在大师工作室再睹先生身姿的期待，忽闻12月19日11:40先生心衰仙逝的噩耗，20日凌晨在天也悲悯而落泪的绵绵细雨中陪家属送先生至安息厅，20日下午14:00召开上体武术学院领导班子紧急会议，22日上午碰头会再进行专题商讨，23日下午13:30～16:40组织大师蔡龙云追思会，24日下午14:00在天再悲痛而垂泪的小雨中与近千人赴大师告别仪式……

12月19日，中国武术告别了一段荣耀的历史，中国武术随着蔡龙云大师的驾鹤西去而翻过了光辉的一页。

先生的一生，是神话的一生。先生出生武术世家，少年技挫国外拳家，在公开赛的拳台上与国外拳击家的实战中展演了中国武术的拳脚功夫，而名扬武林。先生青年时参与现代武术标准化建设，以武术的动作规格、武术的身体训练系统、武术竞赛规则的研制、（甲组、乙组、初级刀枪剑棍拳）三级五类套路的编写……建构了现代武术的技术系统。先生中年亲历现代武术的发展，不仅组织了第1届全运会武术比赛、第一次全国武术工作会议、武术遗产的挖掘整理工作、走向世界战略的制定……推进了新中国武术的发展，而且以武术发展“舞与击”两轨的发现、武术技法的“四击八法十二形”的归纳、武术套路演练“工行醉绵劲别”样式的概括、剑术把法“满把、螺把、压把、钳把、刁把”的新提炼……奠定了现代武术的理论基石。先生晚年参与上体武术学院博士点建设，为全国体院学科带头人和管理人员的培养呕心沥血，并以蔡龙云大师工作室亲力亲为地服务于上海城市文化建设。

先生的一生，是传奇的一生。先生能击善套，查华炮红、太极形意八卦样样精通，系中国武术不可多得的全家，乃名扬国内外的技击家、武术家，其影响力不仅是中国的也是世界的，是跨越时空的。先生的《武术运动基本训练》一书不仅是李小龙案头常读宝典，而且是其《基本中国拳法》的部分内容，成为其《龙争虎斗》影片将华拳“击步三不落（摆莲）”改造成“击步三不落（旋风脚）”的依据。先生能讲善思，既袭又创，以书法比附武术演练样式（如一招一式的工式、动作连贯的行式等），从中国文化语境把握武术规律（如套路的“五体称可谓之形备，筋骨遒乃谓之质善”，散打的“击必中，中必摧”目标、“德气、德机、德时、德势”品质）……是中国武术百年难遇的文武兼备的思想家。

先生的一生，是博爱的一生。先生不仅在教师岗位上为中国武术的持续发展培养了一大批栋梁英才，而且关心指导了许多未曾谋面的“学生”。20世纪90年代初尚在江苏省宝应县中学教书的我，曾就太极拳研究习作求教在国家武术研究院任副院长的先生，令吾意想不到的是先生不仅回函而且具体指导我阅读毛泽东主席的矛盾论和实践论。先生具有激励后学的感召力，使许多后学拥有了终身奋斗的动力。在我从华东师大硕士毕业来上体报考民传博士面试后，先生作为民传博士指导小组组长极力向时任系主任的邱师建议：“该生考不进来的话，就将他先招进来！”先生勤于指导后学，每一位与其相遇的人均能得其关爱。在我以《武术技击的乌托邦》开题，按师弟的说法“一石激起千层浪”后，先生穿胶鞋提雨伞来博士楼宿舍与我促膝长谈，力避了我创新冲动中的踉跄。在我留校到校办工作后，先生曾语重心长地指导我“多面谈，少电话”的工作法。在我回武术学院工作后，先生又以“会议应由书记主持，你最后讲话”等更为细微关心指导我的管理工作。

先生的一生，是光辉的一生。正如“自然和自然的奥秘隐藏在茫茫黑暗之中，上帝说让牛顿降生吧，于是一片光明！”那样，为了以武术振奋民族精神、弘扬优秀传统文化，苍天让先生降临人间，并让其从中小学教师、职教校长最终与我们武术工作者相遇。就像“上天如果不降生孔子，世界就会千秋万代如在黑夜之中”那样，如果没有蔡龙云为代表的一代大师，现代武术还不知何时才能成为一个专业、一个二级学科。作为现代武术的光明者，先生“不立碑、不入土的海葬”遗嘱，如陶行知“捧一颗心来，不带一根草去”，反映其光明磊落的一生。但是，光者，燃烧自己照亮他人。先生以其87年情撒武术的一生，为中国武术布下的星星火种定会成燎原之势，并在中国武术蓬勃发展中、在中国武术服务当下中国人尤其是青少年精神世界的建设中、在中国武术成为中华文化软实力的组成而走向世界中永生。

**蔡龙云先生永垂不朽！**

上海体育学院武术学院院长　戴国斌

2015年12月30日

# 目 录

## 上 册

## 下 册

# 第一章　华拳概述

## 一、华拳的起源与发展

“华拳”是个古老的武术拳种。与其他拳种一样，它是由劳动人民创造，并于唐宋时期被当时的技击家作了进一步的整理与组织，明朝时期进行了艺术加工，而逐步发展成为武术运动中一个有系统性的拳种。

练“华拳”的人，均尊奉唐开元年间的技击家蔡茂为“华拳”的创始人。那时候，华山附近的游侠士蔡茂，精技击，擅剑术，散居长安。闲时兴起，常拔剑起舞做龙蛇之势，即便空手也能腾跃做旋风状。后来与权贵家结仇，手刃仇人，隐避山东，以其术传子授人，成了后来“华拳”的创始人。蔡茂的技击在那时候虽已成“术”，却还没有成“套”（套路），同时也还没有出现“华拳”这个名词。

宋宣和年间，蔡茂的后人蔡泰（字无骄）、蔡刚（字有为），继承祖先之术，勇武过人，常被州郡选为相扑手参加诸道州郡或京都的“露台争交”。在厮擂“遮截架解”的格斗实践中，他们的技击术得到了发展，并自成一家。后来“华拳”的“乍动乍静，势无常定”“见机不失，遇时不疑”“动中寓守，败则无虑；守中有动，胜则有机”“欲进先退，敌不为防；欲退先进，敌不为逼”“敌进欲动，迅而击之；敌退欲守，逼而击之；引敌外偏，直而击之；诱敌直入，截而击之”“骄则无备，怯则无勇；善败不亡，敢胜有为”等的扑打“术略”，据说就是由他们传留下来的。

在那时候，瓦舍的相扑艺人中间出现了一种“乔相相扑”和“打套子”的运动，或单舞或假斗，均都成套有谱。相扑虽假，但具格斗之法。左右军、英略社、角抵社的一些都头、健儿、游侠子弟，对这“乔相扑”和“打套子”的运动颇感兴趣，多有从艺人学习的经历。蔡泰、蔡刚也从而习之，并在闲时以自家的技击术按照“乔相扑”和“打套子”的规矩法度编造起套路来。套必有名，为了表示他们没有忘记自己的祖先出身华山，便把所编造的套路命名为“华拳”。后来“华拳”这个名词，不仅代表着他们的套路运动，同时也代表了他们的技击运动。至此，“华拳”不仅击有其“术”，而且舞有其“套”，成为了一个运动方式较为完整的拳种。

“华拳”传至明嘉靖年间蔡挽之的时候，它的套路运动在其他的民间体育、舞蹈、造型、乐律等艺术及医学的影响下，不论在内容或形式上更为充实和完整。“动迅静定，势正招圆，心动形随，意发神传”的“形神兼备”的运动特点，已经成为套路“技法”的灵魂。在这时候蔡挽之还总结了武术套路编造的艺术手法，提出“华拳”套路的编造应该“虚实相生，繁简相间，开合分疆，宾主分位”。后来的“华拳”套路，都是依据这个艺术手法来进行编造创作的。

“华拳”传至清代蔡公盛、丁玉山等人，它的套路运动已经发展到四十多种。其中有徒手、有器械，有初级、有高级。具有代表性的一路至十二路“华拳”，在这时候基本定型，成为近代“华拳”发展的蓝本。

由于“华拳”的套路运动逐步地向高级、复杂发展，相应地出现了为套路运动打好功底的“基本功”。蔡公盛曾说：“拳有基，拳有本，练拳艺。”不仅指出套路运动必须通过基本的身体素质训练和基本的运动技巧训练之后，才能练习拳艺，而且强调身体素质的训练，他为“华拳”的套路运动提出了“腰要柔，腿要活”“裆要站，顶要拿”（手倒立）的训练要求，且创造了腿部“压、扳、悬、踢、劈、撕、耗”，腰部“俯、转、拧、翻、晃、窝、弹、甩、定、下、耗、揉”，上肢“耕、卧、推、吊、靠、空、爬”，下肢“提、弓、虚、马、站”等包含三十一法七十二势专门训练腰腿柔韧和上下肢力量的“基本功”。

在这时候，丁玉山则提出了“简以刚补，繁以柔补”和“衬宾托主”的练法，为“华拳”套路运动的“技法”作了补充。

清末民初，蔡桂勤（人称拙亭先生）与其弟桂俭（廉亭先生）、如修法师（俗姓李名瑞云）等人，是“华拳”近代发展的代表人物。拙亭先生年轻时即走镖晋陕甘宁及大江南北，在绿林道的生活实践中进一步丰富了“华拳”的技击术，并把技击术中的“欲发先收”的发力技巧融化到套路运动的“技法”中去，使“华拳”套路运动的发力技巧有了新的发展。廉亭先生则在“华拳”套路运动的“技法”上提出了“撑、拔、张、展”的练法，为“华拳”的挺拔俊逸、骨清肌健的运动风格奠定了基础。如修法师出家灵隐，将释家的禅功与“华拳”套路运动结合发展为“罗汉拳”，形成了“以气为主，以形为辅”的练法，创造了“提、托、聚、沉”的呼吸“技法”。

当前流行的“华拳”多是直接或间接师承于拙亭先生，而其练法则多宗于廉亭先生的“撑、拔、张、展”“以气为主”的练法，在山东一些年龄较高的“华拳”练家群里还可以见到。

在新中国成立前，“华拳”和“查、花、炮、红”等拳种同样受着“全盘西化”和“复古主义”的双重危胁，几乎陷入失传的境地。新中国成立后，在党的重视、爱护与提倡民族体育的基础上，重新获得新生，并在“百花齐放”的方针指导下得到了长足的发展。

## 二、华拳的基本理论

华拳，起源于山东的济宁。它以精、气、神“三华贯一”的古代哲理作为拳法的理论基础，为此唤作“华拳”。华拳的基本理论，简而言之大致可归纳为十说。

### （一）五体匀称说

华拳把人体的躯干、两上肢、两下肢唤作“五体”，亦称“五骨”或“五筋”。认为拳法的任何一个动作和势式，无不由这五条线所组成。如果这五条线的组合结架不匀称、不工整，就不能算是具备了拳法的“拳形”。《华拳秘谱》载：“五体称，乃可谓之形备。”因之主张“其形”必须是“方中矩，圆中规，自中绳衡平均施，敛束相抱，左顾右盼，八面供心”。每个动作和势式都要顾及空间的前后左右、上下高低，做到不偏不倚、中正安舒、势正招圆、形体工整。

## （二）筋骨遒劲说

华拳认为拳法仅仅做到了五体匀称、形体工整还不够，还是空架子，应有“质”的要求。为此《华拳秘谱》里强调说：“筋骨遒，乃可谓之质善。”只有把组成拳法动作和势式的“五体”充实了遒劲，有了力度，使形体的五条筋骨强劲有力，才算是达到了“质”的要求。否则，便是“精而无骨，有其形而无质也”。即使是绵柔体势的拳法，同样也需要筋骨遒劲。《拳谱》载：“绵拳非无骨也者，乃风骨内敛而已。”为此，华拳非常强调“骨法”，主张“贯其力于股肱之中”，使四肢躯干经常处于张力状之下。

“精者，形也质也”“刚健中正，精之纯粹也”。五体匀称工整，筋骨充实遒劲，“体称劲遒”方够得上拳法的“形质完善”。

## （三）心为主宰说

《华拳秘谱》载：“心统性情，一身之主宰也。”“其心动以诚，则支节必力；其心动以疑，则支节必背。”“心正而后身正。”指出形体的任何运动，都是受内在的心志活动所支配。仅有外在的形体动作，而没有内在的心志活动，这样的拳法还够不上“质”的高度。对此，华拳的“心坚则精劲”“心若不坚则形无劲健也”，强调“体称劲遒”的内在因素还在于“心力”的主导作用。认为“心动则气生”“心肃则神凝”，心志活动主宰着拳法的一切，所以华拳主张“心动形随”。

### （四）动迅静定说

《华拳秘谱》载：“势为守，属阴，主静；招为攻，属阳，主动。”其意是防守的招式主静，进攻的招式主动，并非防守唤式，进攻唤招。然而“静非不动，动非不静”，应该是“静中有动，动中有静”。如果“应动而静，则养敌以生奸；应静而动，则失时以败事”。于是强调“静如潜鱼”“动如奔獭”“进如风雨”“退若山岳”，动迅静定，有节有序。

### （五）不柔不刚说

华拳主张拳法既不可纯柔，也不可纯刚。主张不过柔、不过刚，刚柔宜取“中和”。所以《华拳秘谱》说：“纯柔纯弱，其势必削；纯刚纯强，其势必亡；不柔不刚，合道之常。”

### （六）虚实相生说

华拳把拳法的有形看作是实，无形看作是虚。《华拳秘谱》载：“有形为实，无形为虚。”在角抵相搏时，“虚则难攻，实则易破”。因为“无形，其情难见”，动静强弱深邃莫测；有形方可辨其情。为此，主张“搏贵无形”，使自己常处于藏形匿迹的地位。“虚”字也作假象讲，为了使对方从“无形”暴露为“有形”，就须“示之以虚，迎之以实”，给对方以种种假象，利诱对方。而当对方的形迹暴露时，则须以真实的力量予以迎击。“虚”和“实”又作强弱刚柔讲，在迎击对方有形的进攻时，还须“避其之实，击其之虚”，要善于避开对方的长处，攻击对方的短处。然而，虚实又是“因势制宜”的，根据形势的变化，实可变虚，虚可变实，“无不虚，无不实”“虚实相生如循环之无端”，使对方难测其终始。

### （七）气机时势说

华拳在角抵相搏时，非常重视“得气、得机、得时、得势”，认为这是在艺高基础上决定胜与负的关键，谓之“四德”。《华拳秘谱》载：“善搏者，以勇为先，以气为决。”“气以实志。”“志，气之帅也。”而“勇”则是“志之所以敢也”。认为“怒发气生，目无锋刃；志之所向，无坚不入”“搏而胜者，搏其勇者也”。如果在相搏中，“虽有其才而无其志，不能兴其功”。因为“胜在得气，败在失气”。故华拳主张角抵相搏，首先要“得气”。

所谓“得机”，“察其动向，乘其未定，击其不意也”。华拳认为角抵相搏莫“神于得机”，要善于察看对方的动向，乘其欲动未动、动而未定之机，迅速击之。然而这种机会在空间与时间上往往是“先后不容瞬，远近不容分，先之一刻则太过，后之一刻则失时”“间不容息”，须恰得其宜，方为“得机”。善“得机”者胜。

所谓“得时”，“见利不失也”。角抵相搏，当对方有隙，于我有利时，不能狐疑不决。“时难得而易失”，犹豫则迟缓，迟缓则失时，失时则不胜。因此，华拳强调“得时无怠，时不再来”。认为胜负关键“得在时，不在争”，必须“见利不失，遇时不疑”。

所谓“得势”，“顺其势也”。“势者，皆顺而不逆之谓也”。角抵相搏，华拳主张“因势而利导之”，不相违阻。因为“逆阻则失势”，失势则不胜。

有了“气、机、时、势”这“四德”，方能操相搏之胜券。

### （八）提托聚沉说

华拳重视呼吸的调节，有“提、托、聚、沉”等调节呼吸的方法。主张在一般情况下，由低势动作进入到高势动作或跳起动作时，运用“提法”；在高势或低势的静止性动作出现时，运用“托法”；在刚脆短促有力的动作出现时，运用“聚法”；由高势动作进入到低势动作时，运用“沉法”。而这四种方法，又须“体生气，气养体”，随着动作势式的变化自然运行，不能强做吞吐。在总体上还须“气贯丹田”，时刻注意“平心静气”。

### （九）连绵相属说

《华拳秘谱》载：“拳法各势，须是始终连绵相属，气脉不断。”认为“气通乃生”，最忌一个“断”字。然而所谓“连”，也并不是各势之间不允许有间歇的空隙，而是强调在各势之间必须做到“形断意连”“势断气连”，善于运用内在的心志活动，通过眼神把前后动作的意向接连起来，使拳法势势相连，贯串一气。

### （十）二而为功说

《华拳秘谱》载：“一物二体，气也。”“拳法之阴阳、刚柔、顺逆、向背、奇偶，皆二也，非一也。”“二而为功”，认为“二不立则一不见，一不见则二之用息”。有了阴与阳“二”的对立统一，才会有运动、有变化，才会产生功用来。“双重则滞”，如果一事物中的两方，都是阴或都是阳，以阴对阴，以阳对阳，这都唤作“双重”，犯了“阴阴”或“阳阳”的双重，一切均将滞息。因为“阳不独立，得阴而后成；阴不自专，因阳而后行”。“阴阴”总是“阴”，“阳阳”总是“阳”，它只有一气，而没有二气。“阳遇阴则通，遇阳则阻”，所以就不可能产生运动、产生变化、产生功用。为此，华拳强调“神附于形，由心而发，二而为功”。把“神”看作是“功也用也”，是附于形体的、受心支配的，有了“二”的对立统一，才产生功用。非常重视“阴阳二气”的对立统一因素。

## 三、一至四路华拳简介

### （一）一路华拳

“一路华拳”，是“西岳华拳”系里十二路高级拳术套路中的第一套。它的内容很丰富。上肢，包括了拳、掌、钩、爪四种“基本手型”和冲、推、栽、切、劈、挑、顶、架、撑、撩、穿、摇十二种伸屈回环的“基本手法”；下肢，包括了弓箭步、马步、仆步、虚步、丁步五种“基本步型”和行步、倒步、迈步、偷步、踏步、击步、跃步七种“基本步法”。

另外，它还包含着许多的左右单腿独立的“平衡动作”，二起脚、旋风脚、跳步横踹、跃身摆莲等“跳跃动作”，前扫、后扫、偷步转身、提腿转身等“旋转动作”以及少数的“折体动作”。

这些基本手型、手法、步型、步法的运动不仅锻炼了上下肢的力量、速度、灵活等基本素质，而且因这套拳路数较长，又能培养身体的耐力。

### （二）二路华拳

二路华拳，是一套既可以像“一路华拳”那样单打独练，又可以两人进行对练的拳术。因其内容结构从搏斗的假设性出发，而具技击使用方法明朗之特点。在手法上，它有冲、格、搧、拍、推、架、扣、遮、钩、摆、砍、夹、劈、挑、抓、揿十六种；在腿法上，有踢、弹、扫、摆、钩、蹬、踩、踹八种；此外，还包含有中国擒拿术中的缠腕、切腕、卷腕、拧手、扭臂、别肩、扼喉、跪腿、按揿等腕部、臂部、肩部、颈部、腿部的各种拿法，以及中国地躺摔法技巧中的“扣腿挫骨”“翻身别腿”等各种地躺的摔法。

这些技击的使用方法，在对打对拆的时候，由于它的多种变化，一方面反映了中国拳术法则的丰富，另一方面也增加了学习的兴趣；而在单打独练的时候，这些使用方法则形成了上下肢的伸屈回环和摆动，扩大了上下肢的活动范围。例如“翻身别腿”的动作，在对打对拆中是两手扶地，用腿别住对方；而在单打独练中则是两手并不扶地的“摆莲”动作。从这里也就说明拳术套路的运动目的还是在于锻炼，技击的使用方法在单打独练中也必须服从于锻炼。

二路华拳，除了技击的使用方法较多之外，在内容上还包含了“箭弹”“旋风脚”两种跳跃的动作，“盘腿跌扑”“前滚翻”“后滚翻”“贴地滚转”以及“鱼跃滚翻”和“鱼跃腹扑”（后两种在对打对拆中才出现）六种跌扑滚翻的技巧动作。

这些动作，除了“旋风脚”之外，都是“一路华拳”里所没有的，对培养勇敢、灵敏、活泼等品质具有积极的作用。

最后必须说明的是：武术套路的组成，它的内容结构一般都是以技击动作为中心的（当然也有许多不是以技击为中心的），特别是在两人对打对拆中表现得更显著。这些动作比较剧烈，并不断发生身体接触，须端正学习态度，从锻炼身体出发，避免伤害事故的发生。

## （三）三路华拳

三路华拳，是十二套高级华拳套路里面路数较短的一套。它的特点是：轻快、活泼，结构紧密；腾空的跳跃动作多，难度较大。

它的内容，除了拳、掌、钩等不同的“手型”，弓、马、仆、虚、歇等不同的“步型”之外，在“手法”上包括了推、穿、劈、撩、搂、托、摇、掖、摘、栽、冲、挎十二种的拳掌活动；在“步法”上包括了踏步、击步、行步、倒步、跳步、嗤步六种；在“腿法”上包括了钩踢、飞脚、拐腿、跨腿、蹬踹、里合六种；同时还包括了后扫腿和前扫腿。

它的结构顺序，几乎是以腾空的跳跃动作为主来着手处理的，在它来回六趟（六段）的路数中，就有五趟安插了不同形式、不同方法的腾空跳跃动作，而有的跳跃动作还是由几个动作连合组成的。

第一段（趟），在踏步急行的后面，紧接着就是由二起脚、蹤步撩踢、跃身摆莲三个腾空的跳跃动作连合组成的“五凤齐飞”（也唤作三不落）。

第二段（趟），在倒步快行之后，盘腿前扫和二起脚组成了“龙盘凤飞”。

第三段（趟），在旋风脚这个腾空的跳跃动作之后，间隔着马步架打、拐腿，及随后的跃身摆莲。

第四段（趟），在左右行步云手飞脚之后，丝毫没有助跑、助跳的条件下，再一次安插了一个腾空的二起脚。

第五段（趟），虽然没有腾空的动作安插其中，但该段安排了后扫腿和击步与跨腿组成的“飞身跨马”，一点儿也没有减少它的轻快特色。

第六段（趟），在踏步急行之后还安插了一个在空中转体一周的四分之三的转身摆莲。

这样的结构顺序，因跳跃和步法，以及某些活动性的快速动作的紧密结合，突出了它的轻快、活泼的特点；同时也由于有这些跳跃动作（有的具有助跑、助跳的条件，有的具有助跳而没有助跑的条件，有的助跑、助跳的条件都没有，有的在空中向前踢腿，有的在空中向里摆腿，有的在空中转身等）而对跳跃、协调能力提出了较高的要求。但是，也正由于这样，三路华拳才具有轻快、活泼的独特风格和为训练运动员的速度、灵敏、动作准确、不怕困难等良好品质提供了学习条件。

## （四）四路华拳

四路华拳和“二路华拳”一样也是吸取了中国技击的踢、打、摔、拿等击打动作而组成的一套既能够单独练习，又能够对打练习的拳术套路。它的特点是：在单独练习中，颇具浑厚、朴实的运动风格；而在对打练习中，则突出了攻守技巧的活泼，其搏斗的运动形象具有雄伟、勇健的气势。这个特点是由于搏斗的手法和击打动作多于跳跃、击响及大摆动的腿法动作所形成的。在四路华拳里面，除了有“箭弹”“旋风脚”等三个跳跃动作，“左右飞脚”两个击响动作，“里合片腿”“转身里合腿”两个大摆动的腿法动作之外，都是一些搏斗的手法和击打动作；而“箭弹”“左右飞脚”“里合片腿”和“转身里合腿”等动作的结构处理，又都是从整个套路对练的搏斗技巧和搏斗气氛来考虑的，“旋风脚”也只是为了套路对练中的段落和收势而安排的。因之，在对练时双方攻击的对抗矛盾就显得异常尖锐，在这尖锐的矛盾中间便反映了攻守技巧的活泼性和搏斗形象的强烈感；而在单独练习时则由于缺乏对方的衬托，产生不了攻击的对抗矛盾，就显露出单纯、朴实的运动风格。

四路华拳，在内容上增加了“折腕”“压腕”“抓肘”“锁臂”“坐腿”“抄腿”“踢腰”“蹬尾”等新的动作。同时还出现了如何解脱缠腕拿法的“提肘”“托肘”等解法。这些新的内容，除可增加练习兴趣外，还可了解中国擒拿术等搏斗技巧。

# 第二章　一路华拳释解

## 一、一路华拳歌诀

晓星当头即走拳　出势跨虎西岳传
金雕展翅庭中立　韦陀献杵抱胸前
把臂拦门铁闩横　魁星仰斗撩绿襴
双手挽弓三换步　豹子跳涧猛回头
白猿摘果朝上献　山羊登枝独脚悬
进步现肘虎抱头　前后冲招一条龙
丹凤朝阳展翅立　周处下海擒蛟龙
顺风摆柳偷步撑　单臂举鼎斗临潼
攀云拿月天边跃　雁落平沙展翅鸣
回头望月凤展翅　白猿偷桃拜天庭
行步云手双飞脚　野马回乡趱蹄行
二郎担山一条鞭　踏步急行赶云端
马上挽弓射月支　腿下风生扫尘埃
哪吒搅海运两掌　苏秦背剑下仙山
斜身拦门插铁闩　力士推山神威显
丹凤朝阳单展翅　青龙现爪露海面

梨花舞袖踩带踹　撤花盖顶捞月圈
倒撤金钱把蟾戏　脚飞银河双摆莲
老虎抱头肘来现　黑虎掏心冲直拳
浪子蹴球两边踢　张飞骗马回大营
二郎担山一条鞭　风卷霹雳上九天
马上挽弓射月支　魁星举笔点状元
共工倒身把山撞　浪子蹴球奔前边
撤身倒步一溜烟　吴王试剑劈玉砖
枯树盘根就地缠　脚踹北斗掌推山
撤身倒步一溜烟　吴王试剑劈玉砖
凤凰旋窝回身转　脚蹬九天冲铁拳
英雄打虎收招式　拳罢庭前五更天

## 二、一路华拳单练动作图解

### 第 一 段

#### 预备势（晓星当头即走拳）

**动作分解：**

面对南方，站立在从西到东拳场全长四分之一的地方，两腿伸直，两脚并拢；两臂垂直于身体两侧，两手五指并拢贴靠于腿侧，掌指朝下（图A1）。

图A1

**要领说明：**

头要端正，下颌内收，眼向前平视；挺胸，直背，塌腰，沉肩，两臂自然下垂；膝要挺，腿须直，两脚五趾抓地；身体微向前倾，呼吸均匀，精神贯注。拳谚说："拳未动，八关通，挺胸、拔背、腰要直，沉肩、垂肘、精气神。"

### 第一式 虚步回环亮掌（出势跨虎西岳传）

**动作分解：**

①右手成掌从右侧直臂向右、向上弧形绕行举起，掌心朝左（图A2）。

②上动微停，右掌臂外旋，屈肘使掌心朝上从左肩前绕下；左手成掌在右掌向下绕行的同时由左侧下方屈肘从右臂里面经右肩前向上直臂穿出，掌心朝右（图A3）。

③上动未停，右掌继续向下、向右直臂弧形绕行，同时左掌则向左弧形绕行（图A4）。

④上动未停，右掌继续直臂向上弧形绕行，至头顶右上方时，腕关节朝拇指的一边侧屈，抖手成横掌，屈肘横架，掌心朝前，掌指朝左；与此同时，左掌相应地继续从左向下、向身后直臂弧形绕行，至身后时五指撮拢成钩手，臂内旋反臂斜举于身后，钩尖朝上；在横掌与钩手构成的同时，右腿屈膝半蹲，左腿伸向身前，左脚以脚尖虚沾地面，成左虚步；上身略前倾；眼视左侧前方（图A5）。

图A2

图A3

图A4

图A5

**要领说明：**

①上述四个分解动作，实是一个完整的左右两臂上下回环的动作，必须连贯起来做，不可中断。

②两臂回环时，两肩必须放松，不要僵肩硬项。

③两眼目光要随着右掌的回环绕行而转动，但是当右掌从右向上回环绕行成横掌时，目光就不必随右掌向上转动，而是当右掌在上抖腕时从右向左陡然转头注视左侧前方。

④右掌屈腕成横掌时，一定要抖腕甩手，不可仅仅做成屈腕。

⑤跨虎势必须虚实分清，右腿半蹲，大腿与小腿要形成 90° 直角，膝盖不可超越脚尖，左脚虚沾地面，脚面一定要绷平，小腿与脚尖要成直线，不可使脚尖里扣；上身要挺胸、拔背、塌腰，防止由于左臂的反举而造成拱背现象；右横掌要尽量屈腕伸指，左钩手也要使腕屈紧，左臂尽可能向上反举，钩尖正对上方，不可偏向右侧方。

### 第二式　并步双钩（金雕展翅庭中立）

**动作分解：**

左脚向前上半步，右脚随即跟上与左脚并拢，两腿伸直；左钩手不动，右掌在右脚上前并步的同时即从上向前、向下、向身后绕行，变钩手反臂斜举，钩尖和左钩手同样朝上；眼仍注视左侧前方（图A6）。

图A6

**要领说明：**

挺胸、拔背、塌腰，两肩松沉向背后牵引，两肘要直，两臂要尽量向上反举。

### 第三式 胸前抱拳（韦陀献杵抱胸前）

图A7

**动作分解：**

两钩手变拳，由左右两侧向胸前屈肘环抱，肘平举，拳心朝下，拳面相对；眼仍注视左侧前方（图A7）。

**要领说明：**

两拳腕部要平，拳背与肘形成水平状；腹部要自然，不要因挺胸而缩腹，以防由于缩腹使气往上浮。

### 第四式 左右撑拳（把臂拦门铁闩横）

图A8

**动作分解：**

两拳从胸前向左右平撑冲出，拳心朝下；眼视左拳前方（图A8）。

**要领说明：**

两拳撑冲必须快而有力；平撑之后，两肩松沉略向后张，腕要平直，拳宜稍高过肩。

### 第五式 提膝独立回环上冲拳（魁星仰斗撩绿襕）

图A9

**动作分解：**

①两拳从两侧向下、向身前、向左右交叉摆动，至身前交叉时，左拳臂在内，右拳臂在外，拳心均朝里，眼视右拳（图A9）。

②上动未停，右拳继续从左下方向上、向右、向下直臂弧形回环绕行；左拳随之从右下方向下、向左、向上直臂弧形回环绕行；眼随右拳

（图A10）。

③上动未停，右腿屈膝从身前提起；右拳此时垂于右侧，拳眼朝前；左拳举至左侧，拳眼朝后（图A11）。

④上动未停，左腿屈膝下蹲，右脚在左脚内侧跺脚踏步落下，两膝两脚并拢；与此同时，左拳从上随左臂屈肘向右、向下绕行，拳心朝下；右拳则从下随右臂屈肘向左，由左臂里面向上绕行穿出，拳心朝后（图A12）。

⑤上动稍停，右腿伸直立起，左腿屈膝从身前提起，左脚脚面绷平，成为左提膝独立步；与此同时，左拳臂外旋，直臂向下垂于腹前，拳心朝前；右拳则直臂向上冲出，拳心朝左；眼视左侧前方（图A13）。

图A10

图A11

图A12

图A13

**要领说明：**

①在做①②③④分解动作时，必须使两拳臂的回环动作连贯起来，中间不要有丝毫的停顿，肩臂肌肉要松弛，不能僵劲。

②踏步下蹲，上身可略向前倾，但要防止缩胸拱背。

③下蹲和提膝独立步之间要稍微停顿一下，再做上冲拳动作。

④提膝独立步，右腿要挺直，左腿屈膝尽量向上提高，站立要稳固，上身仍

要保持挺胸、直背、塌腰。

### 第六式　架打变步（双手挽弓三换步）

**动作分解：**

①右腿屈膝全蹲，左腿向左侧铺地伸出，成为左仆步；与此同时，右拳臂外旋屈肘从上向左侧肩前落下，拳心朝上；左拳则随之臂内旋屈肘从下向右腋下收起，拳心朝下（图A14）。

②上动未停，右拳继续从左肩前直臂向下、向右、向上弧形回环绕行，至右上方时屈肘横架于头顶，拳眼朝下（图A15）。

③上动未停，左拳在右拳上架后即向左直臂平伸冲出，拳心朝下（图A16）。

图A14

图A15

图A16

④上动稍停，两腿站起，左脚不动，右脚离地在身前屈膝提起（图A17）。

⑤上动微停，右脚从身后向左侧偷步落地，两腿交叉屈膝全蹲；左腿压在右腿上，左脚全脚掌着地；右脚脚跟提起，仅以前脚掌着地；臀部坐落于右小腿上，靠近右脚跟，变成歇步（图A18）。

⑥上动稍停，右腿伸直立起，右脚踏实；左脚离地在身前屈膝提起（图A19）。

⑦上动微停，右腿屈膝半蹲，左脚以脚尖在右脚内侧二分之一处落地虚沾地面，变成丁步；上身姿势不变（图A20）。

图A17

图A18

图A19

图A20

**要领说明：**

①仆步，左腿必须挺膝伸直，脚尖尽量内扣，脚底全部着地，不可使脚底外侧离地掀起；右腿屈膝全蹲，脚尖要稍向右外展 45° 左右，膝要向外撑，不可

使膝向里或向前倾跪，脚底也要全部着地，不可使脚跟离地抬起拔跟；身体重心不可偏右。

②歇步，两腿必须迭紧，左腿跨压右腿，使右膝盖突出在左腿外面；左脚尖须外展，不可使之内扣。

③丁步，两腿必须并拢下蹲，两脚要虚实分清。

### 第七式　仆步回环亮掌（豹子跳涧猛回头）

**动作分解：**

①右腿站起，左脚离地向右摆腿迈跨；右脚蹬地跳起离地，左脚趁势向右侧落地，做迈步跳（图A21、图A22）。

②右脚随之向右侧落地，右腿屈膝，左腿伸直；两拳同时变掌，右掌臂外旋使掌心朝上，屈肘向左、向下弧形回环绕行；左掌则随直臂向下，屈肘向右、从右臂里面向上弧形回环绕行穿出；眼视左掌（图A23）。

图A21

图A22

图A23

③两掌动作未停，右掌继续从下直臂向右、左掌继续从上直臂向左弧形回环绕行，拇指一侧均朝上；眼视右掌（图A24）。

④上动微停，右掌继续向上绕行，屈腕抖手成横掌架于头顶，肘微屈，掌心朝前，拇指外侧朝下；左掌则随臂内旋使拇指外侧朝下，继续向下、向身后绕行，屈腕撮指成钩手，反臂斜举于身后，钩尖朝上；与此同时，两腿成为仆步，上身微向左转，头向左转；眼视左侧前方（图A25、图A25附图）。

图A24

图A25

图A25附图

**要领说明：**

①迈步跳时，右脚蹬地起跳不必很高，只要使右脚离地即可；左脚也只要迈过右脚就可落地，并不要求跃远。

②迈步跳起跳时，身体应先向右稍做倾斜，重心偏右，以此来带动左脚的向右摆动。

③转身回头的动作必须与横掌的抖腕甩手动作协调一致，不能有先后之分；回头的动作要陡然一转，不能像一般运动那样地转动。

## 第八式　转身弓步亮掌（白猿摘果朝上献）

**动作分解：**

①右腿起立，右脚跟内转，上身右转朝西；右掌从上直臂向前（正西方向）、向下随屈肘向身前弧形回环绕行，抄附于左腋前，拇指外侧靠身，掌指朝上；右腿在右掌向左腋前绕行抄起的同时，屈膝提起，使右脚离地收于左膝前，

脚面绷平，脚尖朝下；眼随右掌（图A26）。

②上动微停，右脚向身前正西方向落步，右腿屈膝，左腿伸直，成为右弓箭步；右掌在落步的同时直臂向前平伸推出，掌指朝上，小指外侧朝前；眼视右掌（图A27）。

③上动稍停，左钩手变掌随左臂屈肘经左腰侧、由右掌背上面直臂向前穿出，掌心朝上，掌指朝前；右掌顺左掌穿出之势屈肘收于左腋下；在左掌前穿的同时，左脚随之向正西前方上步，右脚跟内转使上身右转朝北，两腿屈膝半蹲，成马步，掌臂方位不变仍朝正西；眼视左掌（图A28）。

④上动未停，左掌臂内旋屈腕撮指成钩手，钩尖朝下；右掌随即从左腋下直臂向下、向右摆动，拇指外侧朝上；眼视右掌（图A29、图A30）。

图A26

图A27

图A28

图A29

图A30

⑤上动未停，右脚从身后向左撤步，上身随势以左脚掌踩地为轴转向正东方，钩手与掌随身转动，左腿屈膝，右腿伸直，成为左弓箭步；右掌在弓箭步构成的同时即从右侧随右臂屈肘向上成横掌架于头顶上方，左钩手平举上身左侧不动；眼视前方（图A31、图A32）。

图A31

图A32

**要领说明：**

①以上5个分解动作，虽然有微停和稍停，但总体上应该连贯起来，不要有过分间歇的痕迹。

②前面的右弓箭步和马步均是过渡动作；最后的左弓箭步是定势动作，必须做到左大腿屈平，右髋部尽量向下沉，左脚尖要正对前方，右脚尖要紧向内扣，防止掀脚和拔跟。

### 第九式　提膝独立回环亮掌（山羊登枝独脚悬）

**动作分解：**

①右掌臂外旋，从上屈肘向左、由左肩前向下回环绕行；与此同时左钩手变掌，直臂向下、屈肘向右、由右臂里面向上回环绕行穿出；两掌一下一上在身前形成交叉，掌背均朝前（图A33）。

②上动未停，右掌继续直臂向下、向右弧形回环绕行，左掌则继续直臂向上、向左弧形回环绕行，此时两掌掌心均朝前；眼视右掌（图A34）。

③上动未停，右掌继续随右臂屈肘向上回环绕行，成横掌架于头顶上方，掌指朝左，掌心朝前；左掌则继续随左臂屈肘向下回环绕行，成倒掌收于左腰侧，掌指朝下，掌心朝前；在右掌成横掌上架、左掌成倒掌收于腰侧的同时，两腿起立，左脚离地左腿屈膝在身前提起，脚面绷平，脚尖朝下；右腿直立成独立步；眼视前方（图A35）。

图A33

图A34

图A35

**要领说明：**

①两掌回环的动作要协调，当右横掌在头顶上方做臂外旋使掌心朝前时，左钩手即变掌直臂向下开始回环绕行；当右掌绕行至左肩前时，左掌即从下随屈肘向上由右臂里面向上穿出；随后则左上、右下，左左、右右，左下、右上，左倒掌收腰、右横掌上架，同一时间协调完成。

②提膝独立时，右脚不可向前移动，左脚也不可向后移动，要在原地蹬地提起；此时应该先将身体重心移于右腿，而后再提左膝。

③左脚蹬地、屈膝提起时，用力要恰当，防止用力太过而使上身后仰站立不稳。

④左脚离地提膝的时间，必须与亮掌的时间协调一致，不可在亮掌动作完成之后再提膝。

## 第十式　跃步顶肘（进步现肘虎抱头）

**动作分解：**

①左脚向前上步，右掌外旋随之从上直臂向前摆动，掌指朝前，掌心朝上；左掌则直臂向下、向后摆动；眼视右掌（图A36）。

②左脚蹬地跳起，右脚向前跨出跃步；同时右掌继续直臂向下、向后摆动，左掌直臂向上、向前摆动（图A37）。

③上动未停，左脚在右脚跃步落地后随即向前落地，左腿屈膝，右腿伸直，成为左弓箭步；与此同时，右掌随右臂屈肘向上绕行成横掌架于头顶上方，掌指朝前，拇指外侧朝下；左掌即变拳随左臂屈肘收于左肩前，拳心朝下，使肘向前顶出；眼视前方（图A38）。

图A36

图A37

图A38

**要领说明：**

跃步要远，不一定要高。顶肘时，左肘要紧屈，上臂、前臂成水平状；肘尖朝向前进路线的前方，而不是上身的体前方。两肩均须松沉，并向背后张展。

## 第十一式　前后冲拳（前后冲招一条龙）

**动作分解：**

①左肘垂下，臂外旋使左拳拳轮靠向胸前，拳面朝上；同时右掌变拳，臂外旋屈肘由左拳前面向下降落；眼仍视前方（图A39）。

②两拳向左前、右后直臂平伸冲出，拳心均朝下；眼视左拳前方（图A40）。

图A39

图A40

**要领说明：**

由顶肘变为前后冲拳时，弓箭步要保持原状，不能有丝毫的向上浮起。

## 第十二式　提膝独立回环亮掌（丹凤朝阳展翅立）

**动作分解：**

①两拳变掌，左掌掌心朝下随左臂屈肘收于右腋下，同时右掌掌心朝下直臂向右、向前，由左臂上面屈肘向左弧形平扫；在右掌平扫的同时，上身随势左转朝向正东方向，左脚不动，左腿稍做起立，右脚离地提起屈膝扣于左膝后面（图A41）。

②上动未停，左掌臂外旋使掌心朝上，从右腋处直臂向下、向左弧形回环绕行；同时右掌从左直臂向上、向右弧形回环绕行（图A42）。

③上动未停，右掌继续从右直臂向下、屈肘向右弧形回环绕行，收于左腋

下，掌背朝下；左掌则继续从左直臂向上、屈肘向左弧形回环绕行，收于右肩前，掌指朝上，掌心朝右；在两掌收于左腋和右肩的同时，左腿全蹲，右腿铺地向右侧正南方伸出（图A43）。

④上动仍未停，右掌继续直臂向下、向右弧形回环绕行，左掌继续直臂向下、向左弧形回环绕行；在两掌绕向左右时，上身随之右转朝向正南方，左腿伸直，右腿屈膝，状如弓箭步（图A44）。

⑤右掌上举至头顶上方抖手屈腕成横掌，肘稍屈，掌指朝左；左掌臂内旋撮指成钩手，在身后反臂斜举，钩尖朝上；与此同时，右腿挺膝直起，左脚离地屈膝向身前提起，脚尖斜朝下，脚面绷平；眼视左侧前方（图A45）。

图A41

图A42

图A43

图A44

图A45

**要领说明：**

①扣腿时，右脚必须贴靠在左膝后面的腿弯处，屈踝将左腿扣牢。

②由第③分解动进入第④分解动时，两掌同时向下、向左后、右前的回环绕行，必须在弓箭步尚未形成之前完成，在铺腿的时候就应该使上身向右脚处前探，将右掌贴近地面向右前方绕过右脚，而后才变成弓步状。

## 第十三式 马步栽拳（周处下海擒蛟龙）

**动作分解：**

①上身左转朝向东方，右脚跟顺势外展，左脚向身前上步落地；右掌直腕臂外旋使掌背朝前，从上直臂向前摆动；左钩手随身转动仍后举（图A46）。

②上动未停，右掌继续直臂向下、向后弧形回环绕行摆动；同时左钩手变掌，臂外旋从后向上、向前直臂弧形回环绕行摆动；右脚在左掌向前绕行摆动的同时向前上步（图A47）。

③右掌继续直臂向上、向前弧形回环绕行，左掌继续直臂向下、向后弧形回环绕行；在右掌向前绕行的同时，右脚蹬地跳起，左脚随之向前跃步（图A48）。

图A46

图A47

图A48

④左脚跟内转使上身左转朝向北方，右脚随即向身体右侧跨步落地，两腿屈膝半蹲，成马步；与此同时，右掌变拳随右臂屈肘经右耳侧、直臂向裆前下栽，拳面朝下，拳轮朝向身前；左掌则向上绕行抖腕甩手成横掌架举于头顶上方，掌指朝右，掌心朝前；眼视右侧前方（图A49、图A49附图）。

图A49

图A49附图

**要领说明：**

跃步要远，不一定求高。马步栽拳时，右拳下栽要使右臂内旋以拳轮朝向身前，左掌上架要使左肘向后张展，两肩不可耸起。

**第十四式　偷步撑拳（顺风摆柳偷步撑）**

**动作分解：**

两腿伸直站起，右脚不动，左脚从身后偷步伸向右侧落地，两腿形成前后交叉；同时右拳随右臂屈肘向左摆起，由左胸处直臂俯拳向前、向右弧形摆动平撑，拳面朝右，拳心朝下；左掌则随之屈肘向下降落附于右肩前，掌心朝右，掌指朝上；眼视右拳前方（图A50）。

图A50

**要领说明：**

偷步时两脚脚尖应该平行在一条直线上，右腿膝部可以稍屈，左腿膝部必须挺直。附于右肩前的左掌，要使肘臂贴靠胸腹，肘尖下垂。

**第十五式　虚步挑拳（单臂举鼎斗临潼）**

**动作分解：**

①以左前脚掌和右脚跟蹍地为轴使身体从左向后转，右拳、左掌随身转动（图A51）。

②上动未停，身体继续向左转，左掌不变，右拳开始直臂向下绕行摆动，右腿屈膝（图A52）。

③上身转向正东方，右腿屈膝半蹲，左腿屈膝以脚尖虚沾地面，成为左虚步；在右腿屈膝半蹲的同时右拳继续直臂向前、向上弧形绕行挑举，拳面朝上，拳眼朝后，肘微屈；眼视前方（图A53）。

图A51

图A52

图A53

**要领说明：**

①两脚蹍地身向左后转的时候，应该是上身先开始向左转动，以身的转动来带动左脚前掌的蹍地，当左脚跟转向正东方位时，右脚随之以脚跟蹍地使脚尖内

扣转动，先身、次左脚掌、再次右脚跟依次而行。但又不可刻板，要顺转身之势而行。

②虚步的右腿屈膝半蹲，应该使大小腿之间屈成直角，过大过小均不可。

## 第十六式　二起脚（攀云拿月天边跃）

**动作分解：**

①左掌直臂向下、向前、向上绕行摆动；同时右拳直臂从上向后、向下、向前、向上绕行摆动，至头前上方时，左掌击拍右拳拳背；在右拳由前向上摆动的同时，右脚蹬地跳起，左脚离地向前摆动，身体腾空（图A54）。

②在空中，右脚向前直踢，脚面绷平；右拳变掌在额前击拍右脚脚面，左掌举于左侧；眼视右脚（图A55）。

图A54

图A55

**要领说明：**

拍脚的动作，击拍要准、要响，而且必须在左脚尚没落地之前于空中完成。

### 第十七式　仆步切掌（雁落平沙展翅鸣）

**动作分解：**

左脚先落地，右脚随之在身前落地；随右脚落地的同时，右掌从前直臂向下、向后、屈肘向上弧形绕行举于右肩上方，左掌则直臂向前、向下弧形绕行至左腿外侧；此时，上身左转朝向北方，左腿屈膝全蹲，右腿在右侧铺地伸直，成为仆步；左掌随即从左腿外侧向左、向上继续绕行，成横掌屈肘架于头顶上方，掌指朝右；右掌则作侧立掌从右肩处直臂向裆前切下，小指外侧朝下；眼视右侧前方（图A56、图A56附图）。

图A56

图A56附图

**要领说明：**

从空中落地时，左脚要使前脚掌先着地，不可脚掌脚跟同时着地，上身微前倾，不可向后仰，以防向后跌倒。成仆步时，注意左膝部要外展，右脚尖要内扣，髋部要沉下，防止掀脚和拔跟。

### 第十八式　仆步亮掌（回头望月凤展翅）

**动作分解：**

①左腿伸直，右腿屈膝，上身向右侧前倾；左掌向左侧直臂摆下，同时右掌

向右侧直臂撩起，两掌拇指外侧均朝上；眼视右掌（图A57）。

②上动微停，上身稍向左转，左掌随直臂向下、向身后绕行，屈腕撮指成钩手反臂斜举，钩尖朝上；右掌向上绕行，抖手屈腕成横掌架于头顶上方，掌指朝左；同时，两腿成为左仆步；眼随右掌抖腕时转视左侧前方（图A58）。

图A57

图A58

**要领说明：**

左腿挺膝伸直，脚尖向内扣紧，脚外侧不可离地掀起；右腿屈膝全蹲，脚尖要外展45°，膝部不可向内扣跪，脚跟不可离地拔起；上身要保持正直，不可过于前倾。

### 第十九式　转身提膝独立伸掌（白猿偷桃拜天庭）

**动作分解：**

①右腿伸直站起，上身右转朝向东方；右掌从上直臂向前、向下屈肘向身前弧形回环绕行，抄掌附于左肩前，掌指朝上，拇指外侧贴身；在右掌随右臂屈肘绕行抄附于左肩前的同时，右脚刮地，右腿屈膝提起，脚尖朝下，脚面绷平；左钩手随身转动（图A59）。

②上动未停，右脚向前落步，右腿屈膝形成右弓箭步；同时，右掌从左肩前向前直臂平伸推出，小指外侧朝前，掌指朝上；左钩手不变（图A60）。

③上动未停，左脚向正东前方上步，身体右转，两腿屈膝半蹲形成马步；在左脚上步右转身的同时，左钩手变掌，屈肘从左腰侧直臂向前、由右掌掌背上面平伸穿出，掌指朝向正东方向，掌心朝上；右掌则顺左臂下面随屈肘收于左腋下；眼视左掌（图A61）。

④左掌臂内旋，屈腕撮指成钩手，反臂后举；眼视钩手（图A62）。

图A59

图A60

图A61

图A62

⑤左脚脚跟外展使上身右转向西，两腿稍起，右脚向身后正东方向退步；同时右掌从左腋处屈肘向上摆起（图A63）。

⑥右掌继续向右、向下直臂弧形绕行摆动，同时左钩手变掌从后直臂向下、屈肘经腹前向右、向上与右掌依次弧形绕行（图A64）。

⑦左掌继续随屈肘向上、直臂向左后弧形绕行，至左后成侧立掌平举，掌指朝上；同时右掌继续直臂向前弧形绕行，至身前成侧立掌平举，肘稍屈，小指外侧朝前，掌指朝上；在左掌绕至左后、右掌绕至身前成侧立掌时，左腿屈膝在身前提起，脚面绷平，脚尖朝下；眼视前方（图A65）。

图A63

图A64

图A65

**要领说明：**

①以上 7 个分解动作必须连贯起来，中间的弓箭步、马步不求完全正确。

②成提膝独立步时，站立要稳固，两掌均须朝拇指外侧屈腕成侧立掌。

## 第 二 段

### 第二十式　行步左右飞脚（行步云手双飞脚）

**动作分解：**

①左脚向前上步落地，右腿随之屈膝离地向后掀起脚底；同时，右掌朝西的方向不变，开始屈右肘向下、向左、向上摆动，在身前划一小圈；左掌开始向下摆动；眼视前方（图A66）。

②右脚向前上步，左脚随之离地向后掀起脚底；同时，右掌继续随屈肘向

上、由额前直臂向右弧形绕行摆动；左掌则继续直臂向下、屈肘由腹前向右弧形绕行摆动（图A67）。

③左脚向前上步；同时，左掌继续随屈肘向上、由额前直臂向左弧形绕行摆动，屈腕撮指成钩手，平举于上身左侧，钩尖朝下；右掌则继续随直臂向下、屈肘由腹前向左、向上经额前向右上方弧形绕行摆动，变拳举于头顶右上方，拳面朝上；眼视前方（图A68）。

图A66

图A67

图A68

④右脚离地从后向前、向上摆腿踢起；同时，右拳变掌在额前上方迎击右脚脚面，左腿直立，左钩手不变；眼视右脚，此动为右飞脚（图A69）。

⑤右脚向前上步落地，左腿随之屈膝离地向后掀起脚底；同时，右掌从额前直臂向右弧形绕行摆动；左钩手则变掌从左直臂向下、屈肘由腹前向右弧形绕行摆动（图A70）。

⑥左脚向前上步，右腿随之屈膝离地向后掀起脚底；同时，左掌继续随屈肘向上、由额前直臂向左弧形绕行摆动；右掌则继续随直臂向下、屈肘由腹前向左弧形绕行摆动（图A71）。

⑦右脚向前上步；同时，右掌继续随屈肘向上、由额前直臂向右弧形绕行摆

动，屈腕撮指成钩手，平举于上身右侧，钩尖朝下；左掌则继续随直臂向下、屈肘由腹前向右、向上经额前向左上方弧形绕行摆动，变拳举于头顶左上方，拳面朝上；眼视前方（图A72）。

⑧左脚离地从后向前、向上摆腿踢起；同时，左拳变掌在额前上方迎击左脚脚面，右腿直立，右钩手不变；眼视左脚，此动为左飞脚（图A73）。

图A69

图A70

图A71

图A72

图A73

**要领说明：**

①两掌向左右依次回环绕行时，向上稍高过头、向下平于腹前，向左右一手于另肩前、一手臂稍屈，总之两掌绕行虽说有直臂时，但只是相对屈肘而言，并不是十分伸直。

②两掌回环绕行时，掌心均须朝外，没有臂外旋使掌心朝里的变化。两掌必须与步配合，云右掌则左脚向前，云左掌则右脚向前，手步协同动作。

③两脚做行步动作时，不能与平时的走步一样，当后面的脚离地时必须用脚前掌刨地刮起使脚底向后掀，前后两腿均不伸直；身略前倾，但仍须挺胸、直背、塌腰。

④做飞脚时，两腿要直，踢起的腿高要过胸，脚在额前，击拍要准、要响。

## 第二十一式　返身击步提膝穿掌（野马回乡趱蹄行）

**动作分解：**

①左脚脚尖外展向前落步，上身左转，两腿形成交叉，膝稍屈，右脚脚跟离地准备踢动；左掌随左臂屈肘举于头顶，右钩手变拳随身转动仍平举于右侧；拳眼朝下（图A74）。

②上动未停，右拳向胸前随屈肘平摆横击，拳眼仍朝下；左掌随之从上下落在胸前击拍右拳拳背（图A75）。

图A74

图A75

③上动未停，上身继续向左转；右脚随势离地提起，屈膝用脚外侧拐腿横踢，脚底朝上，脚尖朝后；与此同时，右拳变掌，拇指外侧朝下，反臂用掌心击拍右脚脚外侧；左掌则直臂向正东前方平伸推出，掌指朝上；眼视右掌（图A76）。

④右掌随屈肘收于右腰侧，掌指朝下，掌心朝前；同时，右脚向前上步落地，左脚随即向前上步；眼视左掌前方（图A77—图A79）。

图A76

图A77

图A78

图A79

⑤右脚向左脚击步，左脚趁势蹬地跳起，在空中右脚向左脚碰靠；右脚先落地，右腿伸直；左脚随即向前落地，左腿屈膝（图A80、图A81）。

⑥左脚蹬地跳起使右脚向前跃步落地，身体左转，右腿伸直独立，左腿屈膝提于身前（图A82）。

⑦上身左转；左掌臂外旋直腕使掌心朝上成仰掌，右掌也直腕使掌心朝上成仰掌从右腰侧向前由左掌上面直臂平伸穿出，在右掌向前穿掌的同时，左掌顺着右臂下面屈肘收于右腋下；眼视右掌（图A83）。

图A80

图A81

图A82

图A83

**要领说明：**

①拐腿横踢，必须用力踢击，高度在腰胯之间。

②第④分解动的两脚上步与后面的击步、跃步，必须以最快的速度连贯起来完成；两脚的上步称为赶步，它与击步的步幅均要紧小，不要跨很大，但跃步则要跃远。

③击步时，左脚的蹬地跳起不要求高，只要稍离地面即可，在稍离地面的空中右脚向左脚碰靠。

④右脚向前跃步，在右脚尚未落地之前身体就要左转，第⑥、⑦分解动作要使它们连成一动。提膝独立穿掌，右掌高与眉齐，不必过低。

### 第二十二式　弓步撩掌（二郎担山一条鞭）

**动作分解：**

①右腿屈膝全蹲，左腿向左侧正西方向铺地伸出，成为左仆步；同时，右掌随直臂向上、屈肘向左弧形绕行，屈腕成立掌附于左肩外侧，掌心朝左，掌指朝上；上身微左转；眼视左侧前方（图A84）。

②上身向前移动，右脚跟外展，右腿伸直，左脚跟内转，左腿随之屈膝，成为左弓箭步；在上身向前移动的同时，右掌从左肩外侧直臂向下、向身后弧形绕行，屈腕撮指成钩手反臂斜举，钩尖朝上；左掌则从右腋下直臂向下、向身前弧形绕行撩起，屈腕成侧立掌平举，掌指朝上，小指外侧朝前；眼视左掌前方（图A85）。

图A84

图A85

**要领说明：**

①两掌的左撩右钩与两腿的左弓右箭，必须是同时动作同时完成。

②身体向前移动时，要防止臀部向上翻起、腰背向后拱起。

③弓步单鞭，左掌掌指高与眉齐，右钩手尽可能举高，钩尖必须朝上，两肩不可耸起，要直背、塌腰、沉胯，两脚须防止掀脚、拔跟。

**第二十三式　踏步二起脚（踏步急行赶云端）**

**动作分解：**

①右脚离地、屈膝提于左小腿内侧；随即右脚跺脚踏步，左脚随即离地向前上步（图A86—图A88）。

图A86

图A87

图A88

②右脚向前上步，左脚随之离地向前摆起；同时，右钩手变拳从后向下、向前甩臂摆起，左掌在身前迎击右拳拳背（图A89、图A90）。

③两臂继续向上甩摆过头，同时右脚蹬地跳起，身体腾空；在空中，右脚向前直踢，脚面绷平；右拳变掌击拍右脚脚面，左掌则横举于左侧（图A91）。

图A89

图A90

图A91

**要领说明：**

①踏步、上步、摆腿、摆臂、蹬地跳起等动作，必须依次快速地连贯进行，中间不可有间歇。

②拍脚击回应在左脚尚未落地之前于空中完成，击拍要准确、响亮。

## 第二十四式　马步架打（马上挽弓射月支）

**动作分解：**

①左脚先落地，上身左转朝向南方，右脚随之在身体右侧落地；同时，左掌直臂横举于左侧；右掌变拳随右臂屈肘收于右腰侧，拳轮贴身，拳心朝上（图A92）。

②上动未停，左掌直臂向下、由腹前屈肘向右、向上弧形回环绕行，抖腕甩手成横掌架于头顶上方，掌指朝右，掌心朝前；在横掌上架的同时，两腿屈膝半蹲成马步；右拳向右侧直臂平伸冲出，拳面朝前，拳心朝下；眼视右拳前方（图A93）。

图A92

图A93

**要领说明：**

马步架打，两大腿必须坐平，膝向外展，防止两膝向前下跪倾，要顶平、肩平，直背、塌腰，防止上身前倾，更要防止两腿过于下蹲。

**第二十五式　上步后扫（腿下风生扫尘埃）**

**动作分解：**

①右脚尖外展，右腿屈膝前弓，同时上身右转，左腿伸直，形似右弓箭步；右拳变掌，与左掌一起从两侧直臂向后、向下弧形绕行摆动，臂内旋直腕使拇指外侧朝下（图A94）。

②上动未停，左脚上步，左腿屈膝前弓，右腿在后伸直，形似左弓箭步；同时，两掌继续直臂向前弧形绕行摆动撩起，至身前右掌在外、左掌在内双掌交叉（图A95）。

③上动微停，左脚跟外展，左腿屈膝全蹲，上身即向右下方拧腰转动俯下；同时，两掌分开，随着上身的拧腰转动摆向右下方，以掌心扶地；眼视右脚（图A96）。

④上动未停，右脚趁上身拧腰右转下俯之势贴地向后扫转一周；后扫完成

时，上身直起面对西方，两腿成左弓箭步状，左掌直臂平举身前成侧立掌，右掌反臂后举成钩手；眼视前方（图A97）。

图A94

图A95

图A96

图A97

**要领说明：**

①后扫能够扫转迅速的关键在于，左脚跟离地外展与上身猛然用力拧腰向右下方的转动，左前脚掌是后扫的轴心，拧腰转身是后扫的动力，右腿只是随身转动，身腰是鞭根，右腿是鞭梢。

②左脚跟外展与拧腰转身必须在同一时间进行，右腿要直，右脚要贴地，右踝要屈紧。

## 第三段

### 第二十六式　倒步摇掌（哪吒搅海运两掌）

**动作分解：**

①身稍起，左掌随直臂向上、向左弧形回环绕行，同时右钩手变掌直臂向下、由腹前屈肘向左弧形回环绕行（图A98）。

②右掌继续直臂向上、向右弧形回环绕行，同时左掌随直臂向下、由腹前屈肘向右弧形回环绕行；左脚随之向后倒行退步（图A99）。

③左掌继续直臂向上、向左弧形回环绕行，同时右掌随直臂向下、由腹前屈肘向左弧形回环绕行；右脚随之向后倒行退步（图A100）。

④与第②分解动作相同。

⑤与第③分解动作相同。

图A98

图A99

图A100

**要领说明：**

①两掌的向外回环和两脚的倒行退步，一定要左右协调，上下协调，行动快速。

②两肩要松活，两臂不做外旋；两腿稍屈膝，不要伸直；退步的步幅不要像图像中那样大；倒行退步时身须正直，不可左右摇摆。

### 第二十七式　并步亮掌（苏秦背剑下仙山）

**动作分解：**

前动不停，右掌臂继续直臂向上绕行举起，屈腕成横掌，掌指朝左；左掌臂继续直臂向下、向后绕行，臂内旋屈腕撮指成钩手斜举身后，钩尖朝上；同时，左脚随着右掌的上举后撤与右脚并步，两腿直立；眼视前方（图A101）。

图A101

**要领说明：**

挺胸、拔背、直腰，挺膝、并脚、趾抓地，身体微微前倾。

## 第四段

### 第二十八式　拗势弓步冲拳（斜身拦门插铁闩）

**动作分解：**

①右脚向前偏左上步，右腿屈膝；同时，右掌随之从上直臂向前、向下弧形绕行摆动，左钩手变掌臂外旋从后直臂向上弧形绕行摆动（图A102）。

②左脚向前偏左上步，左腿屈膝，右腿伸直；同时，右掌随右臂屈肘摆至左腋下；左掌变拳继续从上直臂向前、向下、由左腿外侧向后绕行摆动，平举于身后，拳眼朝上；眼视左拳（图A103、图A104）。

③上动微停，右掌变拳向身前直臂平伸冲出，拳眼朝上；两腿成左弓步；眼视右拳（图A105）。

图A102

图A103

图A104

图A105

**要领说明：**

①两臂的绕行摆动必须与两脚的上步协调一致，上右步时两臂已绕行至左上、右下的方位，上左步时两臂已绕行至左后、右腋下的方位，一定要做到上下相随，手脚相合。

②拗势弓箭步，腰部须向左拧转使右肩顺向身前，左肩牵向身后；注意防止掀脚拔跟、耸肩凸臀。

### 第二十九式　马步推掌（力士推山神威显）

**动作分解：**

①右拳变掌，臂内旋使拇指外侧朝下，从前直臂向下、屈肘向左肩处弧形绕行抄起，屈腕成立掌附于左肩前，掌指朝上，掌心朝左；同时左脚脚跟内转使上身左转朝向南方，右脚随之离地随屈膝提于左膝后面；左拳不动；眼视右掌（图A106）。

②上动稍停，右脚向右侧方跨一大步，并将左脚拖带小半步，两腿屈膝半蹲成马步；同时，右掌向右侧直臂平伸推出，小指外侧朝前，掌指朝上；左拳不动；眼随右掌（图A107）。

图A106

图A107

**要领说明：**

①提于左膝后面的右脚，不必屈踝扣住左膝弯，它是提步而不是扣腿。

②推掌与跨步要不分先后地在同一时间内完成。

### 第三十式　提膝独立回环亮掌（丹凤朝阳单展翅）

**动作分解：**

①两腿直起，右脚尖外展，身体右转；与此同时，左拳变掌、屈肘从左腰侧

由右掌掌背上面向前直臂平伸穿出，掌指朝前，掌心朝上；右掌随即顺着左臂下面屈肘收于左腋下（图A108）。

②上动未停，上身继续右转朝向北方，同时右掌从左腋处直臂向下、经腹前向右绕行摆动；左脚离地随屈膝提起；眼视右掌（图A109）。

③右脚脚跟内转，左脚提至身前成提膝独立步；同时，右掌继续向上绕行摆动，屈腕抖手成横掌架于头顶上方，掌指朝左，掌心朝前；左掌则直臂向左、向下、向后绕行摆动，屈腕撮指成钩手反臂斜举于身后，钩尖朝上；眼视左侧前方（图A110）。

图A108

图A109

图A110

**要领说明：**

①身体由前向后的转动，必须先使右脚尖外展，当左脚离地提起时又须使右脚跟内转；穿掌、两臂回环、转身、提步等动作要连贯起来，中间不可间歇。

②提膝独立步，支撑腿要伸直站稳；提膝要高，脚面绷平。

### 第三十一式　虚步龙爪势（青龙现爪露海面）

**动作分解：**

右腿屈膝半蹲；左脚向左侧落下，脚面绷平以脚尖虚沾地面，成为左虚步；

与此同时，右掌下落随屈肘使上臂与肩齐平、前臂垂直，成略小于90°的直角，腕关节朝下屈，掌心朝下，掌指朝向身前，拇指张开下垂，其余四指并拢伸直，并向手背的一面翘起，成为右手龙爪势；左钩手也成龙爪从后向下、向前屈肘提于右肘底，腕下屈，掌心朝下，掌指朝前，拇指张开下垂，其余四指并拢伸直，并向手背的一面翘起，成为左手龙爪势；上身随之稍向左转；眼视正西前方（图A111、图A111附图）。

图A111

图A111附图

**要领说明：**

龙爪，腕关节一定要向手心的一面屈紧，虎口必须张大使拇指尽量向下撑张，其余四指要并拢伸直用力向手背的一面翘起，使整个手掌处在充满张力的状况之下，这样才能显示出它的筋骨遒劲来。

**第三十二式　下踩横踹（梨花舞袖踩带踹）**

**动作分解：**

①左脚着地踏实；两手变掌，右掌从脸前随屈肘向左、经左肩前直臂向上、向右弧形绕行摆动；同时左掌从右腋前直臂向下、经腹前向左弧形绕行摆动；在两掌绕行至左右两侧时，右脚离地右腿屈膝提于左腿前，脚尖勾起；眼视左侧下方（图A112）。

②右掌臂继续直臂向下、经腹前向左弧形绕行成仰掌撩起，掌指朝左，掌心

朝上；左掌则继续随直臂向上、屈肘向右、经右肩前向下弧形绕行成俯掌按于右上臂上面；与此同时，左腿稍屈，右脚脚尖外展、直腿向左侧下方踩踏；眼视右脚（图A113、图A113附图）。

③左脚蹬地跳起，右脚随即落于左脚起跳处；在右脚落地的同时，左脚脚尖勾起直腿向左侧横踹，脚尖朝北；两掌则向左右两侧成横掌直臂平伸撑出，上身随势倾向右侧；眼视左脚（图A114）。

图A112

图A113

图A113附图

图A114

**要领说明：**

①下踩和撩掌、横踹和撑掌，必须手脚相合，在同一时间内到达部位。

②蹬地起跳，离地即可，不要求高度，左脚只是借蹬地起跳让位于右脚而已。

③横踹是借右脚落地时的地面反弹把力量贯于左脚，不要做成空中侧踹的动作。

### 第三十三式　转身马步插掌（撒花盖顶捞月圈）

**动作分解：**

①左脚在左侧屈膝落步，上身左转；右掌掌心朝下从右向身前直臂摆动，左掌掌心朝下从左向身前、由右臂下面向右屈肘摆动，两臂交叉（图A115、图A116）。

②上动未停，右掌从前屈肘向左、由头顶上方向后、臂外旋使掌心朝上直臂向右下方绕行摆动；左掌则臂外旋使掌心朝上从右直臂向前、向左上方绕行摆动；在两掌绕行摆动的同时，上身继续左转，左腿伸直，右脚离地随屈膝在身前提起（图A117）。

图A115

图A116

图A117

③上动未停，以左前脚掌为轴使身体从左向后转朝北方；右掌随屈肘收于右腰侧，掌指朝下，掌心朝前；眼视右侧前下方（图A118）。

④上动稍停，左腿屈膝半蹲，右脚随之向右侧屈膝落步，成为马步；在右脚落地成为马步的同时，左掌随左臂屈肘收于左腰侧，掌指朝下，掌心朝前；右掌则从右腰侧直臂向右侧下方斜伸下插，直腕使掌心朝上，掌指朝下；上身略向右侧前探；眼视右掌（图A119）。

图A118

图A119

**要领说明：**

两掌的绕行摆动要与转身的动作协调一致，左脚蹍地身向后转，中间不可有丝毫停歇。插掌要与马步同时完成，不能有先后之分。

## 第五段

### 第三十四式　偷步铺腿穿掌（倒撒金钱把蟾戏）

**动作分解：**

①两腿伸直站起，左脚从身后向右偷步；同时右掌直臂向上、屈肘向左弧形绕行摆动，左掌则由右臂里面向上直臂穿出并向左摆动；眼视左掌（图

A120）。

②上动未停，右腿向右侧正东方向铺腿伸出，左腿随之屈膝全蹲，成为右仆步；同时，右掌继续从左直臂向下、贴近地面向右脚处弧形绕行摆动，两掌拇指外侧均朝上；眼视右掌（图A121）。

图A120

图A121

**要领说明：**

当右掌直臂向上绕行摆动时，身体最好也要挺直向上拔高，并微向左转腰，到铺腿时随着右掌的向下、向右绕行摆动则向右转腰使上身向右脚探伸。上身向右脚处探伸，还须防止拱背、翻臀。

### 第三十五式　腾空摆莲（脚飞银河双摆莲）

**动作分解：**

①前动不停，上身向正东前方移动，右腿随势屈膝前弓，左腿在后伸直；同时，右掌继续直臂向上、向后、向下弧形绕行摆动；左掌则继续直臂向下、向前、向上弧形绕行摆动（图A122、图A123）。

②右掌继续直臂向前、屈肘向上绕行摆动，至额前上方变拳，左掌迎击右拳拳背，双举于头顶；在右掌向上摆动的同时，左腿向前摆起（图A124）。

③右脚蹬地跳起，身体腾空；在空中，右脚向上偏左踢起、向右外摆；同时，右拳变掌，与左掌一起在额前先左掌后右掌击拍右脚脚面（图A125、图A126）。

图A122

图A123

图A124

图A125

图A126

**要领说明：**

与前面“二起脚”相同。只是右脚要在空中迅速外摆，两掌均要击拍准确、响亮。

### 第三十六式　拗势弓步顶肘（老虎抱头肘来现）

**动作分解：**

左脚先落地，左腿伸直，右脚随后在身前落地，右腿屈膝，成为右弓箭步；两掌在空中击拍右脚之后顺势摆向上身左侧，掌心均朝下；在两脚落地时，右掌臂外旋使掌心朝上，从左直臂向下、向右、屈肘向上弧形绕行摆动横架于头顶上方，掌指朝左，掌心朝前；左掌则变拳从左向前平摆，屈肘向右摆附于右肩前，使肘尖向前顶出，拳面靠身，拳心朝下；眼视前方（图A127）。

图A127

**要领说明：**

两脚落地要轻，要左先右后，不必一起同时着地，防止上身后仰。弓步顶肘时，腰部必须向右拧转使左肩顺向前方，将右肩牵向后方。

### 第三十七式　拗势弓步冲拳（黑虎掏心冲直拳）

**动作分解：**

右掌变拳，由身前下落、屈肘收于右腰侧，拳心朝上；同时左拳向前直臂平伸冲出，拳心朝下；眼视左拳前方（图A128）。

图A128

**要领说明：**

左拳向前平伸冲出时，必须先使肘尖沉下，臂外旋将拳心朝上，使小指外侧贴靠于胸腹之间，而后在右拳收于腰间的同时向前、臂内旋平伸冲出变为拳心朝下。绝不可上臂不动，仅使前臂将左拳向前平摆撑出。

## 第六段

### 第三十八式　左右弹踢（浪子蹴球两边踢）

**动作分解：**

①上身略作前俯并向左翻转，右拳随势向前下方直臂伸出，拳眼朝上；左拳则随势向上举起，臂外旋使拳眼朝上；眼视左拳（图A129）。

②上动未停，左脚跟先内转，右脚跟继之外展，上身向左移动，左腿随上身移动之势屈膝前弓，右腿挺膝伸直，形成左弓箭步；同时，左拳则开始向前绕行，右拳开始向上绕行；眼随左拳（图A130）。

图A129

图A130

③上动未停，左拳变掌，臂内旋使拇指外侧朝下，继续直臂向下、经腹前屈肘向右腋处弧形绕行摆动，附于右腋下；同时右拳变掌，臂外旋使小指外侧朝上，继续直臂向上、向前弧形绕行摆动；眼视右掌前方（图A131）。

④上动稍停，右掌直臂向下、向身后弧形绕行摆动，屈腕撮指成钩手反臂斜举，钩尖朝上；左掌则从右腋处直臂向下、向前弧形绕行摆动，成侧立掌撩起平

举，掌指朝上；与此同时，右腿屈膝提起随即向前弹踢伸直，脚面绷平，脚尖朝前；左脚不动；眼视前方（图A132）。

⑤右脚向后落步；同时，左掌随左臂屈肘向上、向后，经右耳侧向下绕行附于右肩前，仍为侧立掌；右钩手则变掌，直臂向下、向前绕行撩起；眼视右掌（图A133）。

⑥上动未停，上身略作前俯并向右翻转，右脚跟先内转，左脚跟继之外展，上身向右移动，右腿随上身移动之势屈膝前弓，左腿挺膝伸直，形成右弓箭步；与此同时，右掌臂内旋使拇指外侧朝下，随上身翻转之势直臂向上、向身前弧形绕行摆动；左掌则直臂向下、向身后弧形绕行摆动；眼视右掌（图A134）。

图A131

图A132

图A133

图A134

⑦右掌臂内旋使拇指外侧朝下，继续直臂向下、经腹前屈肘向左腋处弧形绕行摆动，附于左腋下；同时左掌臂外旋使小指外侧朝上，继续直臂向上、向前弧形绕行摆动；眼视左掌前方（图A135）。

⑧上动稍停，左掌直臂向下、向身后弧形绕行摆动，屈腕撮指成钩手反臂斜举，钩尖朝上；右掌则从左腋处直臂向下、向前弧形绕行摆动，成侧立掌撩起平举，掌指朝上；与此同时，左腿屈膝提起随即向前弹踢伸直，脚面绷平，脚尖朝前；右脚不动；眼视前方（图A136）。

图A135

图A136

**要领说明：**

①两臂的回环绕行一定要使两肩、两臂、两掌都放松，即使两手握拳及反臂钩手也不要过于紧张。

②向前弹踢，必须先使腿屈膝将脚离地提起，然后再绷平脚面，五趾用力下抓，有力地向前弹出。但是也不要将屈膝提脚和向前弹出的两部分动作过分机械地分割开来。弹踢也不宜过高，与胯平为最高高度。

### 第三十九式　返身击步提膝穿掌（张飞骗马回大营）

**动作分解：**

①左脚脚尖外展向正东前方落步，使脚内侧朝向前方；上身左转向北（图A137）。

②右脚从身后离地提起，直腿向右、向身前绕行摆动；同时，右掌变拳随右臂屈肘收于右腰侧，拳心朝上；左钩手变掌，臂外旋使拇指外侧朝上（图A138）。

③上动未停，右脚内翻继续向身前做上马跨鞍状的骗腿绕行摆动，脚尖朝上，脚底朝左；同时左掌在身前迎击右脚脚底（图A139）。

④上动未停，左脚蹬地跳起，从身后屈膝向右反脚撩踢，脚尖朝右，脚底朝上；右脚在左脚跳起撩踢的同时趁势落步；同时，右拳则变掌、直臂向下迎击左脚脚底，左掌随势上举；眼视左脚（图A140）。

图A137

图A138

图A139

图A140

⑤上动未停，上身左转向西，左脚随之向身前上步落地，左腿屈膝，右腿伸直；与此同时，右掌随右臂屈肘收于右腰侧成倒掌，掌指朝下，掌心朝前；左掌则从上下落平举于身前成侧立掌，掌指朝上，小指外侧朝前；眼视左掌前方（图A141）。

⑥上动未停，右脚向左脚击步，左脚趁势蹬地跳起，在空中右脚向左脚碰靠；右脚先落地，右腿伸直；左脚随即向前落地，左腿屈膝（图A142、图A143）。

⑦左脚蹬地跳起使右脚向前跃步落地，右腿伸直独立，左腿屈膝提于身前；在跃步落地的同时，上身左转向南，左掌臂外旋直腕使掌心朝上成仰掌，右掌也直腕使掌心朝上成仰掌从右腰侧向前由左掌上面直臂平伸穿出，左掌则顺着右臂下面随左臂屈肘收于右腋下；眼视右掌（图A144）。

图A141

图A142

图A143

图A144

**要领说明：**

①里合横踢的骗马腿，如果按技击法则来说，则是在某种情况下向里横踢对方的腰背部，因为它的高度并不要求很高，但要求快而有力。

②反脚撩踢，则是在某种情况下向后踢击对方的前裆，它的高度也不要求过高。返身的击步、跃步等要领与前述相同。

## 第七段

### 第四十式　弓步撩掌（二郎担山一条鞭）

**动作分解：**

①右腿屈膝全蹲，左腿向左侧正东方向铺地伸出，成为左仆步；同时，右掌直臂向上、屈肘向左弧形绕行，屈腕成立掌附于左肩外侧，掌心朝左，掌指朝上；上身微左转；眼视左侧前方（图A145）。

②上身向前移动，右脚跟外展，右腿伸直，左脚跟内转，左腿随之屈膝，成为左弓箭步；在上身向前移动的同时，右掌从左肩外侧直臂向下、向身后弧形绕行，屈腕撮指成钩手反臂斜举，钩尖朝上；左掌则从右腋下直臂向下、向身前弧形绕行撩起，屈腕成侧立掌平举，掌指朝上，小指外侧朝前；眼视左掌前方（图A146）。

图A145

图A146

**要领说明：**

与第二段第二十二式弓步撩掌相同。

**第四十一式　旋风脚（风卷霹雳上九天）**

**动作分解：**

①右钩手变拳，臂外旋使拳眼朝上、直臂向上举起，左腿稍起，左脚跟内转，上身左转向后，右脚离地、屈膝提起随身转动，左掌方向不变；转向正北方向时，左腿屈膝下蹲，右脚在左脚内侧随右腿屈膝落步，左掌臂屈肘收于右肩前；与此同时，右拳臂屈肘经右耳侧直臂向下栽击，拳心朝后；眼视右拳（图A147）。

②上动未停，左掌变拳从右肩处直臂向下、向左、向上弧形绕行甩起，上身略前俯从左向上翻转，左脚离地、屈膝提起，右腿随势直起（图A148）。

③身体和两拳臂继续向后、向上翻转摆动，右脚蹬地跳起，身体腾空（图A149）。

图A147

图A148

图A149

④在空中，身体随着翻转的惯性继续向左、向后旋转，同时右脚屈踝内翻从右向上、向额前里合横摆，左拳变掌在额前迎击右脚脚底（图A150、图A151）。

图A150

图A151

**要领说明：**

旋风脚，是一个跳跃的翻转动作。因它上身既要翻又要转，仅仅是转体而没有翻身的动作是不够的。旋风脚的翻身，开始在左脚提起、右脚蹬地跳起的时候，上身必须前俯，构成翻身动作的斜形横轴；右脚蹬地跳起之后，上身即绕着斜形横轴翻转，也即是由前向后、由下面向上面翻转。旋风脚的转体，则开始在右脚里合横摆的时候，当左脚开始下降、右脚里合横摆时，上身随左脚下降之势向前直起构成转体动作的直轴，右脚向额前里合横击时，上身即绕着直轴旋转，也即是由后向左、向前旋转。旋风脚要旋转360°，翻身动作从前下至后上占180°，转体动作从后至前占180°。而它的击响，必须在翻转一周后于额前进行（按图A151来看，尚未达到一周，这是为了便于读者能够看到额前的击响动作而如此拍摄的）。

### 第四十二式　马步架打（马上挽弓射月支）

**动作分解：**

①左脚先落地，右脚继之在右侧落地，左腿伸直，右腿屈膝；同时，左掌变

拳摆向右侧方，拳眼朝上；右拳则随屈肘收于右腰侧，拳心朝上；上身随势右转（图A152）。

②上动未停，两腿屈膝成马步；同时，左拳臂内旋使拳眼朝下，屈肘上架于头顶；上身趁左拳上架之势左转，右拳随即向右侧直臂平伸冲出，拳心朝下；眼视右拳前方（图A153）。

图A152

图A153

**要领说明：**

与第二段第二十四式马步架打相同。

**第四十三式　提膝独立上冲拳（魁星举笔点状元）**

**动作分解：**

①两腿站起，右脚离地、屈膝提向身前；同时两拳一起从左右两侧直臂向下绕行摆动，至身前时，左臂在里、右臂在外屈肘交叉（图A154）。

②上动未停，左拳从右直臂向下、右拳从左直臂向上继续弧形绕行摆动，同时左脚跟外展以前脚掌蹍地为轴使身体向右转动（图A155）。

③身体继续向右转动至正南方向；在身体转动的同时，左拳从下直臂向左、向上，右拳从上直臂向右、向下，一起弧形绕行摆动（图A156）。

④上动未停，左腿屈膝下蹲，右脚随屈膝在左脚内侧跺脚踏步；同时，左拳随左臂屈肘向右绕行，由右肩前下沉，拳心朝下，拳面朝右；右拳则从左拳臂里面屈肘挎起，拳面朝上，拳心朝后；眼视右拳（图A157）。

⑤上动稍停，右腿直起独立，左腿屈膝在身前提起，左脚脚面绷平；同时，右拳臂直臂向上冲出，拳面朝上，拳心斜朝后；左拳则附于右腋近处，拳眼靠身；眼视正东前方（图A158）。

图A154

图A155

图A156

图A157

图A158

**要领说明：**

①两拳臂的回环绕行必须和身体的从右向后转紧密结合，中间不可停歇。

②跺脚踏步，两腿不必做成全蹲，但要防止耸肩、拱背、翘臀。

## 第 八 段

### 第四十四式 倒身撑掌（共工倒身把山撞）

**动作分解：**

①左脚向左侧落步，左腿屈膝；同时，右拳变掌，臂外旋使掌心朝上，从上屈肘向左侧摆下，左拳也变掌，由右掌上面向左穿出，掌心朝上（图A159）。

②右掌继续从左直臂向下、向右弧形回环绕行，左掌则随之直臂向下移动（图A160）。

③上身向左侧倒下，两腿成左势弓箭步；在倒身的同时，右掌直臂向上、向左绕行撑伸，左掌也直臂向下、向左撑出，两掌掌心均朝左，掌指均朝下；眼视左掌（图A161）。

图A159

图A160

图A161

**要领说明：**

倒身必须是向身体的侧面弯腰屈体，上身不可做成倾俯。两掌要尽量屈腕，两臂尽量向前撑伸。右脚要防止受倒身的影响而使脚外侧离地掀起，左脚则要防止脚尖内扣而使髋部向外凸出。

## 第四十五式　弹踢击步前进（浪子蹴球奔前边）

**动作分解：**

①左腿直起，左脚尖内扣，上身随之直起右转向西；在上身直起时，右掌臂直臂向上、向右（西方），左掌臂直臂向左（东方），两掌一起开始弧形回环绕行；在上身右转向西时，右掌臂直臂向下、屈肘向左腋处，左掌臂直臂向上、向前，两掌一起弧形回环绕行；右腿随之屈膝前弓，形成右势弓箭步（图A162）。

②上动稍停，左掌臂直臂向下、向身后弧形绕行摆动，屈腕撮指成钩手反臂斜举，钩尖朝上；右掌则从左腋处直臂向下、向前弧形绕行摆动，成侧立掌撩起平举，掌指朝上；与此同时，左脚随左腿屈膝提起随即向前弹踢伸直，脚面绷平，脚尖朝前；右脚不动；眼视前方（图A163）。

图A162

图A163

③上动稍停，左脚向前落步，左腿屈膝，右腿伸直；随即右脚向左脚击步，左脚趁势蹬地跳起，在空中右脚向左脚碰靠（图A164、图A165）。

④右脚先落地，右腿伸直；左脚随即向前落地，左腿屈膝（图A166）。

⑤上动未停，右脚向前上步，右腿屈膝，左腿在后顺势伸直，成为右势弓箭步；与此同时，右掌随右臂屈肘收于右腰侧，掌指朝下，掌心朝前；左钩手则变掌，从后屈肘由左腰侧向前直臂平伸推出成侧立掌，小指外侧朝前，掌指朝上；眼视左掌前方（图A167）。

图A164

图A165

图A166

图A167

**要领说明：**

①弹踢，与第六段第三十八式的弹踢动作相同。

②击步、落步及上步等动，一定要连贯、快速，两脚击步离地不要求高度，只要稍微离开地面即可。最后的弓步推掌，要注意必须使左肩顺前、右肩引后，两肩松沉。

## 第 九 段

### 第四十六式　倒步后撤（撤身倒步一溜烟）

**动作分解：**

①上身姿势不变，两腿屈膝，两脚从右脚开始向后快速倒退4步，至仍与图A167相仿为止。

②上动未停，上身左转，右脚随之向左脚并步，两腿伸直站立；在并步的同时，右掌直腕使掌心朝上直臂由左掌上面向前平伸穿出，左掌则顺右掌臂下面屈肘收附于右腋处；眼视右掌（图A168）。

③右掌臂内旋屈腕撮指成钩手，钩尖朝下；眼视右钩手（图A169）。

图A168

图A169

**要领说明：**

①倒步必须快速，身体不能上下起伏，要保持在一定的水平线上。

②右掌前穿要与上身左转相合，应该是边穿掌、边转体、边收掌一起动作。

### 第四十七式　仆步劈掌（吴王试剑劈玉砖）

**动作分解：**

右腿屈膝全蹲，左腿随之向左侧铺地伸出，成为左仆步；同时，右钩手不变；左掌在左腿伸出的同时从右肩处直臂向上举起，向左、向下、向左脚尖处下劈，小指外侧朝下，掌指朝左；上身向左脚处探伸；眼视左掌（图A170）。

图A170

**要领说明：**

上身要尽可能地向左脚处探伸，右钩手与左掌要形成斜直线，要防止由于上身的探伸而使右钩手变成了反臂后举之势；两肩要稍向身后张展，防止拱背翻臀；左髋要沉，右膝要展，要防止左脚的掀脚和右脚的拔跟。

### 第四十八式　盘腿前扫（枯树盘根就地缠）

**动作分解：**

①上身向左侧移动，左腿随之屈膝全蹲，左脚脚跟离地拔起；同时右腿伸直，右脚贴地；随即上身从左向后拧腰转动，右脚随即从西向南、向东、向北开始前扫（图A171、图A172）。

②当前扫至一周的四分之三时，右腿就地外旋使右脚外侧贴地，屈膝盘腿继续向西、向南、向东扫转，盘缠于左小腿；同时，左掌随左臂屈肘收附于右肩前，掌心朝右，掌指朝上；右钩手不变；眼视左侧前方（图A173）。

图A171

图A172

图A173

**要领说明：**

盘腿前扫的关键，在于掌握为盘腿前扫创造二次惯性力量的技巧。开始时，上身猛快地从左向后转，为右腿内侧朝下的前扫创造了惯性力量，使前扫凭借这股力量迅速旋转。但是由于上身本来就探伸左侧下方接近左腿，髋关节处的角度形成了锐角，角度小上身摆动的幅度就狭小，因此它就不能像后扫腿上身的那股摆力来得大，惯性力量也就不大。当变为盘腿继续扫转时，如果不再创造二次的惯性力量，那就很难使盘腿前扫的整体动作在快速中很好地完成。所以在前扫至一周的四分之三将要变为盘扫的时候，上身必须在旋转中再做一次很强的急转，为右腿右脚外侧朝下的盘扫创造了惯性力量。

## 第四十九式　踹腿搂手推掌（脚踹北斗掌推山）

**动作分解：**

①前动不停，两腿站起，右腿伸直支撑重心；左脚随即从身后屈膝提起向左侧上方蹬伸侧踹，脚底朝左，脚尖朝向身前；上身随势向右倾斜，左掌与右钩手不变；眼视左脚（图A174）。

②上动微停，右腿屈膝全蹲，左脚向左侧铺腿落地，形成左仆步；上身前探；眼视左脚（图A175）。

③上动未停，右钩手变掌，屈肘收于右腰侧，掌指朝下，掌心朝前；左掌则随臂内旋使拇指外侧朝下，直臂直腕向左脚处横摆反搂（图A176）。

④左掌搂过左脚，屈肘收于左腰侧，掌指朝下，掌心朝前；同时上身直起，左腿屈膝前弓，右腿伸直后蹬，成为左弓箭步；右掌随即向身前直臂平伸推出，小指外侧朝前，掌指朝上；眼视右掌前方（图A177）。

图A174

图A175

图A176

图A177

**要领说明：**

①侧踹，两腿均须挺直，踹的力点在脚底，不可使脚内翻将力点处于脚外侧，那样就变成了铲腿。

②搂手推掌，由侧踹变搂手推掌必须通过铺腿仆步动作再构成弓箭步，此处的仆步虽然是一个过程，但一定要按仆步的正规要求去做。

## 第十段

### 第五十式　换掌倒步后撤（撤身倒步一溜烟）

**动作分解：**

①左脚向后退步，左腿伸直，右腿屈膝前弓；同时，右掌臂屈肘收于右腰侧，掌指朝下，掌心朝前；左掌则从左腰侧直臂向前平伸推出，小指外侧朝前，掌指朝上；眼视左掌前方（图A178）。

②上动微停，两腿屈膝，两脚从右脚开始向后快速倒退4步，至仍与图A178相仿为止。

③上动未停，左掌方位不变，上身左转，右脚随之向左脚并步，两腿伸直站立；在并步的同时，右掌直腕使掌心朝上直臂由左掌上面向前平伸穿出，臂内旋屈腕撮指成钩手，钩尖朝下；左掌则顺右掌臂下面屈肘收附于右腋处；眼视右钩手（图A179）。

图A178

图A179

**要领说明：**

与第九段第四十六式的倒步后撤相同。

## 第五十一式　仆步劈掌（吴王试剑劈玉砖）

**动作分解：**

右腿屈膝全蹲，左腿随之向左侧平铺伸出成左仆步；同时，右钩手不变；左掌在左腿伸出的同时从右肩处直臂向上举起，向左、向下、向左脚尖处下劈，小指外侧朝下，掌指朝左；眼视左掌（图A180）。

图A180

**要领说明：**

与第九段第四十七式的仆步劈掌相同。

## 第五十二式　转身里合腿（凤凰旋窝回身转）

**动作分解：**

①两腿直起站立，左脚脚跟内转以前脚掌蹍地为轴使身体向左后转动，右脚随之屈踝内翻，从右向上、用脚底向额前跨摆挂面里合；右钩手变拳与左掌一起向上摆动（图A181）。

②身体继续左转向后面朝北方，右脚即从上向左脚内侧跺脚踏步并拢，两腿随势屈膝下蹲；与此同时，右拳臂屈肘由右耳侧直臂向右腿外侧下方栽击，

拳心朝身后；左掌则随左臂屈肘附于右肩前，掌指朝上，掌心朝右；眼视右拳（图A182）。

图A181

图A182

**要领说明：**

经额前的里合腿，名为挂面脚，必须从身体的右侧向上踢起，继而向额前做由外朝里的弧形内收跨摆。右脚一定要屈踝使脚内翻，胫骨前、后肌和趾的屈踇肌同时收缩来协助它的里合内收；胸部也要略含使上身稍向前俯，腹直肌、髂腰肌、股直肌同时收缩来协助它的高踢；左腿由于本动是转体的里合腿，身体要借助左脚掌的蹍地来转动，因此它可以稍做屈膝，不必挺直，便于脚跟离地上身不至于向前倾倒。

**第五十三式　蹬腿搂手冲拳（腿蹬九天冲铁拳）**

**动作分解：**

①两腿站起，右腿伸直支撑重心；左脚即向左侧上方蹬踢，脚尖勾紧，脚底朝上；左掌与右掌不变；眼视左脚（图A183）。

②右腿屈膝全蹲，左脚向左侧铺腿落地，形成左仆步；上身前探；眼视左脚（图A184）。

③上动未停，右拳臂屈肘收于右腰侧，拳心朝上；左掌则随臂内旋使拇指外侧朝下，直臂直腕向左脚处横摆反搂（图A185）。

④左掌搂过左脚，变拳、屈肘收于左腰侧，拳心朝上；同时上身直起，左腿屈膝前弓，右腿伸直后蹬，成为左弓箭步；右拳随即向身前直臂平伸冲出，拳面朝前，拳心朝下；眼视右拳前方（图A186）。

图A183

图A184

图A185

图A186

**要领说明：**

①蹬腿的力点在脚底，它与踹腿的不同处则在于踹腿的脚尖与脚跟是横向的，而蹬腿的脚尖与脚跟是竖向的。

②搂手冲拳，由蹬腿变搂手冲拳必须通过铺腿仆步动作再构成弓箭步，此处的仆步虽然是一个过程，但还是要按仆步的正规要求去做。

### 第五十四式　虚步架打（英雄打虎收招式）

**动作分解：**

①左拳拳心朝上由右拳拳背上面向前直臂平伸穿出，右拳则顺左臂下面屈肘收于左腋下；左脚跟外展，上身右转；右拳臂外旋从左腋处直臂向下、向右脚处弧形绕行摆动，此时两拳拳眼均朝上（图A187、图A188）。

②上动未停，上身向前移动，右腿随之屈膝前弓，左腿则伸直，面向东方；接着，左腿直立，右腿屈膝在身前提起；同时，右拳随之向前、向上直臂弧形绕行举起，左拳则从后向下、向前直臂弧形绕行，右拳拳眼朝后，左拳拳眼朝前；眼视前方（图A189）。

图A187

图A188

图A189

③上动稍停，右脚向后落步，右腿伸直，左腿随之屈膝；同时，右拳向后、左拳向前继续绕行（图A190）。

④左拳臂继续屈肘向上、由脸前收附于右肩前，拳心朝里，拳面朝上；右拳

则继续向下、向前直臂绕行；同时右腿屈膝，左腿伸直，上身向后坐；眼仍视前方（图A191、图A192）。

⑤上动未停，右拳臂内旋使拳眼朝下，屈肘向上横架于头顶上方；左拳随即向正东前方直臂平伸冲出，拳心朝下；与此同时，上身半面右转，右腿屈膝半蹲，左脚以脚尖虚沾地面，成为左虚步；眼视左拳前方（图A193）。

图A190

图A191

图A192

图A193

**要领说明：**

①此动可分3个小节，图A187—图A189为第一小节，图A190—图A192为第

二小节，图A193为第三小节。整个动作的两臂回环绕行及腿脚的移动，都必须前后贯串、上下相随，但在第一二小节处又须稍做停顿，使它有点顿挫感。

②第一小节里的弓箭步、仆步和第二小节里的弓箭步，均是动作的过程，在此动内不作过严的要求，但又不可过于草率。

③右拳横架，肘须屈圆成弧形；左拳冲出，臂须边冲拳边内旋，不可先臂内旋使拳心朝下之后再冲拳或冲拳之后再旋臂。

**收势（拳罢庭前五更天）**

**动作分解：**

上身半面右转向南，右腿伸直站起，左腿伸直使左脚向右脚靠近并步；同时，两拳变掌，从左右两侧一起直臂下垂，五指并拢贴靠于两腿侧旁，掌指朝下；眼视正南前方，仍做立正姿势（图A194）。

图A194

**要领说明：**

此动虽然是收势，更须顶平、头正、项直，肩松肘垂，腹收胸挺，身正腰直，五趾要抓地，精神须振作，呼吸要平稳，神情须自然，勿露倦容，莫作疲态。

# 第三章　二路华拳释解

## 一、二路华拳歌诀

午后小憩双练拳　先走后拆是真传
跨虎接打雕展翅　韦陀献杵抱胸前
把臂拦门铁闩横　魁星仰斗撩绿襕
双手挽弓三换步　豹子跳涧猛回头
白猿摘果朝上献　山羊登枝独脚悬
进步现肘虎抱头　迎面炮捶冲前拳
海底捞月怀中抱　架梁炮打胸前穿
黑虎掏心跳步打　燕子入林侧翅翻
仙人扇扇风贯耳　金丝缠腕扼关间
宝刀断玉腕中切　童子推窗先卷帘
罗汉伏虎展翅势　托梁换柱马步拳
万钧弩发空中腿　钩挂连环左右缠
七星交错遮上下　罗汉伏虎闪身拦
仙人扇扇风贯耳　飞天卧佛落尘埃
狮子打滚翻九地　风卷霹雳上九天
二郎担山一条鞭　罗汉伏虎按下边

七星交错向上架　苍鹰搏兔扣双环
金钩挂帘下边踢　仙人扇扇贯耳边
怀中抱月横踹腿　转身摆莲迎面脚
黑虎掏心跳步打　乌龙摆尾搅沧澜
引蛇出洞用脚踩　凤凰旋窝转身旋
陈抟坠驴朝后倒　二郎担山一条鞭
浪子蹴球朝前踢　七星交错架上边
铁腿扫荡风尘起　二郎担山一条鞭
罗汉伏虎展翅势　仙人扇扇贯耳边
鱼跃龙门纵身过　回马斩将砍项间
灵猫捕鼠跃身扑　凤凰旋窝转身旋
太白落马向前栽　双风贯耳击鬓腮
脚蹬山岳摧玉柱　仙人扇扇贯耳边
浪子蹴球朝前踢　马上擒将夹臂间
飞天卧佛尘埃落　风卷霹雳上九天
英雄打虎收招式　走罢单拳再拆拳

## 二、二路华拳单练动作图解

### 第一段

#### 预备势（午后小憩双练拳）

**动作分解：**

面对南方，站立在从西到东拳场全长四分之一的地方，两腿伸直，两脚并拢；两臂垂直于身体两侧，两手五指并拢贴靠于腿侧，掌指朝下（图B1）。

图B1

**要领说明：**

头要端正，下颌内收，眼向前平视；挺胸，直背，塌腰，沉肩，两臂自然下垂；膝要挺，腿须直，两脚五趾抓地，身体微向前倾，呼吸均匀，精神贯注。

**第一式　虚步回环亮掌（先走后拆是真传）**

**动作分解：**

①右手成掌从右侧直臂向右、向上弧形绕行举起，掌心朝左（图B2）。

②上动微停，右掌臂外旋，屈肘使掌心朝上从左肩前下绕；左手成掌在右掌向下绕行的同时由左侧下方屈肘从右臂里面经右肩前向上直臂穿出，掌心朝右（图B3）。

图B2

图B3

③上动未停，右掌继续向下、向右直臂弧形绕行，同时左掌则向右弧形绕行（图B4）。

④上动未停，右掌继续直臂向上弧形绕行，至头顶上方时，腕关节朝拇指的一边侧屈，抖手成横掌，屈肘横架，掌心朝前，掌指朝左；与此同时，左掌

相应地继续从左向下、向身后直臂弧形绕行，至身后时，五指撮拢成钩手，臂内旋反臂斜举于身后，钩尖朝上；在横掌与钩手构成的同时，右腿屈膝半蹲，左腿伸向身前，左脚以脚尖虚沾地面，成为左虚步；上身略前倾；眼视左侧前方（图B5）。

图B4

图B5

**要领说明：**

①上述4个分解动作，实是一个完整的左右两臂上下回环的动作，必须连贯起来做，不可中断。两臂回环时，两肩必须放松，不要僵肩硬项。

②两眼目光要随着右掌的回环绕行而转动，但是当右掌从右向上回环绕行成横掌时，目光就不必随右掌向上转动，而是当右掌在上抖腕时从右向左陡然转头注视左侧前方。右掌屈腕成横掌时，一定要抖腕甩手，不可仅仅做成屈腕。

③跨虎势必须虚实分清，右腿半蹲，大腿与小腿要形成 90° 直角，膝盖不可超越脚尖；左脚虚沾地面，脚面一定要绷平，小腿与脚尖要成直线，不可使脚尖内扣；上身要挺胸、拔背、塌腰，防止由于左臂的反举而造成拱背现象；右横掌要尽量屈腕伸指，左钩手也要使腕屈紧，左臂尽可能向上反举，钩尖正对上方，不可偏向右侧方。

### 第二式 并步双钩（跨虎接打雕展翅）

图B6

**动作分解：**

左脚向前上半步，右脚随即跟上与左脚并拢，两腿伸直；同时，左钩手不动；右掌在右脚上前并步的同时即从上向前、向下、向身后绕行，变钩手反臂斜举，钩尖和左钩手同样朝上；眼仍注视左侧前方（图B6）。

**要领说明：**

挺胸、拔背、塌腰，两肩松沉向背后牵引，两肘要直，两臂尽量向上反举。

### 第三式 胸前抱拳（韦陀献杵抱胸前）

图B7

**动作分解：**

两钩手变拳，由左右两侧向胸前屈肘环抱，肘平举，拳心朝下，拳面相对；眼仍注视左侧前方（图B7）。

**要领说明：**

两拳腕部要平，拳背与肘形成水平状；腹部要自然，不要因挺胸而缩腹以防由于缩腹使气往上浮。

### 第四式 左右撑拳（把臂拦门铁闩横）

图B8

**动作分解：**

两拳从胸前向左右平撑冲出，拳心朝下；眼视左拳前方（图B8）。

**要领说明：**

两拳撑冲必须快而有力；平撑之后，两肩松沉略向后张，腕要平直，拳宜稍高过肩。

**第五式　提膝独立回环上冲拳（魁星仰斗撩绿襕）**

**动作分解：**

①两拳从两侧向下、向身前、向左右交叉摆动，至身前交叉时，左拳臂在内，右拳臂在外，拳心均朝里；眼视右拳（图B9）。

②上动未停，右拳继续从左下方向上、向右、向下直臂弧形回环绕行，左拳随之从右下方向下、向左、向上直臂弧形回环绕行；眼随右拳（图B10）。

③上动未停，右腿屈膝从身前提起；右拳此时继续向下绕行，左拳则继续向上绕行（图B11）。

图B9

图B10

图B11

④上动未停，左腿屈膝下蹲，右脚在左脚内侧跺脚踏步落下，两膝两脚并拢；与此同时，左拳从上随左臂屈肘向右、向下绕行，拳心朝下；右拳则从下随臂屈肘向左、由左臂里面向上绕行穿出，拳心朝后（图B12）。

⑤上动稍停，右腿伸直立起，左腿屈膝从身前提起，左脚脚面绷平，成为左提膝独立步；与此同时，左拳臂外旋，直臂向下垂于腹前，拳心朝前；右拳则直臂向上冲出，拳心朝左；眼视左侧前方（图B13）。

图B12

图B13

**要领说明：**

①在做①～④分解动作时，必须使两拳臂的回环动作连贯起来，中间不要有丝毫的停顿，肩臂肌肉要松弛，不需僵劲。

②踏步下蹲，上身可略向前倾，但要防止缩胸拱背。下蹲和提膝独立步之间要稍微停顿一下再做上冲拳动作。

③提膝独立步，右腿要挺直，左腿屈膝尽量向上提高，站立要稳固，上身仍要保持挺胸、直背、塌腰。

### 第六式　架打变步（双手挽弓三换步）

**动作分解：**

①右腿屈膝全蹲，左腿向左侧铺地伸出，成为仆步；与此同时，右拳臂外旋屈肘从上向左侧肩前落下，拳心朝上；左拳则随之屈肘收于右腋下（图B14）。

②上动未停，右拳继续从左肩前直臂向下、向右、向上弧形回环绕行，至上

方时屈肘横架于头顶，拳眼朝下；左拳在右拳上架后即向左直臂平伸冲出，拳心朝下（图B15、图B16）。

③上动稍停，两腿站起，左脚不动，右腿离地在身前屈膝提起（图B17）。

图B14

图B15

图B16

图B17

④上动微停，右脚从身后向左侧偷步落地，两腿交叉屈膝全蹲；左腿压在右腿上，左脚全脚着地；右脚脚跟抬起，仅以前脚掌着地；臀部坐落于右小腿上，靠近右脚跟，变成歇步（图B18）。

⑤上动稍停，右腿伸直立起，右脚踏实，左腿离地在身前屈膝提起（图B19）。

⑥上动微停，右腿屈膝半蹲，左脚以脚尖在右脚内侧二分之一处落地虚沾地面，变成丁步；上身姿势不变（图B20）。

图B18

图B19

图B20

**要领说明：**

①仆步时左腿必须挺膝伸直，脚尖尽量内扣，脚底全部着地，不可使脚底外侧离地掀起；右腿屈膝全蹲，脚尖要稍向右外展 45° 左右，膝向外撑，不可使膝向里或向前倾跪，脚底也要全部着地，不可使脚跟离地抬起拔跟；身体重心不可偏右。

②歇步时两腿必须迭紧，左腿跨压右腿，使右膝盖突出在左腿外面；左脚尖须外展，不可使之内扣。

③丁步时两腿必须并拢下蹲，两脚要虚实分清。

**第七式　仆步回环亮掌（豹子跳涧猛回头）**

**动作分解：**

①右腿站起，左脚离地向右摆腿迈跨；右脚蹬地跳起离地，左脚趁势向右侧落地，做迈步跳（图B21、图B22）。

②右脚随之向右侧落地，右腿屈膝，左腿伸直；两拳同时变掌，右掌臂外旋使掌心朝上，屈肘向左、向下弧形回环绕行；左掌则随直臂向下、屈肘向右、从右臂里面向上弧形回环绕行穿出；眼视左掌（图B23）。

③两掌动作未停，右掌继续从下直臂向右、左掌继续从上直臂向左弧形回环绕行；眼视右掌（图B24）。

图B21

图B22

图B23

图B24

④上动微停，右掌继续向上绕行，屈腕抖手成横掌架于头顶，肘微屈，掌心朝前，拇指外侧朝下；左掌则随臂内旋使拇指外侧朝下，继续向下、向身后绕

行，屈腕撮指成钩手反臂斜举于身后，钩尖朝上；与此同时，两腿成为左仆步，上身微向左转，头向左转；眼视左侧前方（图B25）。

图B25

**要领说明：**

①迈步跳时，右脚蹬地起跳不必很高，只要使右脚离地即可；左脚也只要迈过右脚就可落地，并不要求跃远。

②迈步跳起跳时，身体应先向右稍做倾斜，重心偏右，以此来带动左脚的向右摆动。

③转身回头的动作，必须与横掌的抖腕甩手动作取得一致，不能有先后之分。回头的动作要陡然一转，不能像一般运动那样地转动。

**第八式　转身弓步亮掌（白猿摘果朝上献）**

**动作分解：**

①右腿起立，右脚跟内转，上身右转朝西；右掌从上直臂向前（正西方向）、向下、屈肘向身里弧形回环绕行，抄附于左腋前，拇指外侧靠身，掌指朝上；右腿在右掌向左腋前绕行抄起的同时，屈膝提起，使右脚离地收于左膝前，脚面绷平，脚尖朝下；眼随右掌（图B26）。

②上动微停，右脚向身前正西方向落步，右腿屈膝，左腿伸直，成为右弓箭步；右掌在落步的同时直臂向前平伸推出，掌指朝上，小指外侧朝前；眼视右掌

（图B27）。

③上动稍停，左钩手变掌随臂屈肘经左腰侧、由右掌背上面直臂向前穿出，掌心朝上，掌指朝前；右掌顺左掌穿出之势屈肘收于左腋下；在左掌前穿的同时，左脚随之向正西前方上步，右脚跟内里转使上身右转朝北，两腿屈膝半蹲成马步，掌臂方位不变仍朝正西，随即左掌臂内旋屈腕撮指成钩手，钩尖朝下；眼视左掌（图B28、图B29）。

图B26

图B27

图B28

图B29

④右掌随即从左腋下直臂向下、向右摆动，拇指外侧朝上；眼视右掌（图B30）。

⑤上动未停，右脚从身后向左撤步，上身随势以左脚掌踹地为轴转向正东

方，钩手与掌随身转动，左腿屈膝，右腿伸直，成左弓箭步（图B31）。

⑥右掌在弓箭步构成的同时即屈肘成横掌架于头顶上方，左钩手平举于上身左侧不动；眼视前方（图B32）。

图B30

图B31

图B32

**要领说明：**

①以上6个分解动作，虽然有微停和稍停，但总体上应该连贯起来，不要有过分间歇的痕迹。

②前面的右弓箭步和马步，均是过渡动作；最后的左弓箭步是定势动作，必须做到左大腿屈平，右髋部尽量向下沉，左脚尖正对前方，右脚尖要紧向内扣，防止掀脚和拔跟。

### 第九式　提膝独立回环亮掌（山羊登枝独脚悬）

**动作分解：**

①右掌臂外旋，从上屈肘向左、由左肩前向下弧形回环绕行；与此同时，左钩手变掌，直臂向下、屈肘向右、由右臂里面向上弧形回环绕行穿出；两掌一下一上在身前形成交叉，掌背均朝前（图B33）。

②上动未停，右掌继续随直臂向下、向右弧形回环绕行，左掌则继续随直臂向上、向左弧形回环绕行，此时两掌掌心均朝前；眼视右掌（图B34）。

③上动未停，右掌继续随屈肘向上弧形回环绕行，成横掌架于头顶上方，掌指朝左，掌心朝前；左掌则继续随屈肘向下弧形回环绕行，成倒掌收于左腰侧，掌指朝下，掌心朝前；在右掌成横掌上架、左掌成倒掌收于腰侧的同时，两腿起立，左腿离地屈膝在身前提起，脚面绷平，脚尖朝下；右腿直立成独立步支撑重心；眼视前方（图B35）。

图B33

图B34

图B35

**要领说明：**

①两掌回环的动作要协调，当右横掌在头顶上方做臂外旋使掌背朝前时，左钩手即变掌直臂向下开始回环绕行；当右掌绕行至左肩前时，左掌即从下随左臂

屈肘向上由右臂里面向上穿出；随后则左上、右下，左左、右右，左下、右上，左倒掌收腰、右横掌上架，同一时间协调完成。

②提膝独立时，右脚不可向前移动，左脚也不可向后移动，要在原地蹬地提起；此时应该先将身体重心移于右腿，而后再提左膝使左脚离地。

③左脚蹬地离开地面时，用力要恰当，防止用力太过而使上身后仰站立不稳。左脚离地提膝的时间，必须与亮掌的时间协调一致，不可在亮掌动作完成之后再提膝。

### 第十式　跃步顶肘（进步现肘虎抱头）

**动作分解：**

①左脚向前上步，右掌随之从上直臂向前、向下弧形回环绕行，臂外旋使掌指朝下，掌心朝前；左掌则随直臂向下、向后摆动；眼视右掌（图B36）。

②左脚蹬地跳起，右脚向前跨出跃步；同时，右掌继续直臂向后绕行，左掌、直臂向上、向前绕行（图B37）。

③上动未停，左脚在右脚跃步落地后随即向前落地，左腿屈膝，右腿伸直，成左弓箭步；与此同时，右掌随右臂屈肘向上绕行成横掌架于头顶上方，掌指朝前，拇指外侧朝下；左掌即变拳、屈肘收于左肩前，拳心朝下，使肘向前顶出；眼视前方（图B38）。

图B36

图B37

图B38

要领说明：

跃步要远，不一定要高。顶肘时左肘要紧屈，前臂、上臂成水平状；肘尖朝向前进路线的前方，而不是上身的体前方。两肩均须松沉，并向背后张展。

第十一式　弓步冲拳（迎面炮捶冲前拳）

动作分解：

①左肘垂下，臂外旋使左拳拳轮靠向胸前，拳面朝上；同时右掌变拳，臂外旋屈肘由左拳前面向下降落，拳心朝上；眼仍视前方（图B39）。

②右拳臂屈肘收于右腰侧，拳轮靠腰，拳心朝上；与此同时，左拳向前直臂平伸冲出，拳心朝下；眼视左拳前方（图B40）。

图B39

图B40

要领说明：

左拳前冲与右拳的收腰必须在同一时间完成，不可先收后冲。冲拳时，弓箭步不可向上浮起，要保持原状。

第十二式　马步挎肘（海底捞月怀中抱）

动作分解：

①左拳变掌，直臂下垂；上身前俯，眼视左掌（图B41）。

②左脚向后撤步，同时身体以右前脚掌为轴从左向后转，两腿屈膝半蹲成马

步；左掌随着左脚的后撤向后摆动，在转身成马步时变拳、屈肘收于左腰侧，拳心朝上；右拳则在左脚后撤时直臂向身后下垂，在成马步时向身前屈肘挎提，拳面朝上，拳心朝里；眼视右侧前方（图B42）。

图B41

图B42

**要领说明：**

马步挎肘，两大腿均须屈膝坐平，脚尖内扣正对身前；膝须外展，不可向前跪倾；上身保持挺胸、直背、塌腰，左肩稍向后张，右肩稍向前引；右拳高与眉齐，与面部距离约三拳。

### 第十三式　拗势弓步架打（架梁炮打胸前穿）

**动作分解：**

右脚跟内转，左脚跟外展，上身随之右转朝向东方，右腿屈膝前弓，左腿伸直后蹬，成为右弓箭步；同时，右拳臂内旋屈肘向上横架于头顶上方，拳眼朝下；左拳随即向前直臂平伸冲出，拳心朝下；眼视前方（图B43）。

图B43

**要领说明：**

冲拳要迅速有力，但要防止由于身向右转左拳前冲而使左脚向外滑动，一定要注意左脚的稳定。

## 第二段

### 第十四式　跃步冲拳（黑虎掏心跳步打）

**动作分解：**

①左拳从前向下、向后直臂弧形回环绕行；当左拳绕行至下方时，右拳开始从上向前、向下直臂弧形回环绕行；同时右腿直起，左脚离地准备向前跃进，上身前倾；眼视前下方（图B44）。

②右脚蹬地跳起使左脚跃步向前落地，同时左拳臂稍屈肘从后向上、右拳臂屈肘从下向左腹侧，一起继续弧形回环绕行（图B45）。

图B44

图B45

③右脚向前落步，右腿屈膝，左腿伸直；同时，左拳臂外旋使拳心朝上屈肘从上向前、右拳从左腹侧由左臂里面向上，继续一起绕行（图B46）。

④两腿成右弓箭步；同时，左拳臂屈肘收于左腰侧，拳心朝上；右拳臂内旋直臂向前平伸冲出，拳心朝下；眼视右拳前方（图B47）。

图B46

图B47

**要领说明：**

①两拳臂的回环绕行，必须是左拳先起动，在左拳绕向下方时右拳才开始起动绕行，这样左下右上、左后右前、左上右下、左前右里一起回环绕行。

②向前跃步，要轻要远，不要太高。冲拳要边冲边使臂内旋，不可使臂内旋拳心朝下之后再冲拳。

**第十五式　返身仆步按掌（燕子入林侧翅翻）**

**动作分解：**

①左脚脚跟内转，右脚脚跟外展，上身向左移动，左腿随势屈膝；与此同时，右拳臂内旋反臂使拳心朝上，斜举于身右；左拳则向左侧上方直臂伸出斜举，拳心朝上；眼视右拳（图B48）。

②上动未停，右脚向左脚击步，左脚蹬地跳起，两腿均直，身体腾空；在空中右脚向左脚碰靠（图B49）。

③右脚先落地，右腿伸直，左脚随之向正西前方落地，左腿屈膝（图B50）。

④上动未停，右脚向前上步，右腿屈膝，右拳于右脚上步的同时从后向下、向前绕行摆动；左拳则从前向上、向后绕行摆动；上身随势左转（图B51）。

⑤右脚跟外展，上身继续左转朝向正东方，与此同时，左拳从上向前直臂绕行摆动，臂外旋使拳心朝上；右拳则向上直臂绕行举起；左脚向身后西方撤步；

眼视身前前方（图B52）。

⑥左脚跟内转，右脚跟外展，上身继续左转朝向北方；左腿屈膝全蹲，右腿铺地伸直，成为右仆步；在仆步形成的同时，左拳变掌、直臂向下、经腹前向左、向上弧形绕行，屈肘成横掌架于头顶上方，拇指外侧朝下，掌指朝右；右拳则变掌随屈肘由右耳侧向下直臂按撤于裆前，掌心朝下，掌指朝左；眼视右侧前方（图B53）。

图B48

图B49

图B50

图B51

图B52

图B53

**要领说明：**

①以上6动的击步、落步、上步、撤步及转身等，必须迅速、敏捷、连贯。

②第①分解动上身左移、左腿屈膝、右拳臂内旋时，身体须稍向前俯下，眼看右拳。

③转身成仆步后，必须使左膝向外展，防止膝向里跪扣；右腿必须使髋部下沉，右脚尖紧扣，防止脚外侧离地掀起；上身保持正直。

## 第十六式　弓步扇掌（仙人扇扇风贯耳）

**动作分解：**

①左腿直起，身向右移，右腿屈膝；与此同时，左掌从上向下随左臂屈肘收附于右肩外侧，掌心朝右，掌指朝上；右掌则从下向左随右臂屈肘收附于左腋下，掌心朝后，掌指朝上；眼视右侧前方（图B54）。

②上动未停，两腿成为右弓箭步；同时，左掌从右肩处直臂向下、经腹前向左后反臂弧形绕行，屈腕撮指成钩手斜举于左后，钩尖朝上；右掌则从左腋处直臂向身前、向右平面绕行摆动，用掌背横扇掴击，拇指外侧朝上，掌指朝前；眼视右掌（图B55）。

图B54

图B55

**要领说明：**

扇掌掴击，必须先使肩、肘、腕等关节放松，肘腕关节屈曲；然后，上臂提起，仅以前臂用力，肘腕关节陡然伸直向前横甩掴击。

## 第十七式　仆步缠腕（金丝缠腕扼关间）

**动作分解：**

①右掌臂内旋使拇指外侧朝下，直臂向下、经腹前屈肘向左、向上、由左耳侧向前成圆形挽肘绕行，至面部前方时掌指朝上，小指外侧朝前；左钩手则在右掌臂内旋使拇指外侧朝下时变掌，臂外旋使拇指外侧朝上；当右掌向下绕行时，左掌则随左臂屈肘向上绕行；当右掌向左、向上绕行时，左掌则向右、向下绕行，在左耳侧将右掌前臂近腕关节处握住，小指外侧朝向右掌，虎口顺向右臂，此时与右掌一起绕行至面前，眼视右掌（图B56）。

②左脚向前上步，右腿直起，身体右转朝向南方；眼仍注视右掌（图B57）。

③上动微停，右腿屈膝全蹲，左腿在左侧铺地伸直，成为左仆步；与此同时，右掌腕关节朝小指外侧下屈成侧倒掌，从上向下屈肘插伸于裆前，拇指紧扣，其余四指并拢，掌指朝下；左手仍握住右掌腕部；眼仍注视右掌（图B58）。

图B56

图B57

图B58

**要领说明：**

①当右掌经腹前向左、向上绕行时，上身不妨随势稍向左转，当右掌被握由左耳侧向前绕行时则随势右转，紧接上步转身。

②仆步插掌，右掌腕部必须屈紧，左手也须握紧，暂时使两臂肌肉投入紧张状态，至下一动变化时再放松。

### 第十八式 马步切腕（宝刀断玉腕中切）

**动作分解：**

①左手松开右掌腕部，从裆前向上、向左举起，掌指朝上，掌心朝右；右掌腕部放松，从裆前摆向右腿外侧斜垂；同时，右腿稍起，上身稍向右倾；眼视左掌（图B59）。

②右腿伸直立起，左腿屈膝使左脚离地提起；同时，左掌臂外旋使腕关节向外挽一小圈，掌指朝上偏外，掌心朝左；右掌不动；眼随左掌（图B60）。

图B59

图B60

③上动未停，右脚蹬地跳起，身体随之从左向后转朝向北方；转身后，左脚落地直腿站立，右腿屈膝提于身前；在跳起转身的同时，左掌随直臂向身前、向下弧形绕行垂于裆前，掌指朝下，掌心朝右；右掌则随直臂向身右、向上弧形绕

行举起，掌指朝上，掌心朝左；眼视左掌（图B61）。

④上动微停，右脚向身体右侧落步，两腿屈膝半蹲成马步；同时，右掌随右臂屈肘外撑使腕关节朝小指外侧下屈成侧倒掌、由右耳侧直臂向裆前成直倒掌下插，掌指朝下，掌心朝左；左掌则在右掌下插时屈肘向上提起，在小腹前与右掌迅速一搓而过提于右肘里侧，掌指稍朝上，掌心贴靠右臂；眼视右掌（图B62、图B62附图）。

图B61

图B62

图B62附图

**要领说明：**

①跳步不要求很高，转身时能稍带一点翻转的势态更好。

②右掌臂屈肘由右耳处向下插伸时，它的屈肘不是将肘下垂，而是将肘向右平撑提起，使肘尖朝右；下插时也要注意使侧倒掌变为直掌下垂。

③搓掌是左掌向上、右掌向下两掌一起搓擦而过，并不是只用左掌。

### 第十九式　弓步横掌双推（童子推窗先卷帘）

**动作分解：**

①左右两掌从裆前直臂分向左右两侧摆动，直腕使掌心均朝前；眼视右掌

（图B63）。

②两腿站起，上身右转朝向东方，右脚随之向身后撤步，右腿伸直，左腿屈膝，成为左弓箭步；两掌随身转动，在形成弓箭步的同时继续向后摆动；眼随右掌（图B64）。

③两掌一起由身后直臂向左右两侧、屈肘向上，向两耳侧旁继续绕行摆动，屈腕成横掌附于两耳侧，掌指靠耳，掌心朝前；眼视前方（图B65）。

④两掌一起向前平伸推出，掌指相对，小指外侧朝上；眼视两掌（图B66）。

图B63

图B64

图B65

图B66

**要领说明：**

以上的前3动是两掌臂的绕环动作，必须连贯起来，中间不可有停歇。双掌推出时，两肩必须向下松沉，防止耸肩；两肘稍屈，不必伸直；两腕要屈紧，不可松弛；两掌高与眉齐。

## 第二十式 仆步按掌（罗汉伏虎展翅势）

**动作分解：**

①右掌臂外旋，直腕使掌心朝上，从前直臂向下、向后弧形回环绕行；上身随势右转，左腿稍起；眼随右掌；同时左掌臂也外旋，直腕使掌心朝上，直臂略举起（图B67）。

②右掌随直臂向上、左掌随直臂向下继续弧形回环绕行；上身左转，左腿直起，左脚向身后西方撤步，右腿屈膝（图B68）。

图B67

③上动不停，上身继续左转朝向北方，左腿屈膝全蹲，右腿伸直平铺，成为右仆步；与此同时，左掌随直臂向左、屈肘向上继续弧形回环绕行，屈腕抖手成横掌架举于头顶上方，掌指朝右，小指外侧朝上；右掌则从上屈肘由胸前直臂向下按揿于裆前，肘微屈，掌心朝下，掌指朝左；眼视右侧前方（图B69）。

图B68

图B69

**要领说明：**

①两掌回环绕行时，两肩一定要放松，并且要与转身、撤步、仆步等动作协调一致，贯串一气。左掌随左臂屈肘横架时，一定要甩手抖腕使腕侧屈，不要做成一般的屈腕。

②仆步要领同前。

## 第二十一式　抽拳马步架打（托梁换柱马步拳）

**动作分解：**

①上身右转并向前移动，左腿随之伸直后蹬，右腿屈膝前弓，成为右弓箭步；同时，两掌变拳，左拳臂外旋从上屈肘向面前下落，拳心朝上；右拳臂从下屈肘由右臂里面向上穿出，拳心朝上（图B70）。

②上动未停，左拳向后随屈肘收于左腰侧，拳心仍朝上；同时右拳向前直臂平伸冲出，拳眼朝上；眼视右拳（图B71）。

图B70

图B71

③上动未停，右腿稍起，右拳臂外旋屈肘收于左胸前，拳轮靠身，肘尖下垂；在右拳收回的同时，左拳从左腰侧向前、由右肘臂下面伸出，随即臂内旋使拳心朝下、屈肘以前臂向上横格架起，拳面朝右（图B72）。

④上动未停，右脚跟外展，上身左转，两腿屈膝半蹲成马步；与此同时，左

拳继续上架，使肘向左撑张，拳眼朝下，拳面朝右；右拳则向右侧直臂平伸冲出，拳心朝下；眼视右拳前方（图B73）。

图B72

图B73

**要领说明：**

①右拳的冲出，在此处要过肩高与鼻齐，注意拳眼必须朝上。左拳的前伸架起与右拳的屈肘回收，必须在同一时间内运作，不可等右拳收于胸前之后再使左拳前伸。

②马步架打，左拳上架时的左肘外撑与右拳的冲出，也必须是一撑一冲在同一时间内完成。并且与马步的构成也要协调一致。

## 第 三 段

### 第二十二式　箭弹腿（万钧弩发空中腿）

**动作分解：**

①两腿站起，右脚尖外展，上身右转面对东方，右腿随之膝稍屈；与此同时，两拳变掌从上向后、向下直臂弧形回环绕行；眼视前方（图B74）。

②上动未停，两掌向前、向上甩臂摆动，于胸前交叉上举；左脚与甩臂同时

向前、向上摆踢，右脚蹬地跳起，身体腾空；眼仍视前方（图B75）。

③在空中，两掌从上分向左右两侧平举，屈腕撮指成钩手，钩尖朝下；右脚即向前弹踢，脚面绷平，脚尖朝前；眼视右脚（图B76）。

图B74

图B75

图B76

**要领说明：**

箭弹腿，它的双臂摆起和左脚的摆踢必须动作一致，右脚的蹬地起跳也要与摆臂、摆腿的动作前呼后应地相继而动，这样才能助长跳跃的高度。右脚的踢出，要使膝关节由屈到伸以小腿的摆动将脚踢出，而不是使腿直着向前摆动踢出。

### 第二十三式　左右勾踢（勾挂连环左右缠）

**动作分解：**

①左脚先落地，右脚随之在左脚前方落地；两钩手仍直臂平伸于左右两侧；眼视前方（图B77）。

②上动未停，两钩手变掌从左右两侧一起直臂向下、向腹前弧形绕行摆动，至腹前时左掌向右、右掌向左继续摆动，两臂交叉，左掌臂在里，右掌臂在外，掌指均朝下，掌心均朝里；眼视右掌（图B78）。

③上动未停，右掌继续从左向上、左掌继续从右向下，右掌向右、左掌向

左，右掌向下、左掌向上，两掌一起直臂圆形回环绕行；紧接着右掌从下屈肘向左绕行，抄附于左腋下面；右腿屈膝（图B79）。

④上动未停，右脚尖外展，上身右转朝向南方；左掌则从上直臂向身前、向下、向后继续圆形回环绕行，屈腕撮指成钩手反臂斜举于身后，钩尖朝上；在钩手的同时，右腿屈膝略蹲，左脚从身后向身前正南方直腿勾挂踢起，高与胯平，脚尖翘起；此时右掌成侧立掌附于左肩；脸向左转，眼视东方（图B80）。

图B77

图B78

图B79

图B80

⑤上动稍停，左脚向身后落步，左腿伸直，右腿屈膝；同时右掌从左肩前屈肘向下、左钩手变掌从身后直臂向下屈肘向前，开始向后、向前的回环绕行（图B81）。

⑥右脚脚跟外展，左脚脚跟内转，身体从左向后转朝向北方，左腿屈膝，右腿伸直；在转身的同时，左掌随直臂向上、向北，右掌随直臂向下、向南，左掌直臂向下、右掌直臂向上，左掌随左臂屈肘向右腋下、右掌直臂向身前北方，两臂一起向前、向后圆形回环绕行（图B82）。

⑦上动未停，右掌继续从身前直臂向下、向后回环绕行，屈腕撮指成钩手反臂斜举，钩尖朝上；同时左腿屈膝略蹲，右脚向身前直腿勾挂踢起，高与胯平，脚尖翘起；左掌则成侧立掌附于右肩；脸向右转，眼视正东前方（图B83）。

图B81

图B82

图B83

**要领说明：**

①此动是两臂向里（后）和向外（前）的回环动作，绕行时一上一下、一左一右、一里（后）一外（前），必须协调一致，一气贯串；肩臂均须放松，不必使劲，而在勾踢时反臂钩手则要与勾踢一起使劲。

②勾踢时，应该先屈膝使脚向后离地提起，而后再翘紧脚尖用小腿向前摆荡的力量将脚踢起。勾踢的支撑腿必须站立稳固，不要移动，身体也不要摇晃。

## 第二十四式　马步遮拦（七星交错遮上下）

**动作分解：**

①右腿外旋使脚尖外展，向东北斜角落步，右脚内侧朝向东北；上身随之右转，右腿屈膝，左腿伸直；在落步转身的同时，左掌从右肩处直臂向下、向左、经左髋侧向后摆动，斜举于身后；右钩手则随身转动未变（图B84）。

②上动未停，上身继续右转朝向南方，左脚随之向正东方向跨步；同时，右钩手变掌，与左掌一起臂外旋使掌心朝外，从后摆向左右两侧；两腿开始屈膝（图B85）。

图B84

图B85

③上动未停，两掌变拳从左右两侧一起直臂向上、向里回环绕行，至额前上方时两拳随两臂屈肘错臂交叉，左臂在后右臂在前，随即向裆前直臂（肘稍屈）沉下遮拦，拳背均朝身前；在两拳交叉下沉遮拦的同时，两腿屈膝半蹲成马步；眼视双拳（图B86）。

④上动微停，马步不变；两拳变掌随屈肘向上叉起，高过头顶，掌心均朝前；仰面眼视双掌（图B87）。

图B86

图B87

**要领说明：**

①此动开始时的右脚落步，必须注意方位的准确，一定要落于东北角。而后左脚向转身后的左侧东方跨步，使两脚同在东西向的直线上，这样它就向北偏离了拳场从西到东的中心直线，这是后面的动作所需要的。

②两拳错臂交叉向下遮拦时，两拳必须握紧，前臂用力，迅速地下沉；交叉向上遮拦时，两掌必须使腕向拇指外侧屈紧，快速架起。

## 第二十五式　仆步按掌（罗汉伏虎闪身拦）

**动作分解：**

①两掌臂外旋使掌心由朝前变为朝后，从上屈肘向下、由腹前直臂分向左右两侧绕行摆动，随着臂的外旋之势变掌心朝上；眼视右掌（图B88）。

②上动未停，右掌继续从右侧直臂向上绕行举起；同时两腿稍起，左脚向身后正北方向退步，左腿随之伸直，右腿仍屈膝；左掌随左脚的退步移向后方；眼随右掌（图B89）。

③上动未停，上身左转朝向东方，右腿随之在右侧铺地伸直，左腿则屈膝全蹲，成为右仆步；在形成仆步的同时，左掌从左侧向上绕行，屈腕抖手成横掌架举于头顶上方，掌指朝右，小指外侧朝上；右掌则从上随屈肘由胸

前直臂向下按揿于裆前，肘微屈，掌心朝下，掌指朝左；眼视正南前方（图B90）。

图B88　　图B89　　图B90

**要领说明：**

仆步要领同前。

**第二十六式　弓步扇掌（仙人扇扇风贯耳）**

**动作分解：**

①左腿直起，身向右移，右腿屈膝；与此同时，左掌从上向下屈肘收附于右肩外侧，掌心朝右，掌指朝上；右掌则从下向左屈肘收附于左腋下，掌心朝后，掌指朝上；眼视右侧前方（图B91）。

②上动未停，两腿成右弓箭步；同时，左掌从右肩外侧直臂向下、经腹前向左后反臂弧形绕行摆动，屈腕撮指成钩手斜举于左侧后方，钩尖朝上；右掌则从左腋下直臂向身前、向右平面弧形绕行摆动，用掌背横扇掴击，拇指外侧朝上，掌指朝前；眼视右掌（图B92）。

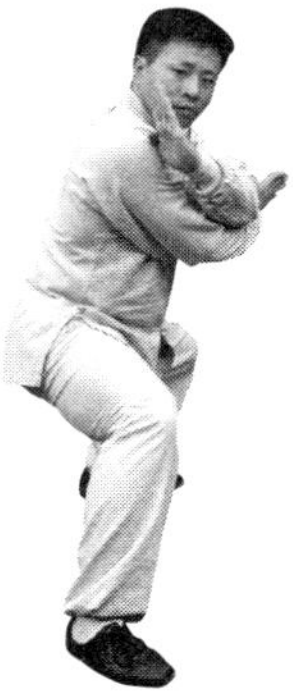

图B91

图B92

**要领说明：**

与前述弓步扇掌相同。

## 第二十七式　左盘腿跌扑（飞天卧佛落尘埃）

**动作分解：**

①左钩手变掌，从后屈肘由左腰侧直臂向前经右掌上面平伸穿出；左脚随之向正南前方上步，左腿屈膝，右腿伸直；右掌在左掌前穿的同时顺左臂下面屈肘收于左腋下（图B93）。

②上动未停，两掌臂一起向下、向右后正北方向甩臂摆起；同时，上身半面右转，左腿离地也向右后屈膝摆起（图B94）。

图B93

图B94

③右脚随即蹬地跳起，身体腾空；在空中，身体向左卧倒，左腿屈膝盘起，右腿伸直；两臂屈肘，两掌掌心朝下（图B95）。

④左腿屈膝盘紧，右腿伸平，从上向地面降落跌扑（图B96）。

图B95

图B96

**要领说明：**

①盘腿跌扑，是武术跌扑滚翻中的一种跌势。跃起的时候，左腿的大收肌、长收肌、短收肌、股薄肌、耻骨肌等都必须极力收缩，使左腿尽量内收高摆；同时，右脚要立即蹬地跳起，两臂尽量向右上方甩摆，这样起跳才能高。

②在空中，跳起后的右腿要迅速加紧对臀大肌、臀中肌、梨状肌等的收缩，使右腿在跳起之后即向外展，上身随右腿的外展相应地立即俯卧，这样在起跳的高度上又可以再增高度。

③跌落的时候，左腿必须屈膝盘紧，使股外肌、阔筋膜张肌由于紧张收缩而向外凸起；左脚尖也必须翘起并使脚内翻屈紧，使小腿肌肉也因紧张收缩而凸起，上身俯平，两臂屈肘，手掌张平，使小腿、大腿、肘臂、手掌都平稳一致；在这样四平八稳的姿势构成后向下跌落，才能由于面积的平大、空气的浮力、腿部肌肉的凸出、着力点的平均而不会产生伤害。

④初学盘腿跌扑时，可以跳得低些，顺势躺下即可，不必高跃。在右脚跳起的时候，左脚随即落地，上身随之向左倒下就可以了。

⑤此时的动作已由北向南完全返回到了中心直线。

# 第四段

## 第二十八式　贴地滚翻（狮子打滚翻九地）

**动作分解：**

两掌握拳，两肘护胸，两腿并拢伸直，从东向西贴地滚转两翻至三翻，至身体朝下俯卧时为止（图B97）。

图B97

**要领说明：**

两肘必须屈抱护住胸前，两腿要伸直并拢，滚翻速度要快，方向要正，防止偏离东西向的直线，同时注意不要使头部触及地面。另外，此动贴地滚翻要与前动的盘腿跌扑接连起来，中间不必有间歇停顿。

## 第二十九式　旋风脚（风卷霹雳上九天）

**动作分解：**

①前动不停，左拳先变掌，臂内旋使掌心撑地，直臂使上身抬起；左腿顺势屈膝跪地，右腿屈膝使右脚向上身右侧西方踏地；同时右拳也变掌，臂内旋使掌心撑地（图B98）。

②两掌推地使身体站起，左脚从后向身体左侧移步，使两脚同在东西向一条直线上；随后两掌变拳垂于身前，上身稍向前俯，左腿屈膝离地提起（图B99）。

③上动未停，身体和两拳臂一起从左向后、向上翻转摆动，右脚蹬地跳起，随身向后、向上摆动，身体腾空（图B100）。

④在空中，身体随着翻转的惯性继续向左、向后旋转，同时右脚屈踝内翻从右向上、向额前里合横摆，左拳变掌在额前迎击右脚脚底（图B101）。

图B98

图B99

图B100

图B101

**要领说明：**

旋风脚是一个跳跃的翻转动作，它的上身既要翻又要转，仅仅是转体而没有翻身的动作是不够的。旋风脚的翻身，开始在左脚提起、右脚蹬地跳起的时候，上身必须前俯，构成翻身动作的斜形横轴，右脚蹬地跳起之后，上身即绕着斜形横轴翻转，也即是由前向后、由下面向上面翻转。旋风脚的转体，则开始在右脚里合横摆的时候，当左脚开始下降、右脚里合横摆时，上身随左脚下降之势向前直起构成转体动作的直轴，右脚向额前里合横击时，上身即绕着直轴旋转，也即是由后向左、向前旋转。旋风脚要旋转 360°，翻身动作从前下至后上占 180°，转体动作从后至前占 180°。而它的击响，必须在翻转一周后于额前进行。

### 第三十式　弓步撩掌（二郎担山一条鞭）

**动作分解：**

左脚先落地，右脚随之向正东方向落地，左腿伸直，右腿屈膝，成为右弓箭步；与此同时，上身右转面对正东；右掌随直臂向下、向前弧形绕行撩挑，成侧立掌平举于身前，掌指朝上，小指外侧朝前；左掌则直臂向下、向后弧形绕行反撩，屈腕撮指成钩手反臂斜举于身后，钩尖朝上；眼视右掌前方（图B102）。

图B102

**要领说明：**

身体重心要落在两腿之间，防止偏重于右腿；左腿髋部必须向下沉坠，不可向上凸起；左钩手要尽可能反臂向上斜举，右掌指高与眉平齐，两腕均须屈紧使两臂含有遒劲。

### 第三十一式　仆步按掌（罗汉伏虎按下边）

**动作分解：**

①左钩手变掌，臂外旋直臂从后向上弧形绕行摆动，掌心朝上；同时，右掌随直臂从前向下弧形绕行摆动，掌心朝上；在两掌向上、向下绕行的同时，右脚向后撤步，右腿伸直，上身右转向南，左腿屈膝；眼随右掌（图B103）。

②右腿屈膝全蹲，左腿在左侧铺地伸直，成为左仆步；与此同时，右掌从右侧向上弧形绕行，屈腕抖手成横掌架举于头顶上方，掌指朝左，小指外侧朝上；左掌臂则从上屈肘由胸前直臂向下按揿于裆前，肘微屈，掌心朝下，掌指朝右；眼视左侧前方（图B104）。

图B103

图B104

要领说明：

①右脚的向后撤步，必须与右掌的从前向下、左掌的从后向上弧形绕行配合一致，上身则随势右转。

②仆步与前述相同。

## 第三十二式　弓步叉掌（七星交错向上架）

动作分解：

上身向左移动，左脚随之使脚跟内转，右脚随之使脚跟外展，左腿屈膝，右腿伸直，成为左弓箭步；与此同时，右掌随着上身的移动从上向右后、向下直臂弧形绕行摆动，至下方时与左掌错臂交叉一起向前架起，右臂在左臂的下面，两掌均为侧立掌，掌指朝上，小指外侧朝前，肘微屈；眼视前方（图B105）。

图B105

**要领说明：**

①上身向左移动时，要边移动边转身，使上身逐渐左转向东；两腿也要随着上身的移动边前弓边后蹬，逐渐地构成弓箭步。

②左掌要随着上身的移动使臂外旋直腕将掌心变为朝外、掌指朝下，而后与右掌一起向前交叉架起。

## 第三十三式 马步抓肩鹰爪势（苍鹰搏兔扣双环）

**动作分解：**

①两掌臂外旋，直腕使掌心朝上，从身前分向左右两侧下方弧形绕行摆动；同时上身右转朝向南方；眼视右掌（图B106）。

②上动未停，左脚尖内扣，两腿屈膝成为马步；同时，两掌从两侧下方直臂向后、屈肘向上、由两耳侧向前弧形绕行摆动，屈指成鹰爪做抓肩状举于身前，掌心朝下；眼视左侧前方（图B107）。

图B106

图B107

**要领说明：**

鹰爪，虎口必须撑开，拇指外展，其余四指并拢，第三节指骨（也称爪节）和第二节指骨（也称中节）都须紧屈，第一节指骨（也称底节）则须向手背一面用劲伸张，使鹰爪含有遒劲。

## 第五段

### 第三十四式　勾踢（金钩挂帘下边踢）

**动作分解：**

①两鹰爪变掌，左掌随屈肘向上稍高过头、右掌随屈肘向下稍低过腰，左掌直臂向左、右掌直臂向右，两掌一起弧形回环绕行（图B108）。

图B108

②左掌继续直臂向下、右掌继续直臂向上，左掌由下经腹前屈肘向右至右腋下、右掌由上直臂向左，两掌继续一起弧形回环绕行；在左掌向下、向右，右掌向上、向左弧形回环绕行的同时，上身左转面朝东方，左腿屈膝，右膝伸直；两掌在腋下和身前均成侧立掌，掌指朝上，小指外侧朝前；眼视右掌前方（图B109）。

③上动稍停，上身向右下方转动；右掌随之臂内旋使掌心朝下，从前向右下方弧形斜扫横抹；眼随右掌；在右掌斜扫横抹的同时，右脚向前勾踢，脚尖朝

上，脚踝内翻；左脚不动，左腿稍起；左掌则随直臂向前伸出，掌指朝右，小指外侧朝上（图B110）。

图B109

图B110

**要领说明：**

两掌的里外回环，必须与上身的左转配合一致；右脚的勾踢，又必须与上身的右转、右掌的斜扫横抹、左掌的前伸配合一致。

**第三十五式　回身弓步扇掌（仙人扇扇贯耳边）**

**动作分解：**

①右脚向前落步，左脚随之离地向前上步；右脚随即向前跃步，左脚蹬地跳起，身体腾空（图B111—图B113）。

②右脚先落地，左脚随之越过右脚向前方落地，左腿屈膝，右腿伸直，上身随势前俯；与此同时，右掌臂内旋使掌背朝下，从后向下、向前甩臂弧形摆动，左掌则从上向身前下落，在身前下方右掌以掌背碰击左掌掌心；眼视两掌（图B114）。

图B111

图B112

图B113

图B114

③上动不停，上身从右向后转面对西方，左腿随之伸直，右腿屈膝，成为右弓箭步；与此同时，右掌臂外旋使拇指外侧朝上，随着上身的后转从前向右、向后甩臂弧形平扫横扇；左掌则平举身后，两掌拇指外侧均朝上，右掌掌指朝前，左掌掌指朝后；眼视右掌（图B115）。

图B115

要领说明：

①跃步要远，不必跃高；跃步之后的左脚上步，跨度要稍大一些，应该是一上步即能构成弓箭步。

②回身扇掌，要肩、肘、腕依次甩动，使上臂、前臂和手掌像鱼儿摆尾那样摆动，同时还须与转身的腰力、左腿的蹬力贯串一气。

## 第六段

### 第三十六式　分掌侧踹（怀中抱月横踹腿）

动作分解：

①左掌随左臂屈肘经左腰侧、由右掌背上面直臂向前平伸穿出，两腿随之站起（图B116）。

②两掌臂肘微屈向上举起；同时，左脚向前上步，身体随之右转朝向北方（图B117）。

图B116

③上动未停，右脚从身后向左偷步，两腿形成前后交叉；同时两掌从上分向左右两侧直臂弧

形回环绕行（图B118）。

④上动未停，两腿交叉屈膝全蹲，左腿叠压在右腿上面，左脚全脚掌着地，右脚脚跟抬起仅以前掌脚着地，臀部坐落于右小腿上，靠近右脚跟，成为歇步；与此同时，两掌继续从两侧随直臂向下弧形回环绕行，至两侧下方时握拳，屈肘向胸前捧起，高与眉齐，拳面朝上，拳心朝里，拳轮相并，前臂垂直；上身略向右倾；眼视左侧前上方（图B119、图B119附图）。

图B117

图B118

图B119

图B119附图

⑤上动稍停，两腿起立，右脚踏实，左脚随之向左侧前上方横踹，脚底朝前，脚外侧朝上；在横踹的同时，两拳变掌分向左右两侧直臂平伸推出，小指外侧朝上，掌心朝外；上身略前俯右倾；眼视左脚（图B120）。

图B120

**要领说明：**

①上述的穿掌、上举，必须和上步、转身协调一致；两掌向两侧外回环，握拳、屈肘捧起，必须和偷步、歇步下蹲协调一致。

②歇步，两腿一定要交叉叠拢，右腿的膝盖骨须从左腿下面向前凸出；两前臂要垂直并拢，上身须拔背、塌腰，两肩下沉，防止耸肩缩颈。

③横踹必须是脚底用力，脚尖翘起，脚外侧朝上；踹腿要快而有力，支撑腿要直而稳固。横踹是屈伸性的腿法，在踹踢时必须先将左腿屈膝在身前提起，然后再向左上方伸直踹出。

④歇步挎肘捧拳是本动作的前半部，分掌横踹是本动作的后半部，中间必须有所停顿，使它们顿挫显明，不要没有停顿，但也不能停顿得过久。

### 第三十七式　转身摆莲（转身摆莲迎面脚）

**动作分解：**

①左脚从左侧上方向下、向右迈过右脚在东方落步，左腿随之屈膝；右掌方位不变，上身直起以右前脚掌蹍地为轴，与左脚落步的同时向右转，面对东方；左掌随身转动，在身前击拍右掌背，两掌一起上举；眼视两掌（图B121）。

②上动未停，右脚向身前上方直摆踢起，两掌随两臂屈肘收于额前上方准备击拍右脚（图B122）。

③右脚从东向南、向西弧形外摆，身体随之转向正南；两掌在额前上方先以左掌继以右掌迎击右脚脚面（图B123）。

图B121

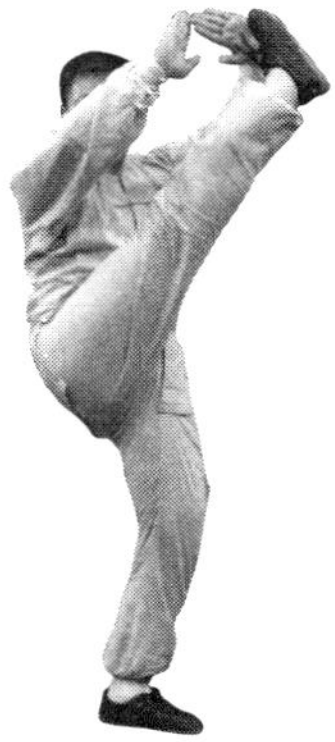

图B122

图B123

**要领说明：**

落步、转身、踢腿、外摆、击拍等动作，必须是连贯、快速；两掌拍脚要准确、响亮。外摆幅度要大，必须使脚迎面而过，摆至与上身右侧相齐时方始下落，不可在摆至上身右斜前方时就落下来。要防止出现弯腰、拱背的现象。

**第三十八式　跃步冲拳（黑虎掏心跳步打）**

**动作分解：**

①右脚向右侧正西前方落步，右腿随之屈膝，左腿伸直，上身右转，形似弓箭步；同时，两掌变拳，右拳从上向右侧前方直臂落下，拳心朝下；左拳则直臂举于左侧后方，拳心朝前；眼视右拳前方（图B124）。

②上动未停，右脚蹬地跳起使左脚跃步向前落地；与此同时，右拳随直臂向下、屈肘向左胸处弧形绕行挽起，拳心朝上，拳轮靠身；左拳臂则屈肘向前绕行移动；眼视前方（图B125）。

③上动未停，右脚向前落步，右腿屈膝，左腿伸直，成为右弓箭步；与此同

时，左拳臂外旋，从上向前、向下弧形绕行，屈肘收于左腰侧，拳心朝上；右拳则由左拳臂的上面向前直臂平伸冲出，拳心朝下；眼视右拳前方（图B126）。

图B124

图B125

图B126

**要领说明：**

跃步要远，落地要轻，冲拳要快而有力；构成弓箭步时，右肩要向前送、左肩要向后牵，两拳握紧，上身稍向前倾，胸、背、腰挺直，重心坐落在两胯中间。

**第三十九式　搅手外拔（乌龙摆尾搅沧澜）**

**动作分解：**

①右拳臂外旋变掌，使掌心朝上，掌指朝前；右脚向后退步，左腿随之屈

膝，右腿伸直；在右脚退步的同时，左拳变掌，掌心朝上，从左腰侧直臂向前由右掌心上面平伸穿出，掌指朝前；右掌则顺着左臂下面屈肘收于左腋下，掌心仍朝上；眼视左掌（图B127、图B128）。

②上动未停，左掌以肩为轴，直臂向上略高过头向右、向后弧形回环绕行搅动，上身随之右转向后；同时，左脚尖内扣，左腿随势伸直，右腿屈膝；眼随左掌（图B129）。

③上动未停，左掌继续以肩为轴，直臂向下、经腹前向左弧形回环绕行搅动，上身随之左转；眼随左掌（图B130）。

图B127

图B128

图B129

图B130

④上动未停，左掌继续随左臂屈肘向上、经额前向右弧形回环绕行搅动，至右肩时臂内旋使拇指外侧朝下，继续向下、经腹前直臂向左弧形回环绕行搅动，

反掌外拨；在左掌由右肩前反掌向下绕行外拨的同时，左脚离地从右腿前向右摆腿迈跨，右脚随之蹬地跳起，左脚即向右侧落步；眼随左掌（图B131）。

⑤上动未停，右脚向右侧落地，右腿屈膝全蹲，左腿铺地伸直，成为左仆步；与此同时，左掌屈腕撮指成钩手向身后反臂斜举，钩尖朝上；右掌则从左腋下直臂向下、向右、向上弧形回环绕行，至头顶上方时屈腕抖手成横掌举于头顶，肘稍屈，掌指朝左，拇指外侧朝下；眼视左侧前方（图B132）。

图B131

图B132

**要领说明：**

①左臂的搅手动作，要注意它是搅动而不是臂的回环，应使手与肩成锥形运动。

②反掌向左搅动外拨时，要捎带向后外拨，使搅手外拨与仆步的反臂钩手连成一体。

## 第七段

### 第四十式　截腿（引蛇出洞用脚踩）

**动作分解：**

左腿离地屈膝提起，右腿伸直站立，左脚随直腿向左侧上方横踹蹬出，脚底朝左，脚尖朝向身前；同时，上身微向前俯并向右稍倾，掌与钩手不变；眼视左脚（图B133、图B134）。

图B133

图B134

**要领说明：**

①提腿必须迅速，仿佛有人用脚来踩踏你的左腿时很敏捷地提腿躲闪。

②横踹要有力，两腿均须挺直。此动本应是下踩截击对方踏来之腿，将在“对练动作解说”中加以说明。此处作踹而不作踩，目的是使髋关节达到外展幅度的训练。

**第四十一式 转身里合腿（凤凰旋窝转身旋）**

**动作分解：**

①左脚向左侧落地，左脚尖外展，左腿屈膝，右腿伸直，上身左转向西；与此同时，右掌从上屈肘由身前向下、直臂向右绕行摆动；左钩手则变掌从身后直臂向下、屈肘经腹前向右、由右肩前向上、由额前直臂向左绕行摆动，掌指朝上，小指外侧朝前；眼视左掌（图B135、图B136）。

②上动未停，左掌向外格挡；左腿直起，左脚脚跟内转以前脚掌蹍地为轴使身体向左后转动；右脚随之屈踝内翻，从右向上直腿踢起，用脚底向额前跨摆挂面里合；两掌臂随身转动（图B137）。

③身体随右脚挂面里合摆动之势继续向左转动面对东方，右脚即在身前落地，两腿屈膝；同时，左掌臂屈肘收于腹前，右掌臂屈肘收于脸前；眼视右掌（图B138）。

图B135

图B136

图B137

图B138

**要领说明：**

经额前向里摆踢的里合腿，名为挂面脚。它必须从身体的右外侧向上踢起而后向额前内收里合，踝关节要屈使脚底内翻，胫骨前、后肌和伸足母长肌要同时收缩，协助内收里合。胸部须略含，使上身稍向前弯；支撑腿不必过分伸直，便于脚跟稍离地面而使前脚掌蹍地转动。

### 第四十二式　倒跟斗（陈抟坐驴朝后倒）

**动作分解：**

①前动不停，两腿迅速屈膝下蹲，团身跌坐于地下；身向后倒，两腿尽量向后伸（图B139、图B140）。

②头向左偏，用右肩胛骨向后滚动，两腿膝部着地跪撑，右手以前臂撑地，左手掌心朝下撑于身体左侧（图B141）。

图B139

图B140

图B141

**要领说明：**

向后滚翻，必须含胸、屈背使身体缩成一团；背部着地时，要迅速将两膝伸向两肩处；用右肩胛骨向后滚翻时，要使头向左偏歪；两膝着地跪撑时，左手必须扶撑地面。

### 第四十三式　弓步撩掌（二郎担山一条鞭）

**动作分解：**

①前动不停，右手臂内旋使掌心按地，与左手一起推地将肘臂伸直，上身抬起。

②身向后移，两手离地，两膝跪起，两脚着地。

③右脚向正东前方跨出一步，右腿屈膝半蹲，左腿随之伸直，成为右弓箭步；在右脚向前跨出的同时，左手屈腕撮指成钩手从下向后反臂斜举，钩尖朝

上；右手则从下向前直臂撩起，屈腕成侧立掌，掌指朝上，小指外侧朝前；眼视右掌前方（图B142）。

图B142

**要领说明：**

同前述第三十式。

**第四十四式　挽臂弹踢（浪子蹴球朝前踢）**

**动作分解：**

①左钩手变掌，臂外旋使掌心朝上，直臂从后向上、向前弧形绕行摆动，至前方用掌心击拍右掌掌背（图B143）。

②上动未停，右掌随即直臂从前向下、向后弧形绕行摆动，此时两掌拇指外侧均朝上；眼视右掌（图B144）。

图B143

图B144

③上动未停，右掌继续向上绕行，屈肘握拳横架，举于头顶上方，拳面朝左，拳眼朝下；在右掌向上绕行的同时，左掌握拳，臂内旋使拳眼朝下，从前屈肘向下、向里，经右胸前向上、向前挽肘绕环，至前方时上臂下垂，前臂向下平砸，使拳背朝下，拳面朝前；眼视前方（图B145）。

④上动微停，左腿屈膝提起向前平伸弹踢，脚面绷平，脚尖朝前；眼视前方（图B146）。

图B145

图B146

**要领说明：**

①左臂的挽肘，必须以肘关节为轴使前臂转动，肩关节只起辅助作用。

②两掌变拳后的绕环要协调一致，必须使左拳挽肘前臂向下平砸的动作与右拳臂屈肘上架的动作在同一时间完成。挽臂后的弓箭步，要使左肩稍向前牵引，右肩稍向后张展。

③弹踢一定要先使左脚在身后随左腿屈膝提起，而后再绷紧脚面，五趾用力下抓，用脚面向前踢出。弹踢不宜过高，至与胯平为最高。支撑腿须做屈膝而不宜伸直。

**第四十五式　弓步叉掌（七星交错架上边）**

**动作分解：**

①左脚向前落步，左腿屈膝半蹲，右腿挺膝伸直，成为左弓箭步；在左脚落

步的同时，两拳变掌，左掌上举与右掌一起分向两侧、向下、向后绕行摆动，臂内旋使两掌拇指外侧均朝下；眼视前方（图B147）。

②上动未停，两掌一起继续从后直臂向下、屈肘向前绕行摆动，至身前错臂交叉举于脸前，左掌在上，右掌在下，掌指均朝上，小指外侧均朝前，掌高与眉齐；眼视两掌（图B148）。

图B147

图B148

**要领说明：**

①两拳变掌，左掌上举时，两臂均为屈肘，分向两侧绕行时才变直臂绕行。两掌举于脸前，中间距离约为三拳左右。

②弓箭步要领同前述。

### 第四十六式　后扫（铁腿扫荡风尘起）

**动作分解：**

①左脚跟外展，左腿屈膝全蹲，上身即向右拧腰转动，使身向右脚处探伸；两掌随之向右脚处摆动扶地；同时右腿随势铺地；眼视右脚（图B149）。

图B149

②上动未停，以左脚前脚掌蹍地为轴，右脚借上身拧腰转动之力直腿向后贴地扫转一周半，至第二次扫至正东方向时为止。

**要领说明：**

后扫，右脚内侧必须贴地，脚跟不可离地掀起，脚踝要向内屈紧，腿须伸直。

### 第四十七式　弓步撩掌（二郎担山一条鞭）

**动作分解：**

前动不停，当右脚完成一周半后扫至正东方向时，上身直起面对西方，左腿屈膝，右腿伸直，成左弓箭步；同时，左掌向前平撩，屈腕做侧立掌，掌指朝上，小指外侧朝前；右掌则向后反臂举起，屈腕撮指成钩手，钩尖朝上；眼视左掌前方（图B150）。

图B150

**要领说明：**

同前述第三十式。

### 第四十八式　仆步按掌（罗汉伏虎展翅势）

**动作分解：**

①左脚向后撤步，左腿伸直，右腿随之屈膝；左掌直腕，臂外旋使掌心朝上成仰掌，在左脚撤步的同时直臂向下弧形回环绕行摆动；右钩手则变掌，臂外旋使掌心朝上，直臂向上举起（图B151）。

②上动未停，右脚尖内扣，上身左转，左腿屈膝全蹲，右腿铺地伸直，成为

右仆步；与此同时，左掌继续从下直臂向左、向上弧形回环绕行摆动，至上方时成横掌、屈肘上架举于头顶上方，掌指朝右，拇指外侧朝下；右掌则从上随屈肘由身前向下按揿，掌指朝左，掌心朝下；眼视右侧前方（图B152）。

图B151

图B152

**要领说明：**

①两掌的绕环上举和下按，必须左右协调一致，在同一时间内一起完成，不要做成先上举而后再下按。

②两掌的绕环又必须和退步、转身、仆步协调一致，做到上下相随，一起完成。

**第四十九式　弓步扇掌（仙人扇扇贯耳边）**

**动作分解：**

①身向右移，两腿屈膝半起；同时，右掌臂屈肘收于左腋下，掌指朝左，拇指外侧朝上；左掌则随屈肘收于右肩外，掌指朝右，拇指外侧朝上；脸左转，眼视右掌（图B153）。

②上动未停，上身右转，右腿屈膝半蹲，左腿伸直，成为右弓箭步；与此同时，左掌从右肩外直臂向下、向左后弧形绕行摆动，屈腕撮指成钩手反臂斜举于

身后，钩尖朝上；右掌则从左腋处直臂向身前、向右平面绕行摆动，用掌背横扇掴击，拇指外侧朝上，掌指朝前；眼视右掌（图B154）。

图B153

图B154

**要领说明：**

同前述第十六式。

**第五十式 跃步提膝穿掌（鱼跃龙门纵身过）**

**动作分解：**

①右掌从前直臂向上、向后弧形回环绕行摆动；左钩手随之变掌，从后直臂向下、向前、向上弧形回环绕行摆动；与此同时，右腿直起，上身右转朝向北方，左脚趁势向前移动半步，两腿形成交叉；眼随右掌（图B155）。

②上动未停，左掌臂继续从上屈肘向右弧形绕行；右掌则继续从右后直臂向下、屈肘经腹前由左臂里面向上穿出，掌心朝后；与此同时，右腿直立，左腿离地屈膝向身前提起，脚尖朝下（图B156）。

③上动未停，右腿屈膝，左脚向左侧正西方向直腿伸出落地；同时左掌臂屈肘收于右腋下，掌心朝上；右掌则随直臂向右平伸穿出，掌指朝前，掌心朝上；眼视右掌（图B157）。

④上动未停，右腿向下全蹲，左腿铺地，上身左转探向左脚；同时，左掌从右腋下随直臂向下、贴近地面向左脚处摆动下插，掌指朝前，拇指外侧朝上；右掌则在左掌向左脚处摆动的同时臂内旋使拇指外侧朝上；眼视左掌（图B158）。

图B155

图B156

图B157

图B158

⑤上动未停，两腿直起，两掌前后方位不变，上身左转面对西方；右脚随即向前跃进，左脚蹬地跳起，身体腾空（图B159）。

⑥右脚向前方落地，两掌方位不变；右脚跟外展，上身左转面对南方；左腿随即屈膝在身前提起，脚面绷平，脚尖朝下，成为提膝独立步；与此同时，左掌臂外旋使掌心朝上，右掌则从后随屈肘由右腰侧向前经左掌心上面直臂穿出，掌指朝前（右），掌心朝上；左掌则顺着右掌臂下面屈肘收于右腋下；眼视右掌前方（图B160、图B161）。

图B159

图B160

图B161

**要领说明：**

①上述动作，两臂的回环绕行和转身、穿掌出步铺腿和插掌、跃步提膝独立和穿掌，都必须协调一致、行动有序。

②跃步是向前跃进，身体的腾空不要求过高。提膝独立落地要稳，不可动摇；膝须尽量向上提，脚面必须绷紧。

## 第五十一式　跳步转身砍掌（回马斩将砍项间）

动作分解：

①右腿屈膝下蹲，左腿伸直左脚向左侧跨出一步落地；同时，左掌臂内旋使拇指外侧朝下，从右腋处直臂反掌向身前、向左侧方弧形平扫横搂；随即左掌握拳；眼视左拳（图B162、图B163）。

②左拳臂外旋使拳心朝上，肘稍屈；同时，上身左转向东，右脚向前跳步跨摆，左脚蹬地跳起，身体腾空（图B164）。

图B162

图B163

图B164

③右脚落地，前脚掌蹍地为轴，身体从左向后转朝向西方，左脚在转身后向身后落地，左腿伸直，右腿屈膝半蹲，成为右弓箭步；在转身的同时，左拳臂屈肘收于左腰侧，拳心仍朝上；右掌则从右向前直臂弧形平扫横砍，掌心仍朝上；眼视右掌（图B165、图B166）。

图B165

图B166

要领说明：

①砍掌的动作，主要由胸大肌、肩胛下肌和三角肌前部等肌腱的收缩来完成。因在转身左脚落步的时候，就必须使右臂尽量向外张展使上述的肌腱得以伸长，为强力地收缩创造条件。

②砍掌必须掌心朝上，用小指外侧着力向前横砍，上身略向前探，肩要下沉，掌高与眉齐。

## 第八段

### 第五十二式　右盘腿跌扑（灵猫捕鼠跃身扑）

动作分解：

①左脚迈过右脚向前上步，右腿随即离地向身前屈膝盘起；同时，左拳变掌，与右掌一起向下、向左、向上甩臂抡起（图B167）。

②上动未停，左脚蹬地跳起，上身向右侧卧窜出，身体腾空；在空中，两掌继续向右屈肘抡摆，右腿屈膝盘紧，左腿伸直（图B168）。

③上身稍做俯卧，两臂屈肘，两掌掌心朝下，右腿盘紧，左腿伸平，从空中向地面跌扑降落（图B169）。

图B167

图B168

图B169

**要领说明：**

此处的盘腿跌扑和前面第三段第二十七式的左盘腿跌扑稍有不同，前面的左盘腿跌扑只是跳起腾空而后向地面跌扑降落，此处的右盘腿跌扑则是蹬地跳起、身体须向前窜带有前扑的意义。为此，它的上步、提腿、摆臂、蹬地跳起、身向前窜等动，就必须以最快的速度连贯起来进行。同时，在左脚蹬地起跳之前，左腿必须屈膝使之蹬伸有力；身体重心也须前倾，以身带步向前窜出。

**第五十三式　转身里合腿（凤凰旋窝转身旋）**

**动作分解：**

①左腿屈膝使左脚收于右小腿前面，脚底踏地；两掌以掌心撑地，上身开始

抬起；眼视左侧前方（图B170）。

②上动未停，两掌推地使两臂伸直，右腿跪地，上身抬起；眼仍视左侧前方（图B171）。

③两腿站起，两掌离地，上身直起；同时，左掌从身前随屈肘向左上方斜摆外格，拇指外侧斜朝上；右掌垂伸于右侧下方；右腿伸直，左腿屈膝；眼视左掌（图B172）。

④上动未停，左掌向外格挡；左腿伸直，左脚跟内转以前脚掌蹍地为轴使身体向左后转动；右脚随之屈踝内翻，从右向上直腿踢起，用脚底向额前跨摆挂面里合；两掌臂随身转动（图B173）。

图B170

图B171

图B172

图B173

**要领说明：**

与第七段第四十一式转身里合腿相同。

## 第五十四式　抢背（太白落马向前栽）

**动作分解：**

①紧接前动，身体随右脚挂面里合之势继续向左、向后转动朝向西方，右脚即向正西前方落地；而后两脚蹬地离开地面，身向前栽；低头、团身、屈腿，右前臂屈肘护头，左前臂屈肘护身，右肩胛、背、腰、臀依次着地向前滚翻（图B174、图B175）。

②滚翻之后，左腿在后屈膝跪地，右脚在前屈膝踏地；两手扶地（图B176）。

图B174

图B175

图B176

**要领说明：**

滚翻时一定要有蹬地跃起的动作，头不能着地，必须是团身屈腿，使肩胛、背、腰、臀依次着地；滚翻要迅速、灵活；滚翻之后，一定要使左腿跪地，右脚踏地，两手在身前扶撑，便于站起。

## 第五十五式　弓步双掌掴耳（双风贯耳击鬓腮）

**动作分解：**

①上身向前移动，左腿跪起；眼视前方（图B177）。

②上动未停，两腿站起，左腿伸直，右腿屈膝，上身续向前移；与此同时，

两掌离地分从左右两侧直臂向下、向后弧形绕行摆动，掌心均朝下（图B178）。

③上动未停，左脚向前上步，左腿屈膝，右腿伸直，成为左弓箭步；两掌在左脚上步的同时从后直臂向左右两侧、向前平摆，合掌击拍，掌指朝前；眼视双掌（图B179）。

图B177

图B178

图B179

**要领说明：**

①此动必须与前面的抢背紧密结合，使它们无间断地连贯起来。

②两掌击拍，两肘应微屈，不必过于伸直，两掌高度与眉齐。

## 第五十六式　撤步蹬腿（脚蹬山岳摧玉柱）

**动作分解：**

①两臂屈肘向外平撑，两掌随之屈腕使掌指朝上举于脸前；同时，两腿屈

膝，左脚开始向后撤步（图B180），右脚继之后撤，左脚继之再后撤，共后撤三步，至与图B180右脚仍在前时为止。

②上动微停，两掌臂屈肘向上、由额前上方直臂向两侧分开绕行平举，屈腕撮指成钩手，钩尖朝下；同时，右腿伸直，左腿屈膝离地提起，用脚底向前上方直伸蹬出，脚尖翘起；眼视左脚（图B181）。

图B180

图B181

**要领说明：**

①撤步的时候，两腿均须屈膝略蹲，步幅不要过大，速度要快。

②蹬腿是屈伸性的腿法，在蹬伸之前必须先屈膝提起而后蹬出，不可像正踢腿那样从下向上直腿踢起。

### 第五十七式　弓步扇掌（仙人扇扇贯耳边）

**动作分解：**

①左腿外旋使左脚内侧朝前，向身前正西方落步，脚尖朝南；在落步的同时，上身左转，两钩手变掌，左掌从左侧直臂上举，掌指朝上，掌心朝右；右掌则从右侧直臂下垂，掌指朝下，掌心朝左；两腿形成交叉；眼视正西前方（图B182）。

②上动未停，右掌从下随屈肘经腹前向左弧形绕行收于左腋下，掌心朝上；左掌则从上随屈肘向右、向下弧形绕行收于右肩外，屈腕使掌指朝上；眼视右侧前上方（图B183）。

③上动未停，右脚向西上步，右腿屈膝半蹲，左腿伸直，成为右弓箭步；与此同时，左掌从右肩外直臂向下、向左后弧形绕行摆动，屈腕撮指成钩手反臂斜举于身后，钩尖朝上；右掌则从左腋处直臂向身前、向右平面绕行摆动，用掌背横扇掴击，拇指外侧朝上，掌指朝前；眼视右掌（图B184）。

图B182

图B183

图B184

**要领说明：**

与前述第十六式相同。

### 第五十八式　挽臂弹踢（浪子蹴球朝前踢）

**动作分解：**

①左钩手变掌，臂外旋使掌心朝上，直臂从后向上、向前弧形绕行摆动，至前方用掌心击拍右掌掌背（图B185）。

②上动未停，右掌随即直臂从前向下、向后弧形绕行摆动，此时两掌拇指外侧均朝上；眼视右掌（图B186）。

图B185

图B186

③上动未停，右掌继续向上绕行，屈肘握拳横架，举于头顶上方，拳面朝左，拳眼朝下；在右掌向上绕行的同时，左掌握拳，臂内旋使拳眼朝下，从前屈肘向下、向里，经右胸前向上、向前挽肘绕环，至前方时上臂下垂，前臂向下平砸，使拳背朝下，拳面朝前；眼视前方（图B187）。

④上动微停，左腿屈膝提起向前平伸弹踢，脚面绷平，脚尖朝前；眼视前方（图B188）。

**要领说明：**

与前述第四十四式挽臂弹踢相同。

图B187

图B188

### 第五十九式 马步劈掌（马上擒将夹臂间）

动作分解：

①左脚向前落步，左腿屈膝，右腿伸直，上身右转；同时，两拳变掌，右掌从上向后直臂下垂，左掌则随臂内旋使拇指外侧朝下，从身前直臂向下、向右、向上弧形绕环，两掌拇指外侧均朝上；眼视左掌（图B189）。

②上动未停，左掌继续从上向前绕行，用小指外侧向下劈击；上身向左转动，右脚随之向前跨上一步；与此同时，右掌随着右脚的向前跨步从后直臂向下、向前绕行，用小指外侧向下劈击平举；左掌臂屈肘收于右肩前成侧立掌，掌指朝上；上身继续左转朝向南方，两腿屈膝半蹲成马步；右掌在上身左转朝南时方位不变，转身之后形成在右侧平举，掌指朝右，拇指外侧朝上；眼视右掌（图B190）。

图B189

图B190

**要领说明：**

①左掌向前劈击，上身应随之向前探伸；右掌向前劈击，必须随着右脚的向前跨步、左掌臂的屈肘、上身的左转朝南、两腿的屈膝半蹲一起完成，不要有先后之分；并且右掌的劈击是向着正西前方，不可因上身的左转朝南而改变方位。

②马步劈掌形成后，左肘要略下垂护身，右臂要举与肩平；身法保持挺胸、直背、塌腰；防止脚尖外撇、两膝前跪。

### 第六十式　左盘腿跌扑（飞天卧佛尘埃落）

**动作分解：**

①两掌一起从右侧随屈肘向上、经额前向左、向下、由腹前向右、向上圆形回环绕行摆起，右臂摆直；在两掌由腹前向右上方摆起时，两腿站起，右腿伸直，左腿随两掌向右上屈膝摆动，眼视右掌（图B191）。

②上动未停，右脚随两掌和左腿向右上摆起的同时立即蹬地跳起，身体腾空；在空中，上身向左侧卧倒，左腿屈膝盘起，右腿伸直，两臂屈肘，两掌掌心朝下（图B192）。

③左腿屈膝在身前盘紧，右腿伸平，上身稍向左转俯，从上向地面降落跌扑（图B193）。

图B191

图B192

图B193

要领说明：

与前述第二十七式左盘腿跌扑相同。

第六十一式　旋风脚（风卷霹雳上九天）

动作分解：

①两掌推地，上身抬起；右腿屈膝收回以脚底踏地，左腿随之跪起（图B194）。

②左腿站起，两掌握拳与身体一起从左向后、向上抡臂翻转，左脚随之离地提起，右脚蹬地跳起，身体腾空（图B195）。

③在空中，身体随着翻转之惯性继续向左、向后旋转，右脚屈踝内翻，从右向上、向额前里合横摆；同时，两拳变掌，左掌在额前迎击右脚脚底（图B196）。

图B194

图B195

图B196

**要领说明：**

与第四段第二十九式旋风脚相同。

**第六十二式　虚步架打（英雄打虎收招式）**

**动作分解：**

①左脚落地，上身转向东方，右脚随即向身后西方落地，左腿在前屈膝，右腿在后伸直；同时，两掌握拳，左拳随直臂平举于身前，拳眼朝上；右拳反臂斜举于身后，拳眼朝下；眼视左拳前方（图B197）。

②上动未停，左拳臂外旋使拳心朝上，屈肘收于右肩前，以拳轮靠身；同时右拳从后随直臂向下、向前弧形绕行撩起，拳眼朝上；眼视右拳前方（图B198）。

③上动未停，上身向后坐，右腿随之屈膝半蹲，左脚收回半步，左腿屈膝以脚尖虚沾地面，成为左虚步；与此同时，右拳臂内旋使拳眼朝下，屈肘向上横架举于头顶上方；左拳向正东前方直臂平伸冲出，拳心朝下；上身半面右转；眼视左拳前方（图B199）。

图B197

图B198

图B199

**要领说明：**

右拳横架，肘须屈圆成弧形，肘尖要向右后牵引；左拳冲出，臂须边伸边内旋，不可先臂内旋使拳心朝下之后再冲拳或冲拳之后再旋臂。

**收势（走罢单拳再拆拳）**

**动作分解：**

上身半面右转向南，两腿伸直站起，左脚向右脚靠近并步；同时，两拳变掌，从左右两侧一起直臂下垂，五指并拢贴靠于两腿侧旁，掌指朝下；眼视正南前方，仍做立正姿势（图B200）。

图B200

**要领说明：**

此动虽然是收势，仍须保持身体正直，精神振作，呼吸平稳，神情自然，勿露倦容，莫作疲态。

## 三、二路华拳对练动作名称

**第一段**

预 备 势　甲、乙并步站立
预备动一　甲、乙虚步回环亮掌
预备动二　甲、乙并步双钩
预备动三　甲、乙胸前抱拳
预备动四　甲、乙左右撑拳
预备动五　甲、乙提膝独立回环上冲拳
预备动六　甲、乙架打变步
预备动七　甲、乙仆步回环亮掌
预备动八　甲、乙转身弓步亮掌
预备动九　甲、乙提膝独立回环亮掌

预备动十　甲、乙跃步顶肘
第　一　式　甲冲拳击头，乙架格踹腿
第　二　式　甲反手外拨，乙冲拳击头
第　三　式　甲挎肘格挡，乙贯拳掴耳
第　四　式　甲架打击胸，乙揽臂外格

## 第二段

第　五　式　甲冲拳击头，乙侧踹踢肋
第　六　式　甲俯身闪避，乙击步弹踢
第　七　式　甲拍脚掴耳，乙捩手抓腕
第　八　式　甲弓步缠腕，乙转身撑颌
第　九　式　甲马步切腕，乙转身叉喉
第　十　式　甲弓步卷腕，乙挑手弹踢
第十一式　乙抽拳击头，甲架打击肋

## 第三段

第十二式　甲进步弹踢，乙翻身拍脚
第十三式　乙左右冲拳，甲左右勾踢
第十四式　乙下撩上砸，甲下拦上遮
第十五式　乙挑掌踢裆，甲闪身拍脚
第十六式　甲扇掌掴耳，乙捩手抓腕
第十七式　乙撤步扯拽，甲盘腿跌扑
第十八式　甲扣腿挫骨，乙侧身倒地

## 第四段

第十九式　乙拨脚踩踏，甲贴地滚翻
第二十式　甲、乙旋风脚
第二十一式　甲、乙弓步撩掌

第二十二式　乙挽臂弹踢，甲撤步拍脚
第二十三式　乙冲拳击头，甲叉掌上遮
第二十四式　甲双手锁把，乙马步劈夹

**第五段**

第二十五式　甲抓肩勾踢，乙盘腿跌扑
第二十六式　甲扇掌掴耳，乙拧手扭臂

**第六段**

第二十七式　甲挑掌侧踹，乙抱腿拧脚
第二十八式　甲翻身别腿，乙前扑倒地
第二十九式　甲蹬腿踹腰，乙贴地滚翻
第 三 十 式　甲冲拳击头，乙别肩叉喉
第三十一式　甲撅指拧手，乙反臂磕腕
第三十二式　乙冲拳击腰，甲搅臂外格

**第七段**

第三十三式　乙进步踩腿，甲提腿下截
第三十四式　甲里合骗马，乙跪腿揿压
第三十五式　乙向后拖扯，甲向后滚翻
第三十六式　乙回身扇掌，甲撩掌格挡
第三十七式　甲挽臂弹踢，乙撤步拍脚
第三十八式　乙冲拳击头，甲叉掌上遮
第三十九式　甲转身后扫，乙跃步伸掌
第 四 十 式　乙扇掌掴耳，甲撩掌格挡
第四十一式　乙挽臂弹踢，甲撤步拍脚
第四十二式　甲冲拳击头，乙叉掌上遮
第四十三式　乙进步后扫，甲跃步伸掌

第四十四式　甲扇掌掴耳，乙捩手抓腕
第四十五式　乙撤步扯拽，甲仰掌击项

第八段

第四十六式　乙撤拽抛摔，甲盘腿跌扑
第四十七式　乙跃步踩腿，甲里合挂面
第四十八式　乙抄腿掀脚，甲向前滚翻
第四十九式　乙跃身前扑，甲蹲身避让
第 五 十 式　甲双掌掴耳，乙跪腿掀压
第五十一式　甲蹬腿踢脸，乙向后滚翻
第五十二式　甲扇掌掴耳，乙撩掌格挡
第五十三式　甲挽臂弹踢，乙撤步拍脚
第五十四式　甲冲拳击头，乙叉掌上遮
第五十五式　乙双手锁把，甲马步劈夹
第五十六式　乙抓肩勾踢，甲盘腿跌扑
结 束 动 一　甲、乙旋风脚
结 束 动 二　甲、乙虚步架打
收　　　势　甲、乙并步站立

## 四、二路华拳对练动作图解

### 第 一 段

**预备势：甲、乙并步立正**

**动作分解：**

甲乙二人，甲方站立在拳场的西端，面朝南；乙方站立在拳场的东端，面朝北；侧相对立，中间距离四步或六步，立正姿势站好。

**要领说明：**

与单练动作的“预备势”相同。

### 预备动一：甲、乙虚步回环亮掌

**动作分解：**

甲乙二人各自做单练动作中所述的图B2—图B5“虚步回环亮掌”动作。

**要领说明：**

与单练动作的“虚步回环亮掌”相同。

### 预备动二：甲、乙并步双钩

**动作分解：**

甲乙二人各自做单练动作中所述的图B6“并步双钩”动作。

**要领说明：**

与单练动作的“并步双钩”相同。

### 预备动三：甲、乙胸前抱拳

**动作分解：**

甲乙二人各自做单练动作中所述的图B7“胸前抱拳”动作。

**要领说明：**

与单练动作的“胸前抱拳”相同。

### 预备动四：甲、乙左右撑拳

**动作分解：**

甲乙二人各自做单练动作中所述的图B8“左右撑拳”动作。

**要领说明：**

与单练动作的“左右撑拳”相同。

## 预备动五：甲、乙提膝独立回环上冲拳

**动作分解：**

甲乙二人各自做单练动作中所述的图B9—图B13“提膝独立回环上冲拳”动作。

**要领说明：**

与单练动作的“提膝独立回环上冲拳”相同。

## 预备动六：甲、乙架打变步

**动作分解：**

甲乙二人各自做单练动作中所述的图B14—图B20“架打变步”动作。

**要领说明：**

与单练动作的“架打变步”相同。

## 预备动七：甲、乙仆步回环亮掌

**动作分解：**

甲乙二人各自做单练动作中所述的图B21—图B25“仆步回环亮掌”动作。

**要领说明：**

与单练动作的仆步回环亮掌相同。

## 预备动八：甲、乙转身弓步亮掌

**动作分解：**

甲乙二人各自做单练动作中所述的图B26—图B32“转身弓步亮掌”动作。

**要领说明：**

与单练动作的“转身弓步亮掌”相同。

## 预备动九：甲、乙提膝独立回环亮掌

**动作分解：**

甲乙二人各自做单练动作中所述的图B33—图B35“提膝独立回环亮掌”动作。

**要领说明：**

与单练动作的“提膝独立回环亮掌”相同。

### 预备动十：甲、乙跃步顶肘

**动作分解：**

甲乙二人各自做单练动作中所述的图B36—图B38“跃步顶肘”动作。跃步之后，甲乙二人的距离接近，肘尖相对；眼视对方（图B201）。

图B201

**要领说明：**

与单练动作的“跃步顶肘”相同。

### 第一式 甲冲拳击头，乙架格踹腿

**动作分解：**

①甲方，右掌变拳，臂外旋，从上向前、向下绕行，屈肘收于右腰侧，拳心朝上；左拳肘尖下垂使拳轮贴靠右胸，在右拳臂屈肘收于右腰侧的同时向乙方头部额前直臂冲拳击打，拳眼朝上；眼视乙方（图B202）。

②乙方，右掌变拳，臂外旋，从上向前、向下绕行，屈肘收于右腰侧，拳心朝上；同时左拳则随屈肘向上用前臂架格甲方的左拳，拳眼朝下；与此同时，右腿离地屈膝提起，脚尖外展使脚内侧斜朝上用脚底向甲方左小腿胫骨横踹踢击；眼视甲方左小腿（图B203）。

图B202

图B203

**要领说明：**

①甲方击头，其目标可以是额、鼻、嘴、眼，本书假定是额。

②乙方的架格和踹踢必须同时进行，不可在架格完成之后再踹踢。

③甲方的击头和乙方的踹腿，在二人对练时都不要过分当真，否则一不留神，对方的脸面和胫骨极易受到伤害。以下的一切攻防动作都是如此。

**第二式 甲反手外拨，乙冲拳击头**

**动作分解：**

①甲方，左拳变掌，臂内旋屈肘向内、向下、直臂反手向外绕行，将乙方的

右脚拨开，上身随之前倾（图B204）。

②乙方，右脚在受到甲方反手外拨时立即向前落步，右腿屈膝，左腿伸直，成右弓箭步；与此同时，左拳臂屈肘收于左腰侧，拳心朝上；右拳从右腰侧直臂伸出向甲方面部击打，拳心朝下；眼视甲方面部。

图B204

**要领说明：**

①甲方的反手外拨，可以使手心拍击乙方右脚将它拨开。

②乙方的落步、收拳、冲拳必须在同一时间内一起完成，不可有先后之分。

### 第三式　甲挎肘格挡，乙贯拳掴耳

**动作分解：**

①甲方，在乙方右拳击向面部时，左脚迅速向西退步，上身随之左转朝向北方，两腿屈膝半蹲成马步；与此同时，左掌变拳随屈肘收于左腰侧，拳心朝上；右拳则从右腰侧直臂摆向身后，臂外旋使拳心朝上，上臂向上抬起，前臂屈肘挎起，用前臂尺骨一侧由外向内在身前磕击乙方的右拳；眼视乙方（图B205）。

②乙方，右拳在甲方挎肘磕击时即屈肘收于右腰侧，拳心朝上；同时，左拳从左腰侧直臂向下、向左、向前绕行，用拳心的一面向甲方右耳掴击，拳眼朝上；眼视甲方右耳（图B206）。

图B205

图B206

**要领说明：**

①甲方的挎肘格挡，要与前动乙方的冲拳击头配合密切，不可等乙方的右拳已击到脸前后再去磕击格挡，也不可过早地构成马步等待乙方的冲拳。

②甲方的挎肘格挡，一定要用前臂尺骨的前端去磕碰乙方前臂桡骨的前端。

③乙方贯拳掴耳的目的在于击打对方的耳颞神经，因此出拳的位置必须是对方耳的下端。但在这里的对练中，不必要求如此准确，只要是耳旁皆可，而且也不必触及耳部。

**第四式　甲架打击胸，乙搅臂外格**

**动作分解：**

①甲方，上身略右转，用右前臂向右上方拦截乙方的左拳，如图B206。

②上动未停，甲方上身继续右转，右腿屈膝，左腿伸直，成为右弓箭步；与此同时，右拳臂随屈肘将乙方左拳向上架起，拳眼朝下；左拳即向乙方胸前直臂伸出击打，拳心朝下；眼视乙方（图B207）。

③乙方，右脚向东退步，上身右转朝向北方，左拳臂内旋，从上向下反臂外搅将甲方的左拳格脱，两腿随之屈膝，身向右倾，右拳向右上方举起；眼视甲方（图B208）。

图B207

图B208

**要领说明：**

①甲方的架打要快，应迅速地用左拳向乙方胸前的胸骨剑突处打去，不要使拳位偏高。

②乙方的搅臂，要使搅臂、退步、两腿屈膝、上身右倾、右拳上举诸动在同一时间内完成，动作要一致。

## 第二段

### 第五式 甲冲拳击头，乙侧踹踢肋

**动作分解：**

①前动未停，乙方外搅格脱甲方左拳之后，左脚离地从身前迈过右脚向右侧跨跃，右脚蹬地跳起，左脚即在右侧落地。同时，甲方也使左脚离地从后向前跃进，右脚蹬地跳起，左脚即在身前落地；左拳随之从前向下、向后、向上回环绕行，右拳则从上向前、向下绕行。甲乙双方眼视对方（图B209）。

图B209

②动未停，乙方右脚向右落步，右腿屈膝，左腿伸直，形成半蹲势高仆步；同时，两拳变掌，右掌从上随屈肘向左、直臂向下、向右、向上回环绕行，屈腕成横掌举于头顶上方；左掌则从下随屈肘向右、经右肩前由右臂里面向上穿出、直臂向左、向下、向后回环绕行，屈腕撮指成钩手，反臂斜举于身后。甲方则右脚向前落步，右腿屈膝，左腿伸直，形成高势弓箭步；同时，左拳从上向前、向

下回环绕行，屈肘收于左腰侧；右拳则从下随屈肘经左胸前由左臂里面穿出，直臂平伸向乙方头部眉间击打，拳心朝下；眼视乙方脸部（图B210）。

③乙方，右掌从上直臂向右、向下绕行降落，左钩手此时变掌，与右掌错臂交叉一起从下向上架格甲方右拳，左掌在里，右掌在外，两臂屈肘；与此同时，两腿直立站起，左脚向里移动半步，右脚从身后向左偷步使上身靠近甲方，左腿随即屈膝提起，脚尖上翘（图B211）。

④上动未停，乙方用左脚脚底向甲方右腋下腰肋之间蹬伸踹踢，脚外侧朝上，上身随势略向右倾；左掌仍做钩手反臂斜举于身后，右掌做横掌举于头顶上方；眼视左脚（图B212）。

图B210

图B211

图B212

**要领说明：**

①甲乙双方的跨跃与前跃、蹬地跳起与蹬地跳起、落步与落步、仆步亮掌与弓步冲拳等动作，都必须协调一致，在同一时间内有序地完成。

②乙方的侧踹，如果按技击搏斗的要领来说，应该是蹬踹对方体侧第8对肋骨以下的地方。因为人体从第8至第10对肋软骨前端已不与胸骨直接相连，第11与第12两条肋软骨之前端皆游离。如有力地蹬踹对方第8对肋骨以下的地方，就会震荡对方内脏。故在二人对练时，只能做假设性动作使脚向高处蹬去，以免发生伤害事故。

③乙方的侧踹，左腿屈膝提起之后，不必立即就向甲方踹去，最好待甲方俯身闪避的一瞬间再踹出。这样既不会真的蹬踹到甲方，又不会显得过于虚假。

### 第六式　甲俯身闪避，乙击步弹踢

**动作分解：**

①甲方，当乙方左脚向腰肋蹬踹时，右脚脚尖内扣，两腿屈膝下蹲，上身前俯并向左倾，右拳随臂内旋从乙方左腿的前面绕向下方，反臂使拳眼朝下，闪开乙方左脚使之蹬踹落空，左拳则随势伸向左上方；回头眼视乙方，如图B212。

②乙方，将左脚向前下落，左钩手变侧立掌伸向前方，右掌反臂成钩手举于身后；至此，乙方与甲方一起向西做击步动作，击步后，右脚先落地，左脚继之向前落地，右脚在左脚落地后随即向前再上一步（图B213）。

图B213

③上动未停，乙方，左脚向前摆起，右脚蹬地跳起，身体腾空；在空中，右脚在左脚将要下落着地的同时向甲方臂部弹踢；左掌、右钩手均变拳随屈肘收于两腰侧，拳心朝上（图B214）。

图B214

**要领说明：**

①甲方俯身闪避，俯身和右拳臂的臂内旋从上翻绕至乙方左腿下面的动作必须行动一致。

②甲乙双方的击步动作与单练动作中的击步相同，此处则要求双方动作协调。

③乙方的弹踢，在对练时应该是在左脚下落着地的同时使右脚踢出，不必像单练那样在空中踢出。

**第七式　甲拍脚掴耳，乙捩手抓腕**

**动作分解：**

①紧接前动，甲方，当乙方左脚向前摆起时，上身开始从左向后、向上翻转；而当乙方右脚弹踢时，上身转至面对乙方，左脚迅速向后退步，左腿伸直，右腿屈膝；左拳臂屈肘收于左腰侧，拳心朝上；右拳变掌从上向下击拍乙方右脚脚面；眼视乙方右脚，如图B214。

②上动未停，甲方将乙方右脚击拍落地后，趁乙方上身前移的时候，右掌臂屈肘向下、向左肩前绕行挽起，用掌背向乙方右耳直臂横扇掴击，拇指外侧朝上；眼视乙方右耳。乙方，右脚被击拍落地后，右腿屈膝，左腿伸直，成为右弓箭步（图B215）。

③乙方，右拳松开从右腰侧由里向外反手将甲方右腕抓牢，臂外旋将甲方右臂向外、向下捩拗；上身随势前倾；眼视甲方右掌（图B216）。

图B215

图B216

**要领说明：**

①拍脚，腕关节必须伸直，掌部肌肉要紧张，这样可以避免腕关节挫伤。

②扇掌掴耳，必须使肘关节放松用前臂甩动，这样才能有力。在二人对练

时，不可当真扇到对方耳部，离对方耳部不远时就可以使掌刹住。

③捩手抓腕，实用时必须满把抓牢对方的腕关节，使其腕关节不再有旋转活动的可能。但在套路对练中，为了接连下面的缠腕动作连续运动，就不能按上述的要求去捩抓，否则对方就不能接做下面的动作了。为此在对练时抓腕的位置可以抓在对方接近腕关节的前臂骨前端，使其腕关节仍能旋转活动。

### 第八式　甲弓步缠腕，乙转身撑颌

**动作分解：**

①甲方，左拳松开，用左手按牢乙方的右手背使其不得松开脱逃；右脚向左脚处退步，左脚向右脚处进步，两脚前后倒步换位，左腿屈膝，右腿伸直，形成左弓箭步；与此同时，右拳变掌使小指外侧的掌缘绕着乙方的腕关节从里向上、向外、向下缠绕。乙方，右臂腕被甲方缠腕使之内旋反拧，顺势将右腿铺地伸直，左腿屈膝全蹲，成为右仆步（图B217）。

图B217

②乙方，两腿站起，右脚向左脚处移步，左脚从身后向右脚处移步，两脚倒步换位，上身随右臂被甲方拧转之势从左向后转；转身之后，右腿伸直，左腿屈膝；同时，左拳变掌，从左腰侧向前直伸，用掌心底部推撑甲方下颌。甲方被推撑得仰身右腿跪地（图B218）。

图B218

**要领说明：**

①缠腕是擒拿术中腕部的拿法之一。在技击实用时，必须将对方抓臂的手按牢不放，然后用右掌（指本动被乙方抓住的右掌）小指外侧的掌缘由里向外缠绕，从对方腕关节的豆状骨中切入尺腕关节，破坏和扭伤腕关节的韧带和肌腱。在此处的对练中则不必如此，只要满把抓住对方的前臂近腕关节处即可。

②撑颌是企图撑伤对方颈部肌肉，对练时不要过分推撑。

**第九式　甲马步切腕，乙转身叉喉**

**动作分解：**

①甲方，左手松开，从左侧伸向乙方左掌的小指外侧，手心贴住乙方的掌背，用食指、中指、无名指和小指插入乙方左掌小指外侧，将乙方左掌握住向上扳开；眼视左手（图B219）。

②甲方继续将乙方左掌向外、向下扳拧；右腿立起，右脚伸向乙方左腿后面，同时左脚后退一步；上身随之左转向北，两腿屈膝半蹲成马步；与此同时，右手松开对乙方的缠腕，从身前用右掌小指外侧的掌缘向乙方左腕关节直掌下切，掌指朝下；眼视右掌。乙方，则趁势使左腿铺地伸直，右腿屈膝全蹲，成为左仆步；同时，右手握拳随屈肘收于右腰侧，拳心朝上；眼视甲方右掌（图B220、图B220附图）。

图B219

图B220

图B220附图

③乙方，两腿站起，左脚向右脚处移步，右脚从身后向左脚处移步，两脚倒步换位，上身随之从右向左后转；转身之后，左腿伸直，右腿屈膝；同时，右拳变掌，从右腰侧向前直伸，仰掌，拇指叉开其余四指并拢，用虎口叉撑甲

方咽喉，掌心朝上；眼视右掌。甲方被叉撑得仰身，右脚退步，右腿跪地（图B221）。

图B221

要领说明：

①切腕是擒拿术中腕部拿法的另一种方式，它的作用和缠腕相同，由于两手的合作，它比缠腕的作用更大。

②叉喉的技击搏斗作用在于叉压喉环状软骨下面的气管，使呼吸闭塞窒息。因此在二人对练时，不要使虎口压迫气管，只要用拇指和食指推撑对方的颌骨就行了。

### 第十式　甲弓步卷腕，乙挑手弹踢

动作分解：

①甲方，左手拇指在下，其余四指在上，从乙方右掌拇指外侧叉进将它握牢，拇指顶住乙方右掌掌背，其余四指贴住乙方右掌掌心，直臂上举将乙方右掌向上扳开（图B222）。

②上动未停，甲方继续用右手握牢乙方右掌的小指外侧，拇指顶住乙方右掌掌背，其余四指贴住乙方右掌掌心；两手拇指一起用力顶住乙方右掌掌背向下揿压，其余四指则用力贴住乙方右掌掌心向里卷裹；同时，右腿站起伸直，左腿屈膝，成左弓箭步；眼视两手。乙方，右腕被甲方卷裹，右臂屈肘，身向

下坐，两腿形成右弓箭步；左手则变拳随左臂屈肘收于左腰侧，拳心朝上；眼视甲方（图B223）。

图B222

图B223

③乙方，左拳变掌，从左腰侧向下、向前、向甲方两臂腕部挑打，右掌趁势向下抽脱（图B224）。

④乙方右掌抽脱之后，两掌变拳随屈肘收于两腰侧，拳心均朝上；左脚在右掌抽脱时向前摆动，右脚随之蹬地跳起，身体悬空；在两掌变拳收于腰侧时右脚向甲方腹前弹踢，左脚趁势落地。甲方，在乙方弹踢时左脚迅速向后退步，左腿

伸直，右腿屈膝；同时，左手握拳随左臂屈肘收于左腰侧，拳心朝上；右手从上向下击拍乙方右脚脚面；上身前倾；眼视乙方右脚（图B225）。

图B224

图B225

**要领说明：**

①卷腕是擒拿术中腕部拿法的又一种方式。按拿法的要领来说，拇指必须与其余四指共同用力来压迫对方位于指浅屈肌和指深屈肌之间的正中神经（手心里面），同时还必须向下、向里卷裹，使其腕关节的桡腕骨侧韧带受到扭屈，但在二人对练时应该注意不要过分用力。

②弹踢一定要先使左脚前摆，在跳起之后右脚再向前弹踢，不要只有弹踢的动作而没有跳跃的动作。但是右脚的弹踢，应该在左脚落地的同时向前踢

去，不要像个人单练时那样在空中弹踢。弹踢时，必须使脚面绷平，脚尖不可向上翘起。

③甲方拍击乙方的脚面要迅速、准确。

### 第十一式　乙抽拳击头，甲架打击肋

**动作分解：**

①乙方，右脚被击向前落地，右腿屈膝，左腿伸直，成为右弓箭步；同时，右拳从右腰侧直臂向甲方头部眉间伸出击打，拳眼朝上；左拳不动；眼视右拳。甲方，在乙方冲拳击头时右手随即握拳直臂上举，格于乙方右臂外侧，将乙方右拳截住，拳眼朝上；左拳不动；弓箭步不变；眼视右拳（图B226）。

②上动未停，乙方，左拳臂内旋从右臂下面屈肘向上架住甲方右拳臂，右拳随即抽回随屈肘收于右腰侧（图B227）。

图B226

图B227

③上动未停，乙方使左拳臂将甲方右拳向外拨开，随即屈肘收于左腰侧，拳心朝上；右拳随之再次向甲方头部眉间击打，拳眼朝上（图B228）。

④甲方，左拳臂内旋屈肘向上架住乙方右拳臂；右拳随之屈肘收于右腰侧，拳心朝上；弓箭步不变；眼视乙方（图B229）。

图B228

图B229

⑤上动未停，甲方使右脚尖内扣，上身左转向北，两腿屈膝成马步；同时，右拳随即直臂伸出向乙方右腋肋间击打，拳心朝下；眼视右拳（图B230）。

⑥乙方，左腿屈膝，上身向左移动，闪开甲方的右拳，同时右拳臂内旋从上向内、向下、向外环绕，反臂外揽格脱甲方的右拳臂，拳眼朝下；左拳则向左侧上方举起；眼视右拳（图B231）。

图B230

图B231

**要领说明：**

①乙方的冲拳、屈肘架拳、抽拳、收拳及再次冲拳，必须非常快速有序地进行。甲方的截拳、屈肘架拳、转身及冲拳也须和乙方的诸动作相应地快速。

②甲方的冲拳击肋，要借助转身之势，使转身、马步、冲拳形成一股劲，这样打击才能有力。

③乙方闪避搅脱甲方右拳时，要注意使左腿屈膝、上身左移、右拳臂内旋环形外搅及左拳的上举形成一体，在同一时间内完成。

## 第 三 段

### 第十二式　甲进步弹踢，乙翻身拍脚

**动作分解：**

①前动未停，乙方，继续向正东方向用右脚向左脚击步，右脚击步落地后，左脚相继向前落地，右脚随即向前再上一步；两拳不变；眼视甲方。甲方，在乙方击步的同时，上身右转向东，左脚开始向前上步，右脚继之，左脚再上一步，共进三步；两拳随之直臂向上、向身后、向下回环绕行；眼视乙方（图B232）。

图B232

②上动未停，甲方，两拳继续从下向前、向上回环绕行，绕行至身前时两拳错臂交叉变掌，绕行至上方时两掌变钩手分向左右两侧下落平举，钩尖朝下；同时，左脚提起，右脚蹬地跳起向乙方臀部弹踢，脚面绷平；左脚在右脚弹踢时落地，左腿随势屈膝。乙方，在甲方弹踢的同时即从左向后翻身，左脚

随即向正东方向退步，左腿伸直，右腿屈膝；右拳随翻身之势变掌，从上向下击拍甲方右脚脚面；左拳则随屈肘收于左腰侧，拳心朝上；眼视甲方右脚（图B233）。

图B233

**要领说明：**

①乙方的击步、翻身要快，拍脚要准。翻身时，身须向后略仰，胸腹要凸出，使之构成翻身的斜形轴心，必须强调的是它是翻身动作而不是转身动作。

②甲方的进步要与两拳向后回环绕行的动作协调一致，两拳变掌向上、变钩手向两侧回环绕行的动作要与跳起弹踢协调一致。

③甲乙双方的配合，在时间、空间上力求精密，使弹踢与拍击的动作不至于脱节。

**第十三式 乙左右冲拳，甲左右勾踢**

**动作分解：**

①乙方，右掌变拳，在甲方右脚被击拍落地时向甲方头部眉间直冲击打，拳眼朝上；眼视甲方面部。甲方，右脚被击拍在身前落地，右腿屈膝，左腿伸直；眼视乙方右拳（图B234）。

②甲方，右钩手变掌，从右直臂向下、屈肘经腹前向左、直臂向前绕行，格挡乙方的右冲拳，肘略屈，拇指外侧朝上；眼视乙方右拳（图B235）。

图B234

图B235

③上动未停，甲方，左钩手随之变掌，从左屈肘向下、经腹前直臂向前绕行，由乙方右臂下面向乙方胸前直伸穿出，掌背贴靠乙方左胸部，拇指外侧朝上；与此同时，左腿离地屈膝提起，脚尖上翘，从后向前、向乙方右腿踝部勾踢，左腿随势伸直；眼视左掌（图B236）。

④上动未停，甲方，左脚将乙方右腿勾挂踢起；与此同时，左掌直臂将乙方上身向外推拨使之向后倾倒；眼视左掌（图B237）。

图B236

图B237

⑤上动未停，乙方，在甲方将右腿勾挂踢起时，右腿立即屈膝从甲方左腿上面向外（北方）抽脱落地，使甲方勾踢落空（图B238、图B239）。

⑥上动未停，乙方，右拳臂屈肘收于右腰侧，拳心朝上；上身略向右转，左脚尖内扣，左腿伸直，右腿屈膝；同时，左拳随即从左腰侧向甲方头部眉间直冲

击打，拳眼朝上；眼视甲方面部。甲方，左脚勾踢落空之后向正北方向落步，左腿伸直，右腿屈膝（图B240）。

图B238

图B239

图B240

⑦甲方，在乙方冲拳的同时，左掌臂屈肘向下、从乙方左拳臂的下面向右、向上绕行，直臂向左格挡乙方的左冲拳，肘略屈；眼视乙方左拳（图B241）。

⑧上动未停，甲方，右掌臂屈肘从右腰侧直臂向前、由乙方左臂上面向乙方胸前上方伸出，掌背贴靠乙方右锁骨处，拇指外侧朝上；与此同时，右腿离

地屈膝提起，脚尖上翘，向乙方左腿踝部勾踢；上身随之左转；眼视右掌（图B242）。

⑨上动未停，甲方，右脚将乙方左腿勾挂踢起；与此同时，右掌直臂将乙方上身向外推拨使之向后倾倒；眼视右掌（图B243）。乙方，不及抽腿脱逃即被摔倒地成左盘腿跌扑势，头南脚北横躺地下。此时，甲方左掌伸向北方；眼视乙方（图B244）。

图B241

图B242

图B243

图B244

**要领说明：**

①甲方的勾踢，必须先使右（左）腿屈膝向后提起，髋关节向后伸张；而后屈髋、伸膝、伸踝、脚尖翘起，用大小腿向前摆荡的力量勾踢对方近踝处。并不是将对方的腿勾住了硬向上挂起。勾踢还须和臂的向外推拨配合一致，上下一起用力，才能使对方失去平衡。

②乙方的抽腿要快，不要被对方将腿勾挂住了再抽，否则便会像第二次那样由于来不及抽脱而被踢倒地。

③乙方倒地时，一定要使左（右）腿屈髋、屈膝盘起，左（右）脚内翻，上身左（右）转俯下，两臂屈肘，两掌掌心朝下，这样虽被摔却不至于跌伤。在二人对练时并不是真的被甲方踢倒，应该是主动地将左腿内收摆起，右脚蹬地跳起，做个人单练动作中的盘腿跌扑。这样可以使运动表现得生动、活泼，增强武术运动艺术的夸张性。

**第十四式　乙下撩上砸，甲下拦上遮**

**动作分解：**

①甲方，右脚向东北方向落步，上身随之右转向南，左脚向身体左侧跨上一步，两脚开立；两掌直臂举于身体两侧。与此同时，乙方，在地下向右翻身，右腿屈膝盘起，左腿伸直；两掌随即推地使身体站起。

②上动未停，乙方，右脚向甲方身前上步，右腿屈膝，左腿伸直，成为右弓箭步；同时，两掌一起变拳，左拳臂屈肘收于左腰侧，拳心朝上；右拳则随直臂向甲方裆前撩打，拳眼朝上；上身略前倾；眼视右拳。甲方，在乙方撩裆时两掌变拳从左右两侧上举，至头顶上方错臂交叉由身前向下拦截乙方右拳，右拳在里，左拳在外，拳心均朝里；两腿随之屈膝半蹲成马步；眼视两拳（图B245）。

③乙方，左脚向右脚处移步，右脚向左脚处移步，两脚倒步换位，左腿屈膝，右腿伸直，成为左弓箭步；与此同时，左拳从左腰侧直臂向下、向后、向上绕行抡起，向甲方头顶砸击，拳轮朝下；右拳臂则随屈肘收于右腰侧，拳心

朝上；眼视左拳。甲方，在乙方换步砸头时两拳变掌从下向上遮架乙方左拳，掌指均朝上，掌心均朝外；马步不变；眼视两掌（图B246）。

图B245

图B246

**要领说明：**

①乙方在地上的翻身、站起，要和甲方的右脚落步、左脚跨步配合密切，行动一致。

②乙方的撩拳和砸拳，要注意甲方的拦截和遮架是否及时，不要过早。

**第十五式　乙挑掌踢裆，甲闪身拍脚**

**动作分解：**

①乙方，右拳变掌，从右腰侧直臂向下、向前、向甲方两掌中间绕行摆起，挑开甲方的两掌，拇指外侧朝上；左拳随屈肘收于左腰侧，拳心朝上；同时，弓箭步略向上起；眼视甲方（图B247）。

②上动未停，乙方挑开甲方两掌后即将右掌变拳随屈肘收于右腰侧，拳心朝上；同时，右脚向甲方裆前踢击，脚面绷平；眼视右脚。甲方，在乙方踢裆时左脚立即向身后正北方向退步，右脚脚尖内扣，上身左转闪开乙方的右脚；左腿随

之屈膝，右腿在上身右侧伸直平铺，成为高姿势的右仆步；与此同时，左掌变拳随屈肘收于左腰侧，拳心朝上；右掌则从头前上方向下拍击乙方右脚脚面，掌心朝下；眼视乙方右脚（图B248）。

图B247

图B248

**要领说明：**

①乙方挑掌，应该用沿拇指外侧的掌骨向上挑打，不要用掌指去挑掌。

②乙方踢裆要注意甲方是否迅速闪身避开，如果不及闪身，就将脚稍缓踢出，以免发生伤害事故。

③甲方闪身拍脚，是个人单练动作中的仆步按掌，不过仆步不必做成全蹲，左掌也不必做成在头上屈肘横架。但是要做横架的姿势，也是可以的。

**第十六式　甲扇掌掴耳，乙捩手抓腕**

**动作分解：**

①甲方，将乙方右脚击拍落地，上身前移，左腿在后伸直，右腿在前屈膝，成为右弓箭步；同时，右掌臂屈肘向下、向左肩前绕行挽起，用掌背向乙方右耳直臂横扇掴击，拇指外侧朝上；眼视乙方右耳，如图B215。

②乙方，右脚被击拍落地，右腿在前屈膝，左腿在后（正南方向）伸直，成

右弓箭步；在甲方掴耳的同时，右拳松开，从右腰侧由里向外反手将甲方右手腕抓牢；眼视甲方右手。甲方，在右手腕被乙方抓牢时也反手将乙方的右手腕抓牢（图B249）。

图B249

**要领说明：**

与第七式的拍脚掴耳、捩手抓腕相同。

**第十七式　乙撤步扯拽，甲盘腿跌扑**

**动作分解：**

①乙方，右脚向身后正南方向撤步，上身随之右转向东；同时，左拳松开，从左腰侧伸向甲方右肩上面抓牢，小指外侧朝前，将甲方由北向南扯拽，右腿随势屈膝；眼视甲方（图B250）。

②甲方，被乙方扯拽，左脚向南落步，左腿屈髋屈膝盘腿跌扑，倒地时用右脚勾扣在乙方右脚里侧脚跟处；右手仍抓牢乙方右手腕不放。乙方，在甲方跌倒时左手放开甲方右肩，握拳、屈肘收于左腰侧，拳心朝上；右手也抓牢甲方右手腕不放；眼视甲方（图B251）。

图B250

图B251

**要领说明：**

①乙方扯拽，右手抓牢对方的臂腕还须做些扭捩动作，连捩带拽才能扯动对方。

②甲方跌扑，一定要在将要倒地的时候用右脚将对方的右脚勾住，不能等倒地之后再做勾扣的动作，否则对方便会及早发觉而避脱。

### 第十八式　甲扣腿挫骨，乙侧身倒地

**动作分解：**

①甲方，右脚将乙方右小腿下端近脚跟处勾住扣牢，用左脚外侧跖骨边缘部分蹬挫乙方右小腿胫骨的下端；左肘臂撑地，上身略起（图B252）。

②乙方，右小腿受到甲方的勾扣蹬挫，右手松开，上身左转，左腿屈髋屈膝盘起，侧身跌倒在地；眼视甲方左脚。甲方将乙方蹬倒时右手放开乙方屈肘扶撑地面（图B253）。

**要领说明：**

扣腿挫骨是地躺摔法技巧的一种。它的要点在于右（左）脚必须使脚尖翘起牢牢地扣住对方的右（左）小腿，用左（右）脚外侧边缘有力地蹬挫对方胫骨的下端。在二人对练时，不可用力蹬挫，只可虚沾一下即行。

图B252

图B253

## 第 四 段

### 第十九式　乙拨脚踩踏，甲贴地滚翻

动作分解：

①乙方，左前臂撑地，上身坐起；右手拇指外侧朝下反臂伸向甲方左脚脚跟处，将甲方左脚拨开（图B254）。

图B254

②甲方，顺势贴地向西滚翻；与此同时，乙方将左腿跪地，右腿屈髋屈膝右脚踏地，两手扶撑推地，使身体站起从左向后转；两手握拳随屈肘收于两腰侧，拳心均朝上；右腿直立，左脚提起，准备踩踏甲方腰部；眼视甲方（图B255）。

③上动未停，乙方，左脚向甲方腰部踩踏。甲方，继续向西滚翻使乙方的踩踏落空（图B256）。

图B255

图B256

**要领说明：**

①乙方的站起、转身、提脚、踩踏等动作，必须连贯、快速，不要缓慢、迟钝。甲方的滚翻，必须敏捷，要与乙方的动作协调一致。

②甲方滚翻时，应注意将手握拳，屈肘护于胸前，拳心朝里。

### 第二十式　甲、乙旋风脚

**动作分解：**

甲方，向左滚翻成俯卧，两手推地站起，做旋风脚动作，面向南方。乙方，与此同时使右脚向西跨上一步，上身左转，同样做旋风脚动作，面向北方（图B257）。

图B257

**要领说明：**

与单练动作的旋风脚相同。

## 第二十一式　甲、乙弓步撩掌

**动作分解：**

甲乙二人在旋风脚落地时，面对面各自做单练动作中所述的“弓步撩掌”动作，并将右侧立掌错臂交叉于对方的掌臂外侧；眼视对方（图B258）。

图B258

**要领说明：**

与单练动作的“弓步撩掌”相同。

**第二十二式 乙挽臂弹踢，甲撤步拍脚**

**动作分解：**

①乙方，左钩手变掌，臂外旋使掌心朝上，从后直臂向上、向前绕行，拍击甲方右掌掌背；同时，右掌从前直臂向下、向后绕行摆动；眼视左掌（图B259）。

图B259

②上动未停，乙方继续使右掌变拳随屈肘向上绕行，横架于头顶上方，拳眼朝下；左掌变拳向下、向里、向上、向前挽臂绕环，拳心朝上；同时，左脚随即从后随屈膝提起向甲方小腿胫骨前面弹踢，脚面绷平；眼视左脚。甲方，在乙方弹踢的同时，右脚向后撤步躲开乙方的弹踢，右腿屈膝；上身随之右转朝向南方，左腿伸直，左脚尖内扣，形成高姿势的左仆步；左钩手变掌，臂外旋使掌心朝上，从后向上、向前、向下绕行，用掌心拍击乙方的左脚脚面，肘略屈；右掌则从前直臂向下、向后、屈肘向上绕行，屈腕成横掌，横架于头顶上方，掌指朝左；眼视乙方左拳（图B260）。

图B260

要领说明：

①乙方弹踢要与挽臂的动作协调一致，挽臂完成的同时恰好弹踢到位，不要过早或过晚。弹踢时还要顾及甲方是否及时撤步，不要自顾自地踢去。

②甲方拍脚，就是单练动作中的仆步按掌，除仆步姿势较高外，其他与单练动作相同。

第二十三式　乙冲拳击头，甲叉掌上遮

动作分解：

①乙方，左脚被甲方击拍落地，左腿屈膝，右脚向后移半步，右腿伸直，成左弓箭步；同时，左拳向甲方头部眉间直冲击打，拳眼朝上；右拳则随屈肘收于右腰侧，拳心朝上；眼视左拳。甲方，在乙方冲拳的同时，上身左转，左脚脚跟内转，左腿屈膝，右腿伸直，成左弓箭步；两掌变拳随屈肘收于两腰侧，拳心均朝上；抬头仰面避开乙方的左拳（图B261）。

②甲方，上动未停，两拳变掌，错臂交叉向上遮架乙方的左拳，左掌在里，右掌在外；眼视乙方左拳（图B262）。

图B261

图B262

**要领说明：**

①乙方冲拳击头，要注意甲方是否及时仰面避开叉掌上遮，冲拳要有分寸。

②甲方叉掌上遮，动作必须迅速，右掌可以从上向右、向下绕行，与左掌一起从下向前、向上错臂交叉将乙方左拳遮住，不必做两拳抱腰的动作。

## 第二十四式　甲双手锁把，乙马步劈夹

**动作分解：**

①甲方，两掌张开拇指，抓牢乙方左腕臂，从上屈肘向下、向后拖拽（图B263）。

②乙方，趁甲方锁把拖拽之势右脚上前进步伸向甲方裆前；同时，右拳从右腰侧直臂向下、向后、向上、向前绕行，用上臂前臂尺骨一侧向甲方颈后连劈带夹；上身随势左转向南，两腿屈膝成马步；眼视甲方（图B264）。

图B263

图B264

**要领说明：**

①甲方双手锁把之后，在向下、向后拖拽时，上身必须向后坐，右腿屈膝半蹲，两臂屈肘陡然用力向下一顿，这样才能拖倒对方。但是在二人对练中，不必如此。

②乙方劈夹，一定要用前臂尺骨的一侧先向对方脑后近颈项处斜劈，而后顺着斜劈之势用上臂前臂屈肘夹击对方咽喉。但是在二人对练中，也不必如此。

# 第五段

## 第二十五式 甲抓肩勾踢，乙盘腿跌扑

动作分解：

①甲方，在乙方劈夹时两手放开乙方的左拳，弯腰低头，向后抽身避脱乙方的右拳臂，用两手在乙方身后抓扣乙方的两肩（图B265）。

②上动未停，甲方随即将两手松开，右手从乙方头顶上面随屈肘向左平摆至乙方左肩上方，手心朝下；左手则随直臂伸向左侧斜上方；与此同时，两腿直起，右脚脚尖翘起从后向乙方左脚踝部勾踢，将乙方左腿勾挂踢起；右手则从乙方左肩上方直臂向右平摆，将乙方上身向后横拨使之倾倒；眼视右手（图B266）。

图B265

图B266

③乙方，被甲方勾踢、横拨，右脚蹬地跳起，上身左转侧卧，成左盘腿跌扑势摔倒在地，头北脚南横躺地上（图B267）。

图B267

**要领说明：**

可参照第十三式中所述的勾踢和跌扑。

**第二十六式　甲扇掌掴耳，乙拧手扭臂**

**动作分解：**

①甲方，右脚向正东前方落步，左脚随之向前上一步；然后右脚向前跃进，左脚蹬地跳起；最后右脚在正东前方落步，左脚随之在右脚前落步；左腿屈膝，右腿伸直，成左弓箭步；与此同时，左掌在身前降落，右掌向下、向前摆向左掌，掌背贴靠右掌掌心；与单练动作中图B111—图B114的动作完全相同。乙方，两手推地站起，右脚先向正东前方上步；左脚随之向前跃进，右脚蹬地跳起；而后左脚向前落步，右脚随之在左脚前落步；右腿屈膝，左腿伸直，成右弓箭步；与此同时，两手握拳随屈肘收抱于两腰侧，拳心朝上；眼视甲方（图B268）。

②甲方，在乙方追到身后时，左掌变拳随屈肘收于左腰侧，拳心朝上；左脚

脚跟外展，左腿伸直，上身从右向后转；右掌随之用掌背向乙方右耳扇掌掴击，拇指外侧朝上；同时，右腿屈膝，成右弓箭步；眼视右掌（图B269）。

图B268

图B269

③乙方，右拳松开，臂内旋使拇指外侧朝下，从右腰侧伸向甲方右掌，反臂由甲方右掌小指外侧边缘处叉入将右掌抓牢，拇指贴靠甲方右掌掌心，其余四指贴靠掌背（图B270）。

④上动未停，乙方右臂外旋将甲方的右掌臂从上向外（右）、向下、向里（左）、向上绕环扭拧，使甲方的右掌臂骨内旋；眼视右手（图B271）。

图B270

图B271

**要领说明：**

①乙方抓甲方右掌，应该在甲方右掌还没有扇到耳边的时候就伸手反抓，不可等甲方右掌已经扇到耳边了再去扭抓。而且在抓掌之后要立即拧扭捩转，不可迟缓。

②拧手扭臂的目的是使对方肩关节的喙肩韧带、肩锁韧带，肘关节的桡骨小头环状韧带、桡侧副韧带，腕关节的尺侧韧带、腕骨背侧韧带以及上肢肌腱，由于强烈地扭拧、捩转而扭伤和扯伤。因此在对练时要特别注意，不可认真、过分地扭拧。

③乙方的站起、右脚上步、左脚跃步、右脚向前落步，必须与甲方的右脚向

前落步、左脚上步、右脚跃步、左脚向前落步配合密切，节节扣紧。

## 第六段

### 第二十七式　甲挑掌侧踹，乙抱腿拧脚

**动作分解：**

①甲方，左拳变掌，从左腰侧摆臂向乙方右手腕部挑打，右掌随之挣脱，上身随势直起右转（图B272）。

②上动未停，甲方右脚脚尖外展，上身右转朝向北方；右腿伸直，左腿屈膝在上身左侧离地提起，脚尖上翘；眼视乙方（图B273）。

图B272

图B273

③上动未停，甲方用左脚脚底向乙方上身右侧腋下腰间蹬伸侧踹，脚外侧朝上；与此同时，右掌成侧立掌横架于头顶上方，左掌屈腕撮指成钩手向身后反臂斜举。乙方，在甲方左脚侧踹时急速缩胸弯腰收腹向后避开；同时，左拳松开，手心朝上，从左腰侧伸向甲方左腿下面将近踝关节处的小腿下端握住；右手则从上向下随臂屈肘由甲方左脚的脚外侧处将脚扳牢，虎口朝里，两手上下合抱；眼视甲方（图B274、图B274附图）。

图B274

图B274附图

④乙方，右手将甲方左脚向下、向里扳拧捩转，使甲方左腿内旋；左手则向上掀抬。甲方，踝、髋关节受到捩转，上身向右侧倾倒，俯身以两手撑地，头部朝向东方（图B275）。

图B275

**要领说明：**

①甲方侧踹，不可真的向对方肋腰处蹬踹，要在乙方缩胸弯腰闪躲的一瞬间才将脚踹出；也可以由乙方身前向左直踹，不蹬踹他的肋腰，这样有利于避免伤害事故的发生。

②抱腿拧脚，目的在于使对方踝、膝、髋三处的肌腱及韧带由于受到强力的扳拧捩转而扭伤。因此在二人对练时，绝不允许陡然用力当真扳拧。

**第二十八式　甲翻身别腿，乙前扑倒地**

**动作分解：**

①甲方，借左腿被捩内旋之势上身从右向后翻转，右腿随之从下向右、向上、向乙方头后摆踢，两腿将乙方上身夹剪别住；两手撑地；眼视右脚（图B276）。

图B276

②上动未停，甲方两腿别住乙方上身继续凭借翻身之势用力猛绞。乙方，被绞向前倒地，用两手臂屈肘撑地；头北脚南，横躺地上（图B277）。

图B277

**要领说明：**

①翻身别腿，是地躺摔法技巧中比较厉害也是比较难做的一种制敌技巧。别腿的方式，有上别、下别、前别、后别、主动别、顺势别。这里练习的是顺势、上别。它的要点在于两腿必须坚硬挺直，非常有力地别住对方，这就要求胫骨前肌、伸趾长肌和伸踇长肌极度收缩使脚尖翘起；两腿凭借翻身的劲势绞动时，必须将腰部挺直，使上身的翻转之力和两腿的别绞之力通过腰的挺直而上下贯通成一股整劲；这样，在腿硬、腰直、绞翻贯通的条件下，才能使对方跌倒在地。

②在二人对练时，甲方不必按上述的要点来做，只要翻身迅速、右腿高摆、右脚踢至乙方头后颈部即可。

③乙方，在二人对练时，当甲方的右腿高摆至颈后的时候即速松手，两脚蹬地跳起做鱼跃腹扑的动作，当然跳起不可太高，只要两脚离地即可。这样能使运动表现得较为灵巧、活泼。

④在实用时，也可以用右（左）脚摆击对方的后脑，不做别绞的动作。

**第二十九式　甲蹬腿踹腰，乙贴地滚翻**

**动作分解：**

甲方，将乙方别倒时左腿屈膝盘收于地。此时，右腿屈膝收回，左腿蹬伸用左脚向乙方右腰侧踹击。乙方，即向正西方向贴地滚翻（图B278）。

图B278

**要领说明：**

甲方踹腰，必须使脚尖翘起，脚内侧朝上，用脚底跟部着力；同时还要注意不可认真向乙方腰部蹬踹，只要踹向乙方臀部外侧即可。乙方滚翻，一定要迅速，同时还要注意方向的正确，不能朝向斜方滚去。

**第三十式　甲冲拳击头，乙别肩叉喉**

**动作分解：**

①乙方，贴地滚翻两周之后即两手推地站起，向正西方向做旋风脚动作，旋风脚落地身对南方即做高势的仆步回环亮掌动作。与此同时，甲方，左腿盘起，两手推地站起，右脚在前，左脚随之向前跃进；在左脚跃步落地时右脚向前上步，右腿屈膝，左腿伸直，成右弓箭步；同时，左手握拳随屈肘收于左腰侧，拳心朝上；右手握拳向乙方头部眉间直冲击打，拳眼朝上；眼视乙方（图B279）。

图B279

②乙方，左钩手变拳、屈肘收于左腰侧，拳心朝上；右腿直起，右脚尖内扣，上身左转；左脚随之后撤，左腿伸直，右腿仍屈膝；在左脚撤步的同时，右掌从上直臂向右、向下、由身前屈肘向左绕行，臂内旋反臂向上直举将甲方的右拳抓住握牢；眼视甲方右拳（图B280）。

③上动未停，乙方臂外旋将甲方的右拳臂向下拧转；眼视右手（图B281）。

图B280

图B281

④上动未停，乙方，左脚进步伸向甲方右腿的后面，上身随之右转；同时，左拳变掌，从甲方右臂下面伸出，屈肘向上用上臂挑挎甲方的右肩，并将左掌拇指张开用虎口向上叉撑甲方的咽喉，掌心朝上；右手则抓牢甲方的右拳向下、向

里拧转，两臂左挑右捩将甲方右臂及肩别住；两腿均屈膝略蹲；眼视左手。甲方，仰面以避乙方的叉喉，两腿也屈膝略蹲（图B282）。

图B282

**要领说明：**

别肩叉喉，是擒拿术中肩臂锁别和叉咽封喉的结合动作。它的特点是用左（右）上臂将对方的右（左）肩向上高挑，用右（左）手将对方的右（左）手向下扯拧，一上一下将对方的肩臂别住。这样，就使对方的肩、肘、腕关节被撅而整个上肢无法活动。

**第三十一式　甲撅指拧手，乙反臂磕腕**

**动作分解：**

①甲方，左拳松开，臂内旋使拇指外侧朝下，从左腰侧伸向乙方左掌掌心上面，虎口张开，用食指、中指和拇指将乙方的拇指握住扣牢，其余两指屈拢，小指外侧朝上（图B283）。

②上动未停，甲方臂外旋将乙方左手拇指向下扳撅（图B284）。

③乙方，右手放开甲方的右拳。甲方，急将右拳抽回、屈肘收于右腰侧；同时，上身右转，右脚向正东方向撤步。在甲方撤步的时候，乙方右脚进步伸向甲方左腿的里面，右腿屈膝，左腿伸直；同时，右手握拳向右、向上摆臂举起，拳

背朝前，拳面朝上（图B285）。

④上动未停，乙方右拳随屈肘用上臂肘后向下、向外反臂磕击甲方的左腕；甲方急将乙方左手拇指放开，乙方左手随即握拳摆向左侧（图B286）。

图B283

图B284

图B285

图B286

**要领说明：**

①撅指的要点在于食指、中指和拇指将对方拇指的第一节指骨紧紧扣住，无名指和小指屈拢使对方拇指的第二节指骨（爪节）夹在中指和无名指第一节指骨的中间，这样扣握要比满把抓握来得牢固，对方不易抽脱。二人对练时，用扣握的方法是可以的，但是向下撅指时不可过分用力。

②反臂磕腕，一定要用肘后肱骨的下端去磕击对方桡骨下端的桡神经浅支，这样才能使对方感到疼痛。二人对练时，注意不要用力磕碰。

### 第三十二式　乙冲拳击腰，甲揽臂外格

**动作分解：**

乙方，将甲方左手磕开之后，右拳立即直臂向甲方左腰处冲伸击打，拳心朝下；左拳则随左臂屈肘收于左腰侧，拳心朝上；同时，右腿随冲拳之势屈膝前弓，左腿伸直；眼视右拳。甲方，在乙方右拳击腰时，左手握拳以肘关节为轴使前臂从乙方右臂外侧向上、向里、向下绕环揽动，反臂将乙方右拳向外格脱，拳眼朝下；右拳则伸向右侧斜上方，上身随之右转；同时，左脚离地提起，从右腿前面向右迈步；眼视乙方（图B287）。

图B287

**要领说明：**

乙方的冲拳击腰，必须紧接着前动的反臂磕腕，使磕腕和击腰成为一个连贯动作。甲方的揽臂外格，一定要以肘关节为轴使前臂从外向里绕环揽缠，不可以肩关节为轴；同时，上身右转、左脚迈步必须与左臂的外格在同一时间内一起完成。

## 第七段

### 第三十三式　乙进步踩腿，甲提腿下截

**动作分解：**

①甲方，紧接前动，右脚蹬地跳起，左脚向右侧迈步落地。乙方，紧接前动，左脚向前跃步，右脚蹬地跳起，左脚随即向前落地；同时，左拳从左腰侧向后、向上直臂绕行，右拳臂屈肘从下挽臂抄向胸前（图B288）。

②上动未停，甲方，右脚向右侧落步，右腿屈膝全蹲，左腿铺地伸直，成为左仆步；同时，两拳变掌，左掌臂屈肘从身前向上抄起与右掌一起做回环亮掌动作（可参照单练动作第七式的仆步回环亮掌插图）。乙方，两拳随屈肘收于左右腰侧，拳心均朝上；右脚向前落步，脚尖外展；上身右转朝南；左腿随即离地屈膝在上身左侧提起，右腿屈膝略蹲；眼视甲方左腿（图B289）。

图B288

图B289

③上动未停，乙方用左脚向下踩踏甲方的左小腿。甲方速将左腿屈膝提起避让，使乙方踩踏落空（图B290）。

④上动未停，甲方也用左脚向下踩踏乙方左小腿外侧。乙方速将左腿屈膝提起避开甲方的踩踏；同时，左拳变掌用掌背从左腰侧向甲方左耳摆臂扇击，拇指外侧朝上；眼视左掌（图B291）。

图B290

图B291

**要领说明：**

双方的踩踏、提腿都必须快速，尤其是甲方的截腿，当提腿避开对方的踩踏时，应该在对方的左（右）脚尚未落地之前于半途拦截踩踏予以还击。但在二人对练时不必如此，还是等对方踩踏的脚落地之后再予以还击。

**第三十四式　甲里合骗马，乙跪腿揿压**

**动作分解：**

①紧接前动，甲方，左钩手变掌，从身后直臂向下、屈肘向前、向左绕行摆动，将乙方的左掌向外格开；右掌则随势向上身右侧落下，两掌拇指外侧均朝上；眼视乙方左掌（图B292）。

②上动未停，甲方左脚脚尖外展，上身从左向后转，右脚随之离地从右向上、至肩平时向前、向左直腿里合摆动，脚内翻用脚底横踢乙方背部，上身随势

向左倾斜（图B293）。

③乙方，急使左脚向左落地，弯腰俯身避过甲方的右脚（图B294）。

④上动未停，甲方，右脚顺着里合摆动的惯性向正东前方落地，上身随之左转向东（图B295）。

图B292

图B293

图B294

图B295

⑤乙方，在甲方右脚落地时，即使左脚从甲方左脚的外侧伸向脚前，脚尖内扣将甲方的左脚绊住，同时屈膝使左腿跪压在甲方左小腿的上面，两手则揿压甲方左大腿后面的肌腱，将甲方向前跪绊倒地。甲方此时被乙方跪腿揿压跪倒在地（图B296）。

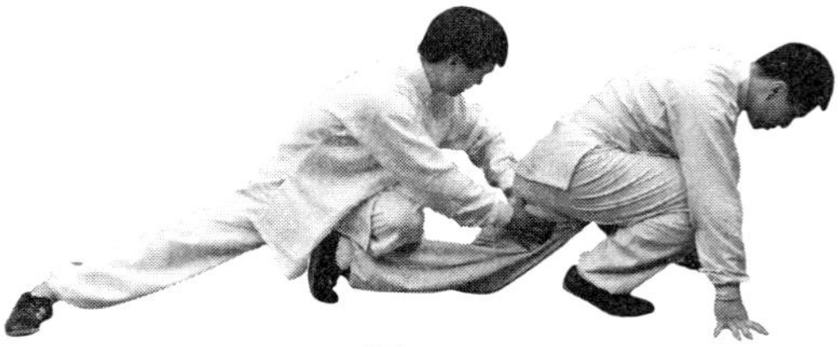

图B296

**要领说明：**

①骗马腿，在武术技击的腿法里是属于直腿摆踢的直摆性中盘腿法。它的踢击目标，是对方的背后脊柱或是身侧两肋及腰。踢击时，踝关节必须向内屈紧使脚内翻，用脚底着力向对方里合横扫踢去。

②跪腿揿压，如果按擒拿术腿部拿法的要领，对方的小腿被锁扣跪压绊住后，应该是即用两手五指用力掏揿对方大腿后面的坐骨神经等器官。这样，对方才会向前跌倒。

③上述两动，在二人对练时，都要注意对方的安全，手下要有分寸。

**第三十五式　乙向后拖扯，甲向后滚翻**

**动作分解：**

①乙方，两手松开，在甲方身后站起，左脚位于甲方左腿外侧，右脚在后，左腿屈膝，右腿伸直；同时，用两手抓住甲方的两肩向后拖扯（图B297）。

图B297

②上动未停，乙方将甲方向后拖扯的同时，右腿抬起从甲方的头上向前迈跨。甲方，被乙方拖扯从乙方的胯下向后倒地（图B298、图B299）。

③上动未停，甲方随着向后倒地之势急速团身向后伸腿做后滚翻动作。与此同时，乙方右脚落地，头向右转；眼视甲方（图B300）。

图B298

图B299

图B300

要领说明：

甲乙双方的动作都必须快速，特别是向后滚翻更要注意团身蜷体、腿向后伸。

第三十六式　乙回身扇掌，甲撩掌格挡

动作分解：

①甲方，向后滚翻两手推地站起，右脚上前，准备击打乙方。乙方，立即使

上身从右向后转，右脚上步，右腿屈膝半蹲，左腿伸直，成右弓箭步；同时，左手屈腕撮指成钩手，反臂斜举于身后，钩尖朝上；右手成直掌，用掌背向甲方右耳处直臂平摆扇击。

②甲方，在乙方右掌扇击掴耳时，右腿即屈膝半蹲，左腿伸直，也成右弓箭步；同时，左手屈腕撮指成钩手，反臂斜举于身后，钩尖朝上；右手成直掌从下向前直臂撩起格挡乙方的右掌；眼视乙方（图B301）。

图B301

**要领说明：**

乙方回身扇掌掴击，在二人对练时一定要掌握好扇掌的时间，不能早也不能晚，最好是在甲方站起右脚上前的时候。为此，甲方的滚翻、站起、上步必须敏捷迅速，不可迟缓。

**第三十七式　甲挽臂弹踢，乙撤步拍脚**

**动作分解：**

①甲方，左钩手变掌，臂外旋使掌心朝上，从后直臂向上、向前绕行，拍击乙方右掌掌背；同时，右掌从前直臂向下、向后绕行摆动；眼视左掌（图B302）。

②上动未停，甲方继续使右掌变拳随屈肘向上绕行，横架于头顶上方，拳眼朝下；左掌变拳向下、向里、向上、向前挽臂绕环，拳心朝上；同时，左腿随即

从后屈膝提起向乙方右小腿胫骨前面弹踢，脚面绷平；眼视左脚。乙方，在甲方弹踢的同时，右脚向后撤步躲开甲方的弹踢，右腿伸直，左腿屈膝；左钩手变掌，臂外旋使掌心朝上，从后向上、向前、向下绕行，用掌心拍击甲方的左脚脚面；右掌则变拳随屈肘收于右腰侧，拳心朝上；眼视甲方左脚（图B303）。

图B302

图B303

**要领说明：**

①甲方弹踢要与挽臂的动作协调一致，挽臂动作完成的时候，恰好是弹踢到位的时候。弹踢时，还要顾及乙方是否及时撤步，不要径直踢去。

②乙方拍脚，腕关节一定要伸直，掌腕肌腱紧张，这样可以避免腕关节挫伤。

**第三十八式　乙冲拳击头，甲叉掌上遮**

**动作分解：**

①乙方，将甲方左脚击落，左掌即变拳向甲方头部眉间直冲击打，拳眼朝上。甲方，左脚被乙方击拍落地，左腿屈膝，右腿伸直；眼视乙方左拳（图B304）。

②上动未停，甲方两拳变掌，分从左右两侧向下、向前绕行，错臂交叉向上遮架乙方的左拳，左掌在里，右掌在外；眼视乙方左拳（图B305）。

图B304

图B305

**要领说明：**

与第二十三式相同。

### 第三十九式　甲转身后扫，乙跃步伸掌

**动作分解：**

①甲方，左脚脚跟外展，左腿屈膝全蹲，上身随即向右下方拧腰转动，两掌撑地不再交叉；右脚此时随上身拧腰右转之势直腿向后贴地扫向乙方。乙方，在甲方后扫时右脚即从甲方右腿上面向前跃步越过，左脚离地；同时左拳收于左腰侧（图B306）。

②上动未停，乙方右脚越过甲方右腿后扫落地之后，上身左转向南，左腿屈膝在身前提起，脚面绷平；与此同时，两拳变掌，掌心均朝上，右掌从右腰侧向前直臂平伸穿出，左掌则随左臂屈肘收于右腋下；眼视右掌。甲方右脚此时已经扫至正东方向（图B307）。

图B306

图B307

**要领说明：**

甲方的后扫，与单练动作的后扫要领相同，唯此处只扫半周即可。乙方的跃步，要远要轻，提腿之后站立要稳。

## 第四十式　乙扇掌掴耳，甲撩掌格挡

**动作分解：**

①甲方，两手推地站起，上身左转，准备击打乙方。乙方，立即使左脚向左侧落步，上身半面左转，左腿屈膝半蹲，右腿伸直，成左弓箭步；同时，右掌屈腕撮指成钩手，反臂斜举于身后，钩尖朝上；左掌成直掌，用掌背向甲方左耳处直臂平摆扇掴。

②甲方，在乙方左掌扇击掴耳时，左腿即屈膝半蹲，右腿伸直，也成左弓箭步；同时，右手屈腕撮指成钩手，反臂斜举于身后，钩尖朝上；左手则从下向前直臂撩起成侧立掌格挡乙方的左掌；眼视乙方（图B308）。

图B308

**要领说明：**

乙方扇掌掴耳，二人对练时一定要把握好扇掌的时间，最好是在甲方站起，上身左转面对乙方的时候。过早则形成无的放矢，过晚则形成对方有等待的现象。

## 第四十一式　乙挽臂弹踢，甲撤步拍脚

**动作分解：**

①乙方，右钩手变掌，臂外旋使掌心朝上，从后直臂向上、向前绕行，拍

击甲方左掌掌背；同时，左掌从前随直臂向下、向后绕行摆动；眼视右掌（图B309）。

②上动未停，乙方继续使左掌变拳随左臂屈肘向上绕行，横架于头顶上方，拳眼朝下；右掌变拳向下、向里、向上、向前挽臂绕环，拳心朝上；同时，右腿随即从后屈膝提起向甲方左小腿胫骨前面弹踢，脚面绷平；眼视右脚。甲方，在乙方弹踢的同时，左脚向后撤步躲开乙方的弹踢，左腿伸直，右腿屈膝；右钩手变掌，臂外旋使掌心朝上，从后向上、向前、向下绕行，用掌心拍击乙方的右脚脚面；左掌则变拳随屈肘收于左腰侧，拳心朝上（图B310）。

图B309

图B310

**要领说明：**

与第三十七式的“挽臂弹踢”和“撤步拍脚”相同。

## 第四十二式　甲冲拳击头，乙叉掌上遮

**动作分解：**

①甲方，将乙方右脚击落，右掌即变拳向乙方头部眉间直冲击打，拳眼朝上。乙方，右脚被甲方击拍落地，右腿屈膝，左腿伸直；眼视甲方右拳（图B311）。

②上动未停，乙方，两拳变掌，分从左右两侧向下、向前绕行，错臂交叉向上遮架甲方的右拳，左掌在里，右掌在外；眼视甲方右拳（图B312）。

图B311

图B312

**要领说明：**

与第二十三式相同。

**第四十三式　乙进步后扫，甲跃步伸掌**

**动作分解：**

①乙方，左脚向右脚处进步，右脚即向后退步，左腿随之屈膝全蹲，上身向右下方拧腰转动，两掌撑地不再交叉；右脚此时随上身拧腰右转之势直腿向后贴地扫向甲方。甲方，在乙方两掌撑地时，右脚向后移至左脚后面；在乙方后扫时，右脚即从乙方右腿上面向前跃步越过，左脚离地，同时右拳随右臂屈肘收于右腰侧（图B313）。

图B313

②上动未停，甲方右脚越过乙方右腿后扫落地之后，上身左转向南，左腿屈膝在身前提起，脚面绷平；与此同时，两拳变掌，掌心均朝上，右掌从右腰侧向前直臂平伸穿出，左掌则随屈肘收于右腋下；眼视右掌。乙方右脚此时已经扫至正东方向（图B314）。

图B314

**要领说明：**

与第三十九式相同。

**第四十四式　甲扇掌掴耳，乙捩手抓腕**

**动作分解：**

①乙方，两手推地站起，上身左转，准备攻击甲方。甲方，立即使左脚向左侧落步，上身半面左转，左腿屈膝半蹲，右腿伸直，成左弓箭步；同时，右掌屈腕撮指成钩手，反臂斜举于身后，钩尖朝上；左掌成直掌用掌背向乙方左耳直臂平摆扇掴。

②乙方，在甲方左掌扇击掴耳时，左腿即屈膝半蹲，右腿伸直，也成左弓箭步；右手屈腕撮指成钩手，反臂斜举于身后，钩尖朝上；左手则从甲方左掌的外侧反臂将甲方左手腕捩住抓牢。甲方，此时也使左臂内旋反手将乙方的左手腕捩住抓牢（图B315）。

图B315

**要领说明：**

①乙方的捩手抓腕，必须反应迅速，不要等甲方的左掌已经掴到左耳的时候才去捩抓。

②甲乙双方的抓腕，都要相对地用力，但是不必做捩转的动作。

## 第四十五式　乙撤步扯拽，甲仰掌击项

**动作分解：**

①乙方，左脚向正东方向撤步，上身左转，左腿伸直，右腿屈膝；同时，右钩手松开向前抓住甲方的左肩，左手抓牢甲方的左手腕屈肘向胸前平收扯拽。甲方，被乙方扯拽，身体重心前倾，右脚离地（图B316）。

②上动未停，乙方，上身继续左转，左手抓腕右手抓肩将甲方向正东方向扯拽，意欲将甲方抛摔出去。甲方，被乙方扯拽两脚离地悬空，顺扯拽之势右脚向东落地（图B317）。

图B316

图B317

③上动未停，甲方，继右脚落地之后左脚也向东落地，上身随势左转，左腿伸直，右腿屈膝；同时，左手仍抓牢乙方的左手腕不放屈肘收于胸前；右手则成仰掌，臂外旋用小指外侧的掌缘向乙方颈后项间直臂平扫横砍；眼视乙方。乙方，在意欲将甲方向东扯拽抛摔时两手已经放开，右手握拳随屈肘收于右腰侧，拳心朝上；左手则被甲方仍然抓牢；左腿屈膝，右腿伸直；眼视甲方（图B318）。

图B318

**要领说明：**

乙方的撤步、转身、抓肩、扯拽等动作，必须做得连贯、快速，并且要和前动的捩手抓腕形成为一个贯串一气的整体动作。甲方的两脚悬空、两脚先后落地、转身、砍掌等动作，一定要顺着乙方的扯拽抛摔之势去做，不要刻意地去完成。

## 第八段

### 第四十六式　乙扯拽抛摔，甲盘腿跌扑

**动作分解：**

①乙方，右拳变掌，臂内旋使拇指外侧朝下，从身前伸向左肩，由甲方右掌

下面穿出，反手将甲方右手腕抓牢向上举起（图B319）。

②上动未停，甲方右手腕被乙方抓牢时，左手放开乙方的左手腕握拳随屈肘收于左腰侧，拳心朝上。与此同时，乙方，右手臂内旋屈肘将甲方的右手腕及前臂上臂向下、向里扭拧捩转；左手则从甲方右臂的下面绕出将甲方的右肩按住往下揿压；上身随之向前俯下；眼视甲方。甲方此时被乙方扭拧揿压，左腿屈膝，右腿伸直，上身前俯（图B320）。

图B319

图B320

③乙方，上身直起右转，左腿伸直，右腿屈膝；同时，左手抓住甲方的右肩，右手抓牢甲方的右手腕随屈肘由胸前向右平扯横拽。甲方，被乙方扯拽，身体重心前倾，左脚离地（图B321）。

④上动未停，乙方，将甲方向正西方向扯拽抛摔出去，右手放开甲方的右手腕，左手放开甲方的右肩。甲方，被乙方向西抛摔时，两脚离地悬空，在空中右腿即做好盘腿动作，两肘屈于身前，两手手心朝下，左腿伸直，上身右转侧卧，从上向下跌扑落地；眼视乙方（图B322）。

图B321

图B322

**要领说明：**

①乙方将甲方扯拽向西摔出的时候，必须两手松把将甲方放开，这样才能使甲方顺着向前的惯性摔出。否则，甲方就很难做盘腿跌扑的动作。

②甲方的盘腿跌扑，应该先使左脚向西落地，而后再双脚离地悬空做盘腿动

作。跌扑的距离也应较图中所示稍远一些，约距乙方三步，这样便于下一动乙方的动作。

### 第四十七式 乙跃步踩腿，甲里合挂面

**动作分解：**

①紧接前动，乙方，左脚向前上步蹬地跳起，右脚向前跃进一步；同时，身体右转向北，两手握拳随屈肘收于两腰侧，拳心均朝上；此时蹬地跳起的左脚提在甲方左腿的上面，脚尖翘起，准备踩踏甲方的左腿（图B323）。

②上动未停，乙方，用左脚向下踩踏甲方的左小腿。甲方，迅速将左腿向身前移动，使乙方踩踏落空（图B324）。

图B323

图B324

③甲方，左腿屈膝使小腿垂直左脚踏地，上身凭借着右腿的跪地、两手的推地而站起；站起之后，左脚脚跟内转，上身从左向后转，右脚随之离地直腿从右向上、至与耳平行时向前、向左里合摆动，脚内翻用脚底横踢乙方左耳、面颊；同时上身随势稍向左倾斜。乙方，立即低头弯腰避脱甲方的右脚（图B325）。

④上动未停，甲方的右脚顺着右腿里合摆动的惯性摆至正西方向，上身随之左转向西（图B326）。

图B325

图B326

**要领说明：**

挂面脚，在武术技击的腿法里是属于直腿摆踢的直摆性上盘腿法。它的踢击目标，是对方的面部或脑后。踢击时，踝关节必须向内屈紧使脚内翻，用脚底着力向对方里合高摆踢去，膝关节不允许弯曲。

**第四十八式　乙抄腿掀脚，甲向前滚翻**

**动作分解：**

①乙方，在低头弯腰避脱甲方右脚之后，趁甲方右脚尚未落地的时候，两拳松开，上身左转；左手臂内旋使拇指外侧朝下，从甲方身后左脚内侧直臂向前伸出，反手将甲方左小腿的下端近踝关节处抄住，屈肘将甲方左脚向后掀起使之离地；右手则按住甲方臀部直臂向前推送；与此同时，左腿屈膝，右腿伸直。甲方，被乙方

将左脚掀起时，顺着上身向前栽倒之势急使右脚向前落地（图B327）。

②上动未停，甲方，立即团身屈体向前做抢背滚翻动作。乙方，左手握拳随左臂屈肘收于左腰侧，拳心朝上（图B328）。

图B327

图B328

**要领说明：**

①抄腿掀脚，在武术技击实践里凡是低头躲过对方上盘或中盘腿法的踢击时，绝不允许等对方的踢击之脚落地站稳之后才去抄腿掀脚，应该在对方踢击之脚尚未落地时即边躲避边掀脚。在二人对练时，为避免伤害事故的出现，则必须使对方的踢击之脚落地之后再去抄腿掀脚。

②在某种情况下，即使对方两脚踏地不起腿踢击，也可用抄腿掀脚使之跌倒，那就要看对方动作重心偏失何方，借势抄掀。当然，抄掀的部位和方向也要

以势而定。

③甲方的向前滚翻，要领与单练动作中的抢背相同。

**第四十九式 乙跃身前扑，甲蹲身避让**

**动作分解：**

①乙方，在甲方向前滚翻立身站起的一瞬间，右脚向前上步蹬地跃起，身体腾空；同时，左拳松开与右手一起从甲方身后向甲方猛扑过去，意欲将甲方向前扑倒。甲方，迅速向下蹲身避让，使乙方扑空（图B329）。

②乙方，向前扑空时，立即使两手着地，屈肘、团身做前滚翻动作。

图B329

**要领说明：**

跃身前扑接向前滚翻，实是鱼跃滚翻。猛扑落空之后，做一个滚翻动作能够缓和直扑的惯性力量，避免从上向前跌落时身体前冲使面部或手臂受到擦伤。因此乙方在练习时必须精神集中，两手沾地立即迅速屈肘、低头、团身、屈腿。

**第五十式 甲双掌掴耳，乙跪腿撳压**

**动作分解：**

①前动未停，乙方在跃身前扑接做向前滚翻结束时，左腿跪地，右脚屈膝在

身前踏地，两手撑地，准备站起，如单练动作的图B176。

②上动未停，乙方站起，右脚在前，左脚在后；右脚脚跟外展，左脚脚跟内转，两脚前脚掌踝地为轴使身体从左向后转面对甲方；转身之后两腿形成左弓箭步，准备进攻甲方。

③甲方，在乙方转身将要攻击时，不等乙方进招即使左脚向前进步，左腿屈膝，右腿在后伸直，成左弓箭步；同时，两手成直掌，分从左右两侧摆臂向乙方两耳合击掴打，拇指外侧均朝上；眼视乙方。乙方，即用两手抓住甲方两腕，虎口朝后，肘下垂；眼视甲方（图B330）。

④乙方，右脚向前从甲方左脚外侧伸向脚后，脚尖内扣将甲方的左腿从后面锁住；同时，左腿伸直，右腿屈膝向甲方左小腿胫骨前面跪压下去，膝盖位于甲方左小腿的内侧。甲方，左腿被乙方跪压伸直，身向后蹲，右腿屈膝（图B331）。

图B330

图B331

⑤甲方，迅速将左腿屈膝，左脚抽回退向身后。乙方，即用左脚向前从甲方右脚外侧伸向脚后，脚尖内扣将甲方的右腿从后面锁住；同时，右腿伸直，左腿屈膝向甲方右小腿胫骨前面跪压下去，膝盖位于甲方右小腿的内侧。甲方此时右腿被乙方跪压伸直，身向后蹲，左腿屈膝（图B332）。

⑥甲方，迅速将右腿屈膝，右脚抽回退向身后。乙方，即用右脚向前从甲方

左脚外侧伸向脚后，脚尖内扣将甲方的左腿从后面锁住；同时，左腿伸直，右腿屈膝向甲方左小腿胫骨前面跪压下去，膝盖位于甲方左小腿的内侧。甲方此时左腿被乙方跪压伸直，身向后蹲，右腿屈膝（图B333）。

⑦甲方，迅速将左腿屈膝抽回退向身后。乙方，即用左脚向前从甲方右脚外侧伸向脚后，脚尖内扣将甲方的右腿从后面锁住；同时，右腿伸直，左腿屈膝向甲方右小腿胫骨前面跪压下去，膝盖位于甲方右小腿的内侧。甲方此时右腿被乙方跪压伸直，身向后蹲，左腿屈膝（图B334）。

图B332

图B333

图B334

⑧乙方，两手放开甲方的双掌，向甲方右大腿的前面掐揿。甲方，被乙方扣腿跪压、掐揿大腿而仰身向后倒地躺下（图B335、图B336）。

图B335

图B336

**要领说明：**

①甲乙在做扣腿跪压和抽腿退步的时候，动作不要做得太快，要一动一动地缓慢进行。乙方是扣锁、跪压，甲方是抽腿、退步，要一动一拍地依次进行。甲方的抽腿要尽可能向上高提，然后再向后落步。

②本式的跪腿揿压和前面第三十四式的跪腿揿压同样是擒拿术腿部拿法的一种，但在方式上稍有不同。本式的主要特点在于跪压对方腿部的前面，使对方膝关节受到一定程度的压制，同时两手掐揿的位置是大腿前面的股神经及闭

孔神经等。

③二人对练时，不可认真按要求去做，只要意思一下即可。

### 第五十一式 甲蹬腿踢脸，乙向后滚翻

**动作分解：**

甲方，左腿屈膝蜷于身前，用脚底向乙方面部蹬伸踢去（图B337）。

乙方，向后仰身避开，顺势倒地向后滚翻（图B338）。

图B337

图B338

**要领说明：**

①倒地后的蹬踢，除踢脸部外也可蹬踢对方的胸骨剑突部位。但在二人对练中，都不可当真蹬踢。

②此处的乙方倒地向后滚翻，并不是被甲方踢倒之后向后滚翻，而是仰身避开对方的蹬踢，主动地顺着后仰倒身之势向后滚翻。二人对练时，应尽可能地把

这意境显现出来。

### 第五十二式　甲扇掌掴耳，乙撩掌格挡

**动作分解：**

①前动未停，乙方继续滚翻，两腿向后伸以膝跪地；甲方则使上身直起，右腿屈膝盘坐，左腿屈膝左脚踏地，左手在身前左脚内侧扶地，右手在上身右侧扶地；双方均将站起（图B339）。

②上动未停，乙方，两手推地站起，将要向甲方进攻。正在此时，甲方，两手推地站起之后没等乙方出招即使右脚向前进步，右腿屈膝半蹲，左腿伸直，成右弓箭步；同时，左手屈腕撮指成钩手，反臂斜举于身后，钩尖朝上；右手成直掌，从下向左、向上、向前绕行，用掌背向乙方右耳腮边直臂平摆扇掴。乙方，立即变攻为守，左脚向后撤步，左腿伸直，右腿屈膝半蹲，成右弓箭步；同时，左手屈腕撮指成钩手，反臂斜举于身后，钩尖朝上；右手则从下向前直臂撩起成侧立掌格挡甲方的右掌；眼视甲方（图B340）。

图B339

图B340

**要领说明：**

与前述的“扇掌掴耳”“撩掌格挡”相同。

## 第五十三式 甲挽臂弹踢，乙撤步拍脚

**动作分解：**

①甲方，左钩手变掌，臂外旋使掌心朝上，从后直臂向上、向前绕行，拍击乙方右掌掌背；同时，右掌从前随直臂向下、向后绕行摆动（图B341）。

②上动未停，甲方继续使右掌变拳随右臂屈肘向上绕行，横架于头顶上方，拳眼朝下；左掌变拳向下、向里、向上、向前挽臂绕环，拳心朝上；同时，左腿随即从后屈膝提起向乙方右小腿胫骨前面弹踢，脚面绷平；眼视左脚。乙方，在甲方弹踢的同时，右脚向后撤步躲开甲方的弹踢，右腿伸直，左腿屈膝；左钩手变掌，臂外旋使掌心朝上，从后向上、向前、向下绕行，用掌心拍击甲方的左脚脚面；右掌则变拳随右臂屈肘收于右腰侧，拳心朝上（图B342）。

图B341

图B342

要领说明：

与第三十七式的“挽臂弹踢”和“撤步拍脚”相同。

### 第五十四式 甲冲拳击头，乙叉掌上遮

动作分解：

①甲方，左脚被乙方击拍落地，左腿屈膝半蹲，右腿伸直，成左弓箭步；同时，左拳即向乙方头部眉间直冲击打，拳眼朝上；右拳则随臂屈肘收于右腰侧，拳心朝上；眼视左拳。乙方，将甲方左脚拍落之后，左掌变拳随臂屈肘收于左腰侧，拳心朝上；眼视甲方左拳（图B343）。

②上动未停，乙方在甲方冲拳击头的同时，两拳变掌，错臂交叉向上遮架甲方的左拳，左掌在里，右掌在外；眼视甲方左拳（图B344）。

图B343

图B344

**要领说明：**

①甲方的冲拳击头，一定要顾及乙方是否及时向上遮架，不可认真地径直向乙方击去。

②乙方的左拳收抱腰侧，应该是在将甲方左脚拍击之后立即收抱，不要等甲方的左拳冲击时才收抱。收抱时上身也要随之直起，抬头注视甲方。

### 第五十五式　乙双手锁把，甲马步劈夹

**动作分解：**

①乙方，两掌张开拇指，右手握住甲方左前臂近腕处，虎口朝前；左手握住甲方左拳，虎口朝后，两手一起从上随臂屈肘向下、向后拖拽（图B345）。

②甲方，趁乙方锁把拖拽之势右脚上前进步伸向乙方裆前，同时右拳从右腰侧直臂向下、向后、向上、向前绕行，用上臂前臂尺骨一侧向甲方颈后连劈带夹；上身随势左转向南，两腿屈膝马步；眼视乙方（图B346）。

图B345

图B346

**要领说明：**

与第二十四式相同。

**第五十六式　乙抓肩勾踢，甲盘腿跌扑**

**动作分解：**

①乙方，在甲方劈夹时两手放开甲方的左拳，弯腰低头，向后抽身避脱甲方的右拳臂，用两手在甲方身后抓扣甲方的两肩（图B347）。

②上动未停，乙方随即将两手松开，右手从甲方头顶上面随臂屈肘向左平摆至甲方左肩上方，手心朝下；左手则随直臂伸向左侧斜上方；与此同时，两腿直起，右脚脚尖翘起从后向甲方左脚踝部勾踢，将甲方左腿勾挂踢起；右手则从甲方左肩上方直臂向右平摆，将甲方上身向后横拨使之倾倒；眼视右手（图B348）。

图B347

图B348

③甲方，被乙方勾踢、横拨，右脚蹬地跳起，上身左转侧卧，成左盘腿跌扑势摔倒在地，头东脚西横躺地下（图B349）。

图B349

**要领说明：**

与第十三式相同。

**结束动一：甲、乙旋风脚**

**动作分解：**

①紧接上动，乙方，右脚向正东方向落地，左脚随即向前进一步；接着右脚向左脚击步两脚离地，然后右脚先落步，左脚随之在右脚前方落步。甲方，左腿屈膝盘坐，右腿屈膝以右脚踏地；两手在上身左侧直臂撑起，上身坐起（图B350）。

②上动未停，乙方，上身从左向后转朝向北方，右脚随之向前跨上一步在上身右侧落地，两腿屈膝，两手松握伸向上身右侧。与此同时，甲方，两手推地站起，两腿屈膝，两手松握伸向上身右侧（图B351）。

③甲乙各做 360° 旋转的旋风脚动作（图B352）。

图B350

图B351

图B352

**要领说明：**

与单练动作的第四段第二十九式“旋风脚”相同。

**结束动二：甲、乙虚步架打**

**动作分解：**

①甲乙双方，左脚落地，上身左转，右脚随之向身后落地，左腿屈膝，右腿伸直；同时，左手握拳随臂屈肘收于右肩前，肘下垂，拳面朝上，拳心靠身；右手握拳从后随直臂向下、向前绕行撩起，拳眼朝上；眼视右拳（图B353）。

②上动未停，上身向后坐，右腿随之屈膝半蹲，同时左脚收回半步左腿屈膝以脚尖虚沾地面，构成左虚步；与此同时，右拳臂内旋使拳眼朝下，屈肘向上横架于头顶上方；左拳则向前平伸冲出，拳心朝下；眼视左拳（图B354）。

图B353

图B354

**要领说明：**

与单练动作的“虚步架打”相同。

**收势：甲、乙并步立正**

**动作分解：**

甲乙双方，两腿伸直站起，左脚向右脚靠近并步；同时，两拳变掌，从左右两侧一起直臂下垂，五指并拢贴靠于两腿侧旁，掌指朝下；眼视正前方，仍做立正姿势（图B355）。

图B355

**要领说明：**

与单练动作的“收势”相同。

# 第四章 三路华拳释解

## 一、三路华拳歌诀

夕阳斜照又行拳 出势跨虎西岳传
罗汉上殿双云手 毒龙出洞一股烟
童子推碑回身掌 专诸端鱼刺喉间
二郎担山一条鞭 五凤齐飞鸣九天
凤凰展翅梧间歇 伏鸡搏狸扑翅翻
撤身倒步一溜烟 吴王试剑劈玉砖
龙盘凤飞扫里蹦 凤凰展翅歇梧间
伸手摘星并步立 挽弓射虎把步开
风卷霹雳九天上 马上挽弓射大雁
太白脱靴横拐腿 脚飞银河双摆莲
黑虎掏心跳步打 白猿偷桃拜天庭
流星赶月三飞脚 黑虎掏心冲直拳
湘子挎篮胸前护 马上挽弓射大雁
铁腿扫地风尘起 二郎担山一条鞭
专诸端鱼刺王僚 袖底藏锋待兵机
金钩挂帘踝边踢 飞身跨马夺胡骑

二郎担山一条鞭　　风摆莲花回身旋
凤凰展翅梧间歇　　吴王试剑劈玉砖
凤凰旋窝回身转　　腿蹬九天冲铁拳
英雄打虎收招式　　拳罢庭前月正圆

## 二、三路华拳单练动作图解

### 第一段

**预备势（夕阳斜照又行拳）**

**动作分解：**

面对南方，站立在拳场的西端，两腿伸直，两脚并拢；两手五指并拢贴靠于腿侧，掌指朝下（图C1）。

**要领说明：**

头要端正，下颌内收，眼向前平视；挺胸，直背，塌腰，沉肩，两臂自然下垂；膝要挺，腿须直，两脚五趾抓地；身体微向前倾，呼吸均匀，精神贯注。

图C1

**第一式　虚步回环亮掌（出势跨虎西岳传）**

**动作分解：**

①右手成掌，从右侧直臂向右、向上弧形绕行举起，掌心朝左（图C2）。

②上动微停，右掌臂外旋，屈肘使掌心朝上从左肩前绕下；左手成掌，在右掌向下绕行的同时由左侧下方随屈肘从右臂里面经右肩前向上直臂穿出，掌心朝右（图C3）。

③上动未停，右掌继续向下、向右直臂弧形绕行，同时左掌则向左弧形绕行（图C4）。

④上动未停，右掌继续直臂向上弧形绕行，至头顶上方时，腕关节朝拇指的一边侧屈，抖手成横掌，屈肘横架，掌心朝前，掌指朝左；与此同时，左掌相应地继续从左向下、向身后直臂弧形绕行，至身后时，五指撮拢成钩手，臂内旋反臂斜举于身后，钩尖朝上；在横掌与钩手构成的同时，右腿屈膝半蹲，左腿伸向身前，左脚以脚尖虚沾地面，成为左虚步；上身略前倾；眼视左侧前方（图C5）。

图C2

图C3

图C4

图C5

**要领说明：**

①上述四个分解动作，实是一个完整的左右两臂上下回环的动作，必须连贯起来做，不可中断。两臂回环时，两肩必须放松，不要僵肩硬项。

②两眼目光要随着右掌的回环绕行而转动，但是当右掌从右向上回环绕行成横掌时，目光就不必随右掌向上转动，而是在右掌抖腕时从右向左陡然转头使目光注视左侧前方。右掌屈腕成横掌时，一定要抖腕甩手，不可仅仅做成屈腕。

③跨虎势必须虚实分清，右腿半蹲，大腿与小腿要形成90°直角，膝盖不可

超越脚尖；左脚虚沾地面，脚面一定要绷平，小腿与脚尖要成直线，不可使脚尖内扣；上身要挺胸、拔背、塌腰，防止由于左臂的反举而造成拱背现象；右横掌要尽量屈腕伸指，左钩手也要使腕屈紧，左臂尽可能向上反举，钩尖正对上方，不可偏向右侧方。

### 第二式 云手并步亮掌（罗汉上殿双云手）

**动作分解：**

①左脚向前进半步，左腿膝微屈；右脚随即离地，向后屈膝、翻脚，使脚底朝上；同时，右掌从上随直臂向右、向下、由身前屈肘向左回环绕行，屈腕抄起，掌背朝上；眼视右掌（图C6）。

②上动未停，右掌继续随屈肘继左肩前向上、由额前上方向右、直臂向下回环绕行摆动；左钩手变掌，从后直臂向下、由身前屈肘向右回环绕行，屈腕抄起，掌背朝上；在左掌向右抄掌时，右脚向前上步，右腿屈膝；左脚随即离地，向后屈膝、翻脚，使脚底朝上；眼视左掌（图C7）。

图C6

图C7

③上动未停，左掌继续随屈肘经右肩前向上、由额前上方向左、直臂向下回环绕行摆动；右掌随直臂向下、由身前屈肘向左回环绕行，臂外旋使掌心朝上，屈腕抄起；在右掌向左抄掌时，左脚向前上步，左腿屈膝；右脚稍离地面；眼视

右掌（图C8）。

④上动未停，右脚向前与左脚靠拢并步，两腿站直；同时，右掌臂内旋，从左肩前直臂向上举起，在头顶上方屈腕成横掌，掌指朝左，掌心朝前；左掌则向身后绕行，屈腕撮指成钩手反臂斜举，钩尖朝上；眼视左侧前方（图C9）。

图C8

图C9

要领说明：

①两掌云手，从额前向左右绕行摆动时，掌心须朝外而不是朝里。云手须与步法配合，云右掌则左脚向前，云左掌则右脚向前，手步协同动作。

②两脚离地从后向前上步时，脚掌必须挖地向后翻起，两腿屈膝不宜伸直。

③并步之后，右臂尽量上拔，左臂尽量反举；右掌腕须向拇指一侧屈紧，左钩手腕须向上屈紧。

第三式　擦步挫腿（毒龙出洞一股烟）

动作分解：

①右脚不动，右腿屈膝略蹲；左腿屈膝在右腿里侧提起，左脚脚尖翘起（图C10）。

②上动略停，右腿屈膝下蹲；左脚向左踩地，擦着地面迅速直腿伸出，两腿成为左仆步，同时，上身掌钩不变；眼视左侧前方（图C11、图C12）。

图C10

图C11

图C12

**要领说明：**

①贴地擦步时，左脚必须内翻使脚掌朝下、脚尖内扣，以脚外侧朝向左侧前方，擦地要快，要用挫劲，伸腿要直。

②成仆步时，身体重心落于两腿之间，不要偏于右腿；左脚尖仍须内扣，右脚尖稍做外展；左腿须挺膝沉髋，右腿须全蹲展膝；要防止左脚外侧掀起和右脚跟离地拔起，更要防止右腿膝部向里跪腿。

### 第四式　歇步回身推掌（童子推碑回身掌）

**动作分解：**

①右腿直起，左脚不动，右脚从身后向左偷步，两腿交叉；同时，右掌从上随直臂向右、向下、屈肘由身前向左弧形回环绕行；左钩手不变；眼随右掌（图C13）。

②上动未停，右掌臂继续屈肘向上、直臂向右弧形回环绕行至平举部位成侧立掌，掌指朝上；在右掌向右绕行的同时，左钩手变掌随屈肘收于左腰侧，掌指

朝下，掌心朝前；同时，两腿随之屈膝全蹲，右脚脚跟离地抬起仅以前脚掌着地，臀部坐落在右小腿上面靠近右脚脚跟，左脚脚尖外展以脚底着地，左大腿叠压在右大腿上面，成为左歇步；眼随右掌（图C14）。

③上动未停，左掌向右掌前方直臂平伸推出，小指外侧朝前，掌指朝上；右掌则在左掌推出的同时，臂外旋屈肘收于右腰侧，掌指朝下，掌心朝前；上身随之右转；眼视左掌前方（图C15）。

图C13　图C14　图C15

**要领说明：**

①两掌的推出和收回，一定要同时进行，不可有先有后。

②成歇步后，两腿必须叠紧，右腿膝盖在左腿下面向外凸出；防止右腿膝盖跪地。

### 第五式　提膝独立穿掌（专诸端鱼刺喉间）

**动作分解：**

①左掌臂外旋，直腕使掌心朝上成仰掌，如端物状；眼视左掌（图C16）。

②右脚脚跟着地，右腿直起，左腿离地屈膝在身前提起，脚面绷平，脚尖朝下，成右独立步；同时，右掌直腕使掌心朝上，从右腰侧直臂向前由左掌心上面平伸穿出；左掌则随之顺右臂下面、屈肘收于右腋下，掌指朝右，两掌掌心均朝上；眼视右掌前方（图C17）。

图C16

图C17

**要领说明：**

①左掌成仰掌时，臂的外旋要快，掌要稍高过肩。

②独立步时，穿掌、收掌、提膝都必须在同一时间内一起完成，不可分割开来。

③完成提膝独立穿掌之后，右腿必须挺膝立直，左腿尽量屈膝提高；右掌稍高过肩，左前臂横于身前，但不必与身贴紧；两肩要松沉，站立要稳固。

### 第六式　弓步撩掌（二郎担山一条鞭）

**动作分解：**

①右脚掌蹍地为轴使身体左转，右腿随即屈膝全蹲，左腿向左侧（东方）铺地伸出，形成左仆步；同时，右掌臂屈肘向上、由额前上方向左、向下弧形绕行，成立掌落于左肩前，掌指朝上；左掌位于右腋下不变；眼视左侧前方（图C18）。

②上动未停，上身向前（东方）移动，左脚跟内转使脚尖向前，左腿随之屈膝，右脚跟外展，右腿随之伸直，成为左弓箭步；同时，右掌从左肩处随直臂向下、向后弧形绕行，屈腕撮指成钩手反臂斜举，钩尖朝上；左掌则从右腋下随直臂向下、向前弧形绕行撩起，屈腕成侧立掌平举，掌指朝上，小指外侧朝前；眼视左掌前方（图C19）。

图C18

图C19

**要领说明：**

①两掌的左撩右钩与两腿的左弓右箭，必须是同时动作同时完成。身体向前移动时，要防止臀部向上翻起，腰背向后拱起。

②弓步单鞭，身体重心必须落在两腿之间，防止重心偏左；左掌掌指高与眉齐，右钩手尽可能举高，钩尖一定要朝上；要沉肩、直背、塌腰、坠胯，两脚防止掀脚、拔跟。

### 第七式　踏步急行三不落（五凤齐飞鸣九天）

**动作分解：**

①右腿离地屈膝提于左小腿内侧；右脚在左脚内侧跺脚踏步；左脚立即离地向前提起（图C20、图C21）。

②左脚向前落步，右脚随之向前上步（图C22）。

③左掌上举，右钩手变拳从后随直臂向下、向前、向上弧形绕行甩臂摆起，在头顶上方左掌击拍右拳拳背；与此同时，左脚离地向前、向上摆腿踢起，右脚蹬地跳起，身体腾空（图C23）。

④在空中，右脚向前踢起，脚面绷平；右拳变掌，在身前击拍右脚脚面，左掌则横举于左侧（图C24）。

图C20

图C21

图C22

图C23

图C24

⑤左脚落地，趁右脚下降之势，上身左转向北，左脚蹬地跳起，身体二次腾空；在空中，左脚从身后屈膝向右撩踢，脚底朝上，脚尖朝右；同时，右掌从右侧向下击拍左脚脚底；左掌则随屈肘举至头顶上方；脸向右转，低头眼视左脚（图C25、图C26）。

⑥右脚落地（图C27），上身半面左转朝向西北；右掌从下随直臂向前、向上弧形绕行甩臂摆起，左掌在头顶上方击拍右掌掌背；与此同时，左脚向前、向上摆腿踢起，右脚蹬地跳起，身体三次腾空（图C28）。

⑦在空中，右脚向西北方向踢起，经额前向东北方向做扇面外摆；两掌先左后右在额前击拍右脚脚面；眼视右脚（图C29）。

图C25

图C26

图C27

图C28

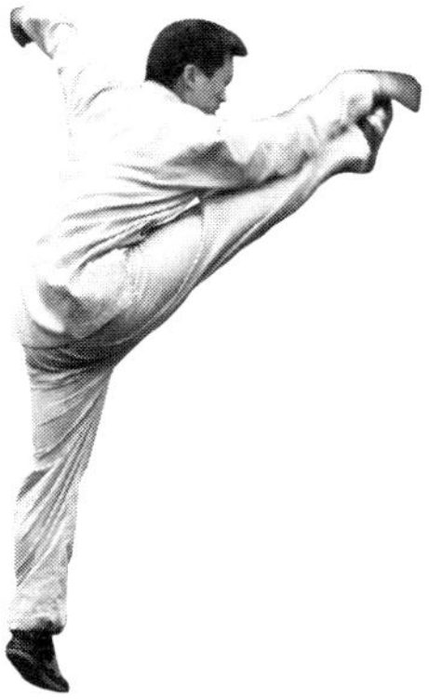
图C29

**要领说明：**

①第一次腾空二起脚，它的蹬地起跳必须紧跟着摆腿的动作前呼后应地相继而起，这样两脚才能同时腾在空中，不要等摆起的腿向下降落时才蹬地起跳；两

臂向上的摆动，也要与摆腿同时进行。

②第二次腾空的撩踢，一定要在右脚向下降落的过程中即纵步起跳，不可等右脚已经快要接近地面时才纵步起跳。

③第三次腾空的摆莲，要注意右腿的外摆必须是从身体的左斜前方向右斜前方成扇面形状摆动。

④“五凤齐飞”这个艺名，是由于二起脚的左脚摆起、右脚踢起、撩踢的左脚撩起、摆莲的左脚摆起、右脚踢起外摆，这五脚向上飞（摆）起的动作而引起来的。也由于它是三个腾空动作的结合，因此术语也称之谓“三不落”。

⑤这三个腾空动作的拍脚击响，都必须在空中完成，击拍要准确、响亮。但在初学的时候，也可以使这些击响动作在一脚落地的同时去完成。

### 第八式　仆步回环亮掌（凤凰展翅梧间歇）

**动作分解：**

①紧接前动，左脚落地，右脚在右侧落地，两脚开步站立；同时，右掌向上举起，掌指朝上，掌心朝左；左掌向下沉于左侧下方，掌指朝下，掌心朝右；上身半面左转（图C30、图C31）。

图C30

图C31

②上动未停，左掌臂屈肘收于左腰侧，掌心朝上；右掌不动；上身半面右转朝向北方（图C32）。

③上动未停，右掌臂外旋从上屈肘向左、向下弧形回环绕行；左掌臂从下屈肘向右、经右肩前由右臂里面直臂向上绕行穿出；同时，左腿开始下蹲；眼视左掌（图C33）。

④上动未停，左腿屈膝全蹲，右腿在右侧贴地平铺，形成右仆步；同时，右掌从左腋近处继续随直臂向下、贴近地面向右脚处弧形回环绕行；左掌臂则内旋使拇指外侧朝上；上身向右下方前探；眼视右掌（图C34）。

⑤上动未停，上身向右移动，右腿屈膝全蹲，左腿伸直贴地平铺，成为左仆步；在上身移动的同时，右掌继续从下随直臂向右、向上弧形回环绕行，至上方时向左屈腕抖手成横掌架于头顶上方，掌指朝左，拇指外侧朝下；左掌臂则内旋使拇指外侧朝下，继续直臂向左、向下、向身后绕行，屈腕撮指成钩手反臂斜举于身后，钩尖朝上；眼视左侧前方（图C35）。

图C32

图C33

图C34

图C35

**要领说明：**

①穿掌回环绕行时，眼睛先注视左掌的上穿，而后随着右掌从左腋处的向下、向右、向上回环绕行则始终随着右掌，在右掌屈腕抖手成横掌的时候要陡然向左转头，使眼睛向前平视。

②当上身从左向右移动的时候，臀部必须从低处向右移动，一定要防止拱背翻臀。

③构成仆步后，上身稍做前倾，不可过于前俯，要保持挺胸、直背、塌腰，其他与第三式的仆步相同。

## 第九式　跳步翻身搂腿推掌（伏鸡搏狸扑翅翻）

**动作分解：**

①两腿站起，上身右转向东，形成右弓箭步；同时，右掌从上向前弧形绕行摆动，左钩手斜举身后不变；眼视右掌（图C36）。

②上动未停，右掌臂内旋使拇指外侧朝下，继续直臂向下、屈肘向后、向左肩处弧形绕行抄起，至左肩时拇指外侧靠肩，掌指朝上；在右掌向左肩抄起的同时，身体重心后移，左腿直立；右脚以前脚掌向后刮地离开地面，屈膝提于左腿膝前，脚面绷平，脚尖朝下；左钩手仍斜举身后不变；眼视前方（图C37）。

图C36

图C37

③在右脚刮地、右腿屈膝提起时，上身稍做前俯使重心前倾，右脚随重心前倾之势即向前落步，右腿屈膝，形成右弓箭步；同时，右掌随直臂向前平伸推出，成侧立掌，掌指朝上；眼视右掌前方（图C38）。

④上动未停，左脚离地向前直腿跃起；同时，左钩手变掌，臂外旋从后屈肘由左腰侧直臂向前、经右掌掌背上面成仰掌穿出，掌心朝上，掌指朝前；右掌则随之顺着左臂下面、屈肘收于左腋下，臂内旋使掌心朝下；上身右转面向南方（图C39）。

⑤右脚在左脚向前跃起、左掌前穿时，蹬地跳起，身体腾空；在空中，右腿屈膝从身后向左伸出；随即左脚落地（图C40、图C41）。

图C38

图C39

图C40

图C41

⑥右脚随之从身后向左落地，两腿前后交叉屈膝全蹲构成左歇步；右掌不动，左掌臂内旋使掌心朝下腕撮指成钩手，钩尖朝下；眼视钩手（图C42）。

⑦上动微停，上身向前下俯，右掌从左腋处随直臂向下、贴近地面反臂向右弧形回环绕行摆动；左钩手随势变掌；眼视右掌（图C43）。

⑧两脚掌踝地为轴使上身从右向上、向后拧腰翻转，两掌随身成车轮形转动；两腿顺势站起，身向北方；眼随右掌（图C44）。

⑨上身直起，右腿离地屈膝提起，左脚随即蹬地跳起，身体腾空（图C45、图C46）。

图C42

图C43

图C44

图C45

图C46

⑩在空中，右掌继续随直臂向下、向身后弧形回环绕行摆动，至身后屈腕撮指成钩手反臂斜举，钩尖朝上；左掌则继续随直臂向上、向身前弧形回环绕行摆动，至身前成侧立掌平举，掌指朝上；在两掌绕行的同时，身体从右向后转面向南方，右脚即向左脚原起跳的步位落地，右腿直立，左腿屈膝提于右腿前面，脚面绷平（图C47）。

⑪上动未停，右腿屈膝全蹲，左腿向左铺地伸出，左脚着地，脚尖内扣，形成左仆步；同时，右钩手变掌随屈肘收于右腰侧，掌指朝下，掌心朝前；左掌臂则屈肘收于右肩前，掌指朝上，掌心朝右（图C48）。

图C47

图C48

⑫上动未停，左掌臂内旋直腕使拇指外侧朝下，反手向左脚处摆臂横搂；上身随之前探；眼视左掌（图C49）。

⑬上动未停，左掌继续向外搂去，至左腿外侧时臂外旋屈肘成倒掌收于左腰侧，掌指朝下，掌心朝前；同时，上身向前移动，左脚跟内转，左腿屈膝，右脚跟外展，右腿伸直，成为左弓箭步；右掌即从右腰侧随直臂向前成侧立掌平伸推出，小指外侧朝前，掌指朝上；眼视右掌前方（图C50）。

图C49

图C50

**要领说明：**

①上述的分解动作，除图C42可做微停之外，丝毫没有停顿的地方，必须把它们连贯起来做，不要迟缓和中断。

②歇步拧腰翻身的时候，上身必须前俯构成翻转的横轴，不可直身，否则便只有转身而没有翻身的意味了。

③由仆步搂腿进入弓步推掌的时候，上身向前移动一定要防止拱背、翻臀；右腿的向后伸直要有后蹬的力度，而且要和右掌的向前推伸连成一气，使后蹬的力量通过腰部、肩部而达到臂掌。

④此动中的仆步，虽然是过渡动作，但是也必须按仆步的要求做到不掀脚、不拔跟、不跪膝、不拱背、不翻臀，铺出之腿也须脚尖内扣。

## 第 二 段

### 第十式　换掌倒步后撤（撤身倒步一溜烟）

**动作分解：**

①左脚开始向后退步；同时，右掌臂外旋屈肘收于右腰侧，掌指朝下，掌心朝前；左掌则随直臂向前平伸推出，掌指朝上，小指外侧朝前；眼睛仍视前方（图C51）。

②右脚向后退步（图C52）。

③照此先左脚、后右脚，再左脚、再右脚，快速向后倒行；最后左脚再退一步，势与图C51相仿。

④上动未停，在左脚再退一步的同时，右掌掌心朝上从右腰侧随直臂向前由左掌上面平伸穿出，左掌臂则外旋掌心朝上顺着右掌臂下面屈肘收于右腋下；右掌穿出，方位朝东不变，上身随左脚退步之势左转向北，右腿伸直，右脚向左脚靠近并步；眼视右掌（图C53）。

⑤上动未停，右掌臂内旋屈腕撮指成钩手平举于上身右侧，钩尖朝下；同时左掌臂内旋从右腋下翻至右肩前，掌指朝上，拇指外侧靠肩；眼视右钩手（图C54）。

图C51

图C52

图C53

图C54

**要领说明：**

①倒步后退必须快速，身体不可上下波动，要保持在一定的水平线上。

②右掌前穿要与左掌的后收、身体的左转向北、右脚的并步配合一致，应该是边穿掌、边收掌、边转体、边并步一起动作。

③防止身向前拱、臀向上翻，更要防止身体左右摇晃。

## 第十一式　仆步劈掌（吴王试剑劈玉砖）

**动作分解：**

右腿屈膝全蹲，左腿向左侧铺地伸出，左脚脚尖内扣，成为左仆步；同时，左掌从右肩处随直臂向上举起，向左、向下、向左脚尖处下劈，小指外侧朝下，掌指朝左；右钩手不变，上身向左脚处探伸；眼视左掌（图C55）。

图C55

**要领说明：**

劈掌与仆步要同时完成，不要先仆步后劈掌。劈掌之后，右肩要向后张展，使右钩手与左掌连成一条斜形直线，防止右钩手误成反臂后举之势。

## 第十二式　盘腿前扫二起脚（龙盘凤飞扫里蹦）

**动作分解：**

①上身向左侧移动，左腿屈膝全蹲，右脚以脚内侧贴地，开始向前扫转（图C56）。

②左脚脚跟内转，以左脚前脚掌踱地为轴，上身拧腰左转，使右脚贴地、直腿从东向北、向西、向南、再向东扫转一周；两手自然放松，两臂随身顺势摆动（图C57、图C58）。

③当扫转至东方时，右腿就地外旋使右脚内侧朝上翻起、以脚外侧贴地，继续向北、向西做屈膝盘扫，将右腿盘缠于左小腿的下边（图C59）。

图C56

图C57

图C58

图C59

④两腿直起，左腿离地在身后屈膝提起（图C60）。

⑤左脚向前、向上摆腿踢起，右脚蹬地跳起，身体腾空；同时，左手向上举起，右手则从后向下、向前、向上绕行摆动，至头顶上方时，左手击拍右手手背（图C61）。

⑥在空中，右脚向前直踢，脚面绷平；右手在额前击拍右脚面；左手屈腕撮指成钩手横举于左侧，钩尖朝下；眼视右脚（图C62）。

图C60

图C61

图C62

**要领说明：**

①盘腿前扫，必须迅速旋转一周半，由于这种扫腿的形式包含着扫和盘两种动作，因此要达到一周半的要求，首要关键在于掌握为盘腿前扫创造两次惯性力量的技巧。开始时，上身猛快地从左向后转，为盘腿前扫创造了第一次的惯性力量，使前扫凭借这股力量得以迅速转动，其中左脚脚跟的内转更值得注意，因为上身向左脚处探伸，使得髋关节处的角度很小，角度小摆动的幅度就小，上身虽然猛快左转，但由于摆动的幅度不大，就难以产生出更大更急的摆力来，左脚脚跟内转就使上身和左大腿在髋关节处的角度得到了扩大。当变为盘腿继续扫转时，如果不再创造二次惯性力量，那就很难使盘腿前扫的整体动作在迅速中很好地完成，所以此时上身必须在旋转中再做一次很强的急转，同时右腿的半腱肌、半膜肌、缝匠肌、股薄肌、股二头肌和大收肌等肌腱，必须随同上身的急转而快速地收缩，这样右脚外侧贴地的盘缠才能凭借这股再生力量得以迅速转动。

②盘腿前扫时，两臂随身自然摆动，两手也自然松开。

③这里的二起脚，比第一段中的二起脚难度要大，因为它是在原地向上纵跳。在初学时，拍脚击响的动作也可以与左脚的落地同时进行，不一定在空中

完成。

### 第十三式 仆步回环亮掌（凤凰展翅歇梧间）

**动作分解：**

①紧接前动，左脚落地，右脚在右侧落地，两脚开步站立，上身左转；同时，左钩手变掌随屈肘收于左腰侧，掌心朝上；右掌臂外旋使掌心朝上，直臂举于额前上方；眼视右掌（图C63、图C64）。

图C63

图C64

②上动未停，左掌从左腰侧随直臂向前由右掌上面平伸穿出，右掌臂顺着左臂下面屈肘收于左腋下；同时，上身随势稍向右转，左腿开始屈膝下蹲（图C65）。

③上动未停，左腿屈膝全蹲，右腿在右侧贴地平铺，形成右仆步；同时，右掌从左腋处继续随直臂向下、贴近地面向右脚处弧形绕行摆动；上身向右下方前探；眼视右掌（图C66）。

④上动未停，上身向右移动，右腿屈膝全蹲，左腿伸直贴地平铺，成为左仆步；在上身移动的同时，右掌继续从下随直臂向右、向上弧形绕行，至上方时屈肘向左屈腕抖手成横掌架于头顶上方，掌指朝左，拇指外侧朝下；左掌臂则内旋

使拇指外侧朝下，继续直臂向左、向下、向身后绕行，屈腕撮指成钩手斜举于身后，钩尖朝上；头向左转，眼视左侧前方（图C67）。

图C65

图C66

图C67

**要领说明：**

与前述第八式相同。

**第十四式　并步钩手（伸手摘星并步立）**

**动作分解：**

①两腿站起，上身右转朝向西方；右掌从上随直臂向前、向下、屈肘经腹前向左肩处弧形绕行抄起成侧立掌，掌指朝上，拇指外侧贴身；与此同时，身体重心后移，左腿直立；右脚以前脚掌向后刮地离开地面，屈膝提于左腿膝前，脚面

绷平，脚尖朝下；左钩手斜举身后不变；眼视右侧前方（图C68）。

②在右脚刮地随屈膝提起时，上身稍做前俯使重心前倾，右脚随重心前倾之势即向前落步，右腿屈膝，形成右弓箭步；同时，右掌随直臂向前成侧立掌平伸推出，掌指朝上，小指外侧朝前；眼视右掌前方（图C69）。

③上动未停，左钩手变掌，屈肘收于左腰侧，掌指朝下，掌心朝前；右掌随臂外旋，直腕使掌心朝上，掌指朝前（图C70、图C71）。

图C68

图C69

图C70

图C71

④上动未停，左掌直腕使掌心朝上，从左腰侧直臂向前由右掌上面平伸穿出；右掌则顺着左掌臂下面随臂屈肘收于左腋下；在穿掌的同时，右腿直起，左

掌朝西的方位不变，以右脚前脚掌蹍地为轴使身体右转向北，左脚随即离地在转身后向右脚靠近并步；眼视左掌（图C72）。

⑤左掌臂内旋，屈腕撮指成钩手，钩尖朝下；同时，右掌臂内旋从左腋下翻至左肩前，掌指朝上，拇指外侧靠肩；眼视左钩手（图C73）。

图C72

图C73

**要领说明：**

①以上的分解动作，必须连贯起来快速地进行，其中的弓箭步是个过渡姿势，不要求前面的大腿成水平。

②左掌由右掌上面向前平伸穿出时，身体一定要随着穿掌的动作同时右转，使左掌朝西的方位不变。

③转身并步之后，身体保持正直，防止耸肩；右掌臂肘要紧护身前。

## 第十五式　挑掌马步架打（挽弓射虎把步开）

**动作分解：**

①右掌从左肩前随直臂向下、臂外旋向右、向上弧形回环绕行，用拇指外侧向上挑起；左钩手随之变掌，在右掌向上挑起的同时开始直臂向下绕行；上身开始右转，右腿离地屈膝在身前提起，脚面绷平，脚尖朝下（图C74）。

②上动未停，右掌继续上挑，左掌继续向前绕行用拇指外侧向前撩起；与此

同时，左脚脚跟外展使上身继续右转，面对东方；眼视前方（图C75）。

③上动稍停，右脚向后（西方）落步，右腿伸直，左腿屈膝，形成左弓箭步；同时，两掌变拳，左拳从前随直臂向上、臂外旋由额前屈肘向后收于右肩处，肘尖下垂，拳面朝上；右拳则从上随直臂向后、向下、向前弧形回环绕行，拳眼朝上，两拳一起动作（图C76）。

④上动未停，左脚脚跟外展，上身右转朝向南方，两腿屈膝半蹲成马步；在转身的同时，右拳臂内旋使拳眼朝下屈肘向上横架于头顶上方；左拳随即向左随直臂平伸冲出，拳心朝下；眼视左拳前方（图C77）。

图C74

图C75

图C76

图C77

**要领说明：**

①上述的分解动作，一定要与转身的动作身手步协调一致。特别是最后右拳上架、左拳前冲时，应该是边转身、边上架、边冲拳，注意转身时候的右拳方位保持不变。

②马步架打，两大腿要屈膝蹲平；两脚脚尖必须内扣，防止八字外撇；两膝须向外撑，防止向里和向前跪腿；右臂肘要撑成半圆，左拳须微高过肩；身法保持挺胸、直背、塌腰，防止耸肩、身向前倾。

## 第三段

### 第十六式　旋风脚（风卷霹雳九天上）

**动作分解：**

①两腿稍站起，左脚微离地面使脚尖外展，上身随着从左向后转朝向北方，此时左脚着地；在转身的同时，右脚提起随身转动；转身之后，两腿屈膝半蹲，右脚脚面绷平仅以脚尖在左脚内侧虚点地面，形成右丁步；左拳在转身时变掌，屈肘收于右肩前，掌指朝上，掌心朝右；右拳则随身转动，在转身后与右脚脚尖点地的同时屈肘由右耳侧旁直臂向下栽伸，拳面朝下，拳心朝后；眼视右拳（图C78）。

图C78

②右脚着地踏实，右腿直起；左脚离地，左腿屈膝向左、向上摆动，上身前俯；同时，左掌变拳从右肩前随直臂向下、向左、向上弧形绕行甩臂摆起（图C79）。

③上身随着左臂、左腿的摆动，从左向上、向后翻转，右脚蹬地跳起，身体腾空（图C80）。

④在空中，身体随着翻转的惯性继续向左、向后旋转，右脚屈踝内翻从右向上、向额前里合横摆；同时，左拳变掌在额前迎击右脚脚底（图C81、图C81附图）。

图C79

图C80

图C81

图C81附图

**要领说明：**

旋风脚，是一个跳跃的翻转动作。因为上身既要翻又要转，所以仅是转体而没有翻身的动作是不够的。旋风脚的翻身，开始在左脚提起、右脚蹬地跳起的时候，上身必须前俯，构成翻身动作的斜形横轴；右脚蹬地跳起之后，上身即绕着斜形横轴翻转，也即是由前向后、由下面向上面翻转。旋风脚的转体则开始在右脚里合横摆的时候，当左脚开始下降、右脚里合横摆时，上身随左脚下降之势向前直起构成转体动作的直轴，右脚向额前里合横击时，上身即绕着直轴旋转，也即是由后向左、向前旋转。旋风脚要旋转 360°，翻身动作从前下至后上占 180°，转体动作从后至前占 180°。而它的击响，必须在翻转一周后于额前进行（按图C81，尚未完全达到一周，这是为了便于读者能看到额前的击响动作而如此拍摄的）。

### 第十七式　马步架打（马上挽弓射大雁）

**动作分解：**

①左脚先落地，右脚继之在右侧落地，上身右转，左腿伸直，右腿屈膝，形成右弓箭步；同时，左掌臂伸直向身前正东方向，拇指外侧朝上；右掌变拳随臂屈肘收于右腰侧，拳心朝上；眼视左掌（图C82）。

②上动未停，右脚脚跟外展，上身左转向北，两腿屈膝成马步；在上身左转的同时，左掌臂内旋使拇指外侧朝下，屈肘上举成横掌架于头顶上方，掌指朝右；右拳臂随即向右侧直臂平伸冲出，拳心朝下；眼视右拳前方（图C83）。

图C82

图C83

**要领说明：**

同第二段第十五式的马步架打。

### 第十八式　拐腿横踢（太白脱靴横拐腿）

**动作分解：**

①两腿直起，两脚脚掌踱地为轴使上身从右向后转，两腿形成交叉，右腿在前，左腿在后；同时，右拳臂外旋屈肘收于右腰侧，拳心朝上；左掌随身转动（图C84）。

②上动未停，左脚离地随屈膝以脚外侧从下向上、向左、向前绕行，做拐腿横踢，脚底朝上，脚尖朝左；同时，左掌从身前向下、向左绕行摆动，反臂迎击左脚外侧，阻挡拐腿横踢的惯力，拇指外侧朝下；上身随势右转稍做前倾；回头眼视后方（图C85）。

图C84

图C85

**要领说明：**

拐腿横踢时，左腿的阔筋膜张肌、缝匠肌，臀大、中、小肌等，要迅速收缩，使左大腿的前旋动作突然加快，这样左小腿才能向外反甩得迅速而有弹力，踢击才有力量。

### 第十九式　腾空摆莲（脚飞银河双摆莲）

**动作分解：**

①前动不停，上身右转朝向西北方；右拳变掌，与左掌一起向前、向上弧形绕行甩臂摆起，左掌在头顶上方击拍右掌掌背；与此同时，左脚向前、向上摆腿踢起，右脚蹬地跳起，身体腾空（图C86）。

②在空中，右脚向前（西北角）踢起，经额前向右（东北角）做扇面外摆，两掌先左后右在额前击拍右脚脚面；眼视右脚（图C87）。

图C86

图C87

**要领说明：**

①此动一定要和前动的拐腿横踢连接起来，中间不要停顿。

②腾空摆莲，要注意右腿的外摆必须是从身体的左斜前方向右斜前方成扇面形状摆动；两掌先左后右的击拍右脚，要快速、准确、响亮。

### 第二十式　跃步冲拳（黑虎掏心跳步打）

**动作分解：**

①左脚落地，身向北方，右脚提步斜伸于右侧下方；同时，两掌一起摆向上

身左侧，左掌随直臂平举，右掌臂屈肘附于左肩前，掌心均朝下，掌指均朝左；眼视左掌前方（图C88）。

②上动未停，右脚向东落地，右腿屈膝，左腿伸直；右掌从左肩处随直臂向上、向右弧形绕行摆动，左掌方位不变；上身开始右转，面向东方（图C89）。

③上动未停，右脚蹬地跳起，左脚向前跃进一步；同时，两掌变拳，左拳臂屈肘向头顶上方绕行；右拳臂则内旋屈肘向下、向身前、向上绕行挽起，肘尖下垂；眼视前方（图C90）。

图C88

图C89

图C90

④上动未停，右脚向前落步，右腿屈膝，左腿伸直，成为右弓箭步；同时，左拳臂继续从上屈肘向前、向下弧形绕行，臂外旋使拳心朝上屈肘收于左腰侧；右拳则在左拳向下绕行时从左臂里面向上穿起、由胸前直臂向前平伸冲出，臂内旋使拳心朝下；眼视右拳前方（图C91、图C92）。

图C91

图C92

**要领说明：**

跃步要远，落地要轻，两臂的绕行要协调；左拳收于腰间、右拳冲出，一定要和弓箭步的构成在同一时间内一起完成。

**第二十一式　转身提膝独立伸掌（白猿偷桃拜天庭）**

**动作分解：**

①右拳变掌，臂内旋直腕使拇指外侧朝下，从前直臂向下、屈肘向身前弧形回环绕行，向左肩前成侧立掌屈腕抄起，掌指朝上，拇指外侧贴身；同时，右脚前脚掌向后刮地随屈膝在身前提起，脚面绷平，脚尖朝下；眼视右前方（图C93）。

②在右脚刮地、屈膝提起时，上身稍做前俯使重心前倾，右脚随重心前倾之势即向前落步，右腿屈膝，形成右弓箭步；同时，右掌从左肩处随直臂向前平伸推出，仍为侧立掌，掌指朝上，小指外侧朝前；眼视右掌前方（图C94）。

③上动未停，左脚向前上步；左拳随之变掌，掌心朝上，从左腰侧直臂向前、由右掌掌背上面平伸穿出；右掌即顺着左臂下面随右臂屈肘收于左腋下；与此同时，左掌向东方位不变，上身右转朝向南方，两腿屈膝形成马步；眼视左掌（图C95）。

④左掌臂内旋屈腕撮指成钩手，反臂后举；眼视钩手（图C96）。

图C93

图C94

图C95

图C96

⑤上动未停，左脚脚跟外展使上身右转向西，两腿稍起，右脚向身后退步，右腿伸直；同时，右掌从左腋处随臂屈肘向额前上方摆起（图C97）。

⑥右掌继续随直臂向右、向下弧形绕行摆动；同时，左钩手变掌，从后直臂向下、屈肘经腹前向右、向上弧形绕行摆动（图C98）。

⑦左掌臂继续屈肘向上、直臂向左后弧形绕行，至左后成侧立掌平举，掌指朝上；同时，右掌臂继续直臂向前弧形绕行，至身前成侧立掌平举，肘稍屈，小指外侧朝前，掌指朝上；在左掌绕行至左后、右掌绕行至身前成侧立掌时，左腿离地屈膝在身前提起，脚面绷平，脚尖朝下；眼视前方（图C99）。

图C97

图C98

图C99

**要领说明：**

①以上七个分解动作一定要连贯起来，中间的弓箭步和马步均不要求完全规范。

②成提膝独立步时，站立要稳固，支撑腿要直，提膝之腿要提高，身微向前倾使右脚脚趾抓地。

## 第四段

### 第二十二式　行步飞脚二起腿（流星赶月三飞脚）

**动作分解：**

①左脚向前上步落地，右腿随之屈膝，右脚离地向后掀起脚底；同时，右掌朝西的方向不变，开始屈肘向下、向左、向上环绕，在身前划一小圈；左掌则开始向下摆动；眼视前方（图C100）。

②右脚向前上步，左腿随之屈膝，左脚离地向后掀起脚底；同时，右掌继续随臂屈肘向上、由额前直臂向右弧形绕行摆动，左掌则继续随直臂向下、由腹前屈肘向右弧形绕行摆动（图C101）。

图C100

图C101

③左脚向前上步；同时，左掌继续随臂屈肘向上、由额前直臂向左弧形绕行摆动，屈腕撮指成钩手平举于上身左侧，钩尖朝下；右掌则继续随直臂向下、由腹前屈肘向左、向上、经额前向右上方弧形绕行摆动，变拳举于头顶右上方，拳面朝上；眼视前方（图C102）。

④右脚离地从后向前、向上摆腿踢起；同时，右拳变掌在额前上方迎击右脚

脚面，左腿直立，左钩手不变；眼视右脚，此为右飞脚（图C103）。

⑤右脚向前上步落地，左腿随之屈膝，左脚离地向后掀起脚底；同时，右掌从额前随直臂向右弧形绕行摆动；左钩手则变掌，从左直臂向下、由腹前屈肘向右弧形绕行摆动（图C104）。

⑥左脚向前上步，右腿随之屈膝，右脚离地向后掀起脚底；同时，左掌臂继续屈肘向上、由额前直臂向左弧形绕行摆动，右掌则继续随直臂向下、由腹前屈肘向左弧形绕行摆动（图C105）。

图C102

图C103

图C104

图C105

⑦右脚向前上步；同时，右掌继续随臂屈肘向上、由额前直臂向右弧形绕行摆动，屈腕撮指成钩手平举于上身右侧，钩尖朝下；左掌则继续随直臂向下、由腹前屈肘向右、向上、经额前向左上方弧形绕行摆动，变拳举于头顶左上方，拳面朝上；眼视前方（图C106）。

⑧左脚离地从后向前、向上摆腿踢起；同时，左拳变掌在额前上方迎击左脚脚面，右腿直立，右钩手不变；眼视左脚，此为左飞脚（图C107）。

⑨在左飞脚还未落地时，右脚即蹬地跳起，右钩手随之变掌从右侧向前、向上甩臂，用掌背去碰击左掌掌心，身体腾空；在空中，右脚向前踢起，脚面绷平；右掌即在身前迎击右脚脚面，左掌则屈腕撮指成钩手横举于上身左侧，钩尖朝下；左腿顺势屈膝下垂（图C108）。

图C106

图C107

图C108

**要领说明：**

①两掌向左右依次回环绕行时，向上稍高过头，向下平于腹前，向左右一手于另一侧肩前、一手臂稍屈，总之两掌绕行虽说有直臂时，只是相对于屈肘而言，并不是十分伸直的。

②两掌回环绕行，掌心均须朝外，没有臂外旋使掌心朝里的变化。回环绕行

时，一定要与步配合，右掌绕行云手则左脚向前，左掌绕行云手则右脚向前。

③行步，前后两腿均不伸直，后面的脚离地时一定要使脚底向上掀起。

④飞脚及空中的二起腿，均须击拍要准确、响亮。

### 第二十三式　弓步冲拳（黑虎掏心冲直拳）

**动作分解：**

①接前动，左脚落地，右脚向前落地，右腿屈膝半蹲，左腿伸直，成为右弓箭步；同时，右掌与左钩手一起变拳，左拳臂从左侧后方直臂向上、屈肘向右、向下弧形绕行至右胸前；右拳臂则从右侧前方直臂向下、屈肘向左、向上弧形绕行至左胸前，由左臂里面穿出（图C109、图C110）。

②上动未停，左拳臂外旋屈肘收于左腰侧，拳心朝上；右拳则从胸前随直臂向前平伸冲出，臂内旋使拳心朝下；眼视右拳前方（图C111）。

图C109

图C110

图C111

**要领说明：**

①当右脚落地，两腿尚未完全构成弓箭步的时候，两拳就要绕行至胸前，要使左拳的收于腰间、右拳的冲出、右大腿的屈平成为弓箭步，三者在同一时间内一起完成。

②弓步冲拳，两肩要松沉，右肩稍向前伸，左肩稍向后张，右拳高与肩平，左拳贴紧腰间，防止上身前倾、右脚拔跟、左脚掀起。

## 第 五 段

### 第二十四式　虚步挎肘（湘子挎篮胸前护）

**动作分解：**

①左拳从左腰侧随直臂向下、向右、向上、向左回环绕行；在左拳向上、向左回环绕行的同时，上身左转向左移动，左腿随之屈膝，右腿伸直，形成左弓箭步；眼视左拳（图C112、图C113）。

图C112

图C113

②上动未停，右拳从右随直臂向下、向左、向上、向右回环绕行；在右拳向上、向右回环绕行的同时，上身右转向右移动，右腿随之屈膝，左腿伸直，形成右弓箭步；眼视右拳（图C114、图C115）。

③上动未停，右拳从右侧随直臂向下、屈肘收于右腰侧，拳心朝上；左拳则从左侧随直臂向下、由身前屈肘向上挎起上冲，高与眉齐，如挎物状，拳心朝里，拳面朝上；在右拳收于腰侧、左拳在身前挎起的同时，右腿屈膝半蹲，左脚离地向身前正南方移步以脚尖虚沾地面，左腿屈膝，成为左虚步；眼视左拳（图C116）。

图C114

图C115

图C116

**要领说明：**

①两臂的向外回环，上身随之左右移动而形成的弓箭步可高过水平部位，不必过低，也不必停顿，要使上身的移动、两腿的变换，都须与两臂的回环协调一致。

②构成虚步挎肘时，右腿要尽可能做到半蹲，右脚尖外展 45°，左腿屈膝，左脚尖虚沾地面，身体重心全落在右腿，虚实一定要分清；上身要保持挺胸、直背、塌腰。

### 第二十五式　马步架打（马上挽弓射大雁）

**动作分解：**

①左脚向左侧移步踏实，右腿稍直起；同时，左拳臂从面前屈肘向右、直臂向下、向左弧形绕行撩起，臂外旋使拳眼朝上；眼视左拳（图C117）。

②上动未停，右脚向左侧正东方向跨上一步；左拳臂随之内旋使拳眼朝下，屈肘向上绕行举起，横架于头顶上方；与此同时，左脚以前脚掌蹍地为轴使上身从左向后转朝向北方，两腿屈膝半蹲成马步；右拳随即从右腰侧向东直臂平伸冲出，臂内旋使拳心朝下；眼视右拳前方（图C118）。

图C117

图C118

**要领说明：**

与第二段第十五式的马步架打相同。

### 第二十六式　上步后扫（铁腿扫地风尘起）

**动作分解：**

①上身右转朝向东方；同时，两拳变掌，右掌上举与左掌一起从上直臂向

后、向下弧形回环绕行；左脚随之向前上步，左腿屈膝，右腿伸直，成为左弓箭步（图C119）。

②上动未停，两掌继续随直臂向前弧形回环绕行，至身前左掌在上、右掌在下屈腕成侧立掌，错臂交叉平举，掌指均朝上；眼视两掌（图C120）。

③上动未停，左脚脚跟外展，左腿屈膝全蹲，上身即向右侧下方拧腰转动；同时，两掌分开随身转动摆臂伸向右脚处，掌心朝下扶地，两肘稍屈；眼视右脚（图C121）。

④上动未停，左脚脚跟离地掀起以前脚掌踬地为轴，右脚趁上身拧腰右转、两掌摆臂扶地之势直腿向后贴地扫转一周。

图C119

图C120

图C121

**要领说明：**

①第一二两个分解动作必须连贯起来；使两掌的回环绕行与左脚的上步，要在同一时间行动、同一时间完成。

②拧腰转身时，一定要注意与左脚脚跟的离地外展协调一致，不要有先后之分。

③两掌向右脚处摆臂伸去要与拧腰转身同时动作，也不可分割开来。更要注意两掌向右脚摆伸之前绝不允许先向上身左侧做一横摆的预动。

**第二十七式　弓步撩掌（二郎担山一条鞭）**

**动作分解：**

紧接前动，当完成后扫一周后，上身直起面对东方，左腿屈膝，右腿伸直，成为左弓箭步；同时，左掌随直臂向前撩起，屈腕成侧立掌平举于身前，掌指朝上；右掌则伸向身后，屈腕撮指成钩手反臂斜举，钩尖朝上；眼视左掌前方（图C122）。

图C122

**要领说明：**

与第一段第六式弓步撩掌的要领说明②相同。

**第二十八式　并步穿掌（专诸端鱼刺王僚）**

**动作分解：**

①左掌臂外旋，直腕使掌心朝上成仰掌，如端物状；同时，右钩手变掌随右臂屈肘收于右腰侧，掌指朝下，掌心朝前，成倒掌；眼视左掌（图C123）。

②上动微停，左腿直起，左脚后退与右脚并步站立；同时，右掌直腕使掌心朝上，从右腰侧随直臂向前由左掌心上面平伸穿出；左掌则随之顺右臂下面、屈肘收于右腋下，掌指朝右，两掌掌心均朝上；眼视右掌前方（图C124）。

图C123

图C124

**要领说明：**

左掌成仰掌与右钩手变倒掌要同时动作，并步、穿掌、收掌也要同时。并步，身体宜微向前倾使脚趾有抓地的感觉；左掌在右腋下，前臂要平置于身前，右掌高度与眉平。

### 第二十九式　歇步掖掌（袖底藏锋待兵机）

**动作分解：**

①左脚向左后斜方（西北方）退步，左腿伸直，右腿随之屈膝；同时，右掌臂内旋使拇指外侧朝下，从前直臂向下、屈肘向左肩前弧形回环绕行抄起，掌背朝上；左掌则在右腋下随臂内旋使掌心朝下；眼视右掌（图C125）。

②上动未停，右掌继续从左肩处随直臂向上、向右（东南方）弧形回环绕行；同时，左掌则从右腋处随直臂向下、向左（西北方）弧形回环绕行；眼随右掌（图C126）。

③上动不停，右掌继续向下、左掌继续向上弧形回环绕行；左脚不动，右脚从身后向左（西北方）偷步，右腿伸直（图C127）。

④右掌继续从下、屈肘向左绕行抄抱，收于左腋下，掌心朝上；左掌继续从上、屈肘向右绕行附于右肩外侧，掌心朝外，掌指朝上；与此同时，两腿屈膝下蹲成为左歇步；眼随右掌（图C128、图C128附图）。

图C125

图C126

图C127

图C128

图C128附图

**要领说明：**

①上述的两掌回环动作必须和偷步下蹲的歇步动作上下相随，协调一致。退

步和偷步的方向，一定要注意是朝向西北斜角。

②歇步时，两肩要向前抱拢，胸须内含，腰要向左稍做拧转。

### 第三十式　上步勾踢（金钩挂帘踝边踢）

**动作分解：**

①身体向上起立，左脚不动，右脚从身后向右侧（东南方）出步，右腿伸直；眼视东南前方（图C129）。

②上动未停，上身右转并向东南移动，右脚脚尖随之外展，右腿屈膝，左腿在后伸直；同时，左掌从右肩外侧随直臂向下、经腹前向后弧形绕行，屈腕撮指成钩手反臂斜举于身后，钩尖朝上；右掌则从左腋下随直臂向下、向前、向上弧形绕行挑起，屈腕成横掌举于头顶上方；在左钩手反举、右掌上举的同时，右腿在身前伸直，左脚脚尖翘起即向额前上方摆腿勾踢；眼视左脚（图C130）。

图C129

图C130

**要领说明：**

①此动的动作线路是东南角，右脚的出步一定要注意方位的准确，可以偏东一些，但绝不可偏南。

②右脚摆腿勾踢，腿须挺膝伸直，摆动要快，踢脚要高，身法保持正直，防止由于左脚的迅速高踢而使上身后仰或右脚拔跟，更要防止右脚向前滑动而使身

体后仰跌倒。

### 第三十一式　击步骗腿提膝独立（飞身跨马夺胡骑）

**动作分解：**

①左脚向身前东南方向落步，左腿屈膝；右脚向左脚击步，左脚趁势蹬地跳起，在空中右脚向左脚碰靠（图C131、图C132）。

②右脚先落地，右腿伸直，右掌平举于身前，左钩手斜举于身后；左脚向前落地，右脚随之向前上步，右腿屈膝（图C133、图C134）。

图C131

图C132

图C133

图C134

③右脚尖外展，上身右转朝向正南方，两腿伸直形成前后交叉；同时，左钩手变掌，臂外旋，从身后直臂向上绕行举起；右掌则从身前随直臂向下、向右绕行摆动（图C135）。

④上动未停，左掌继续从上、屈肘向右、经右肩前面直臂向下弧形绕行垂于裆前，右掌则继续从右侧方随直臂向上弧形绕行举起；同时，左脚从身后右侧摆腿向左、向上、向前弧旋形骗腿里合跨踢（图C136）。

⑤随着左脚弧旋形的里合骗腿之势，右脚脚掌蹍地为轴，身体从右向后转朝向北方；左脚则继续经脸前向右、屈膝向下绕行，在身前提住，脚面绷平，脚尖朝下，成为提膝独立步；与此同时，右掌屈腕抖手成横掌托举于头顶上方，肘微屈，掌指朝左；左掌则屈腕成侧立掌垂伸于裆前，掌指朝右，拇指外侧朝里；头向左转，眼视左侧前方（图C137、图C137附图）。

图C135

图C136

图C137

图C137附图

**要领说明：**

①击步，左脚的蹬地跳起，不必很高，只要离开地面即可；右脚向左脚击碰，须是在左脚离开地面时于空中进行。

②骗腿里合跨踢，不能像侧踢腿那样直上直下，它必须是向身体的左侧踢

起而向上、向前、向右、向下做弧旋形的跨摆，如同骗腿上马跨鞍之势；摆过脸前之后，左腿不再伸直，而是屈膝使小腿下垂提于身前，并不从下向上屈膝提起的。

③提膝独立，提膝之腿要尽可能向上提高，支撑腿要伸直站稳；身要正直，胸须稍含。

## 第六段

### 第三十二式　弓步撩掌（二郎担山一条鞭）

**动作分解：**

①右腿屈膝全蹲，左腿向左侧（西方）铺地伸出，形成左仆步；同时，左掌臂屈肘向右收于右腋下，掌心朝外，掌指朝上；右掌臂则屈肘向左收于左肩外，掌心朝外，掌指朝上；眼视正西前方（图C138）。

②上动未停，上身向前移动，左脚脚跟内转使脚尖向前，左腿随之屈膝半蹲前弓，右脚脚跟外展，右腿伸直后蹬，成为左弓箭步；同时，右掌从左肩处随直臂向下、向后弧形绕行，屈腕撮指成钩手反臂斜举，钩尖朝上；左掌臂则外旋直腕使掌心朝上，从右腋处直臂向下、向前弧形绕行撩起，屈腕成侧立掌平举，掌指朝上，小指外侧朝前；眼视左掌前方（图C139）。

图C138

图C139

**要领说明：**

与第一段第六式弓步撩掌相同。

**第三十三式 踏步急行转身摆莲（风摆莲花回身旋）**

**动作分解：**

①右腿离地屈膝提于左小腿内侧，右脚在左脚内侧跺脚踏步；左脚立即离地向前提起（图C140、图C141）。

②左脚向前落步，右脚随之向前上步（图C142）。

图C140

图C141

图C142

③左掌上举，右钩手变拳从后随直臂向下、向前、向上弧形绕行甩臂摆起，在头顶上方左掌击拍右拳拳背；与此同时，左脚从身后随直腿向左、向上、向前弧旋形里合骗腿摆踢（不高过脸部），右脚立即蹬地跳起，上身随着左腿的骗腿摆踢之势从右向后转朝向东方，身体腾空（图C143）。

④在空中，右脚向前、向上踢起，同时上身继续右转使右脚从身体的左上方经额前向右做扇面外摆；右拳变掌，与左掌一起在右脚经额前向右外摆时先左后右地击拍右脚脚面（图C144）。

图C143

图C144

**要领说明：**

转身摆莲是左腿的里合、右腿的外摆与转身 270° 相结合的动作，因此两腿的里合外摆一定要和身体的转动协调一致。不要做成身从右向后转之后才使左腿里合，必须是边向后转边做里合；右腿的外摆也应该是上身从东向南转动时边转身边做扇形摆动。

**第三十四式　仆步回环亮掌（凤凰展翅梧间歇）**

**动作分解：**

①紧接前动，左脚落地；右脚向上身右侧落地，右腿伸直；同时，左掌臂屈

肘收于左腰侧，掌心朝上；上身半面左转，右掌臂外旋使掌心朝上，直臂从右向前、向左摆动；左腿随之屈膝；眼视右掌（图C145、图C146）。

②上动未停，左掌从左腰侧随屈肘向右、向上、经右肩前直臂向左、由右掌掌心上面向前绕行穿出；右掌则在左掌穿出的同时顺着左臂下面随屈肘收于左腋下，两掌掌心均朝上（图C147）。

③上动未停，左腿屈膝全蹲，右腿在右侧贴地平铺，形成右仆步；同时，右掌从左腋处继续随直臂向下、贴近地面向右脚处弧形回环绕行；左掌臂则内旋使拇指外侧朝上；上身向右下方前探；眼视右掌（图C148）。

图C145

图C146

图C147

图C148

④上动未停，上身向右移动，右腿屈膝全蹲，左腿伸直贴地平铺，成为左仆步；在上身移动的同时，右掌继续从下随直臂向右、向上弧形回环绕行，至上方时向左屈腕抖手成横掌架于头顶上方，掌指朝左，拇指外侧朝下；左掌臂则内旋使拇指外侧朝下，继续直臂向左、向下、向身后绕行，屈腕撮指成钩手反臂斜举于身后，钩尖朝上；眼视左侧前方（图C149）。

图C149

**要领说明：**

与第一段第八式的仆步回环亮掌相同。

**第三十五式　仆步劈掌（吴王试剑劈玉砖）**

**动作分解：**

①上身向左移动，左腿屈膝前弓，右腿伸直后蹬，形成左弓箭步；同时，左钩手变掌，臂外旋从身后直臂向下、向前弧形绕行托起平举，掌心朝上；右掌臂则从上由身前向下屈肘收于右腰侧变拳，拳心朝上；眼视左掌（图C150）。

②左腿伸直站起，右拳变掌从右腰侧随直臂向前、由左掌掌心上面向前平伸穿出，左掌则顺着右臂下面随臂屈肘收于右腋下，两掌掌心均朝上；在穿掌的同时，上身左转朝向北方，左脚随之离地后撤落于右脚内侧并步；眼视右掌（图C151）。

③上动未停，右掌臂内旋，以腕关节为轴使掌从外向里挽一小圈，屈腕撮指成钩手，钩尖朝下；同时，左掌从右腋下变侧立掌移附于右肩前，掌指朝上；眼

视右钩手（图C152）。

④上动未停，右腿屈膝全蹲，左腿向左侧贴地平铺伸出，左脚脚尖内扣，成为左仆步；同时，左掌从右肩处随直臂向上举起，向左、向下、向左脚尖处下劈，小指外侧朝下，掌指朝左；右钩手不变，上身向左脚处探伸；眼视左掌（图C153）。

图C150

图C151

图C152

图C153

**要领说明：**

与第二段第十一式的仆步劈掌相同。

## 第三十六式　转身里合腿（凤凰旋窝回身转）

**动作分解：**

①两腿直起站立，左脚脚跟内转以前脚掌踮地为轴使身体向左后转动，右脚随之屈踝内翻，从右侧向上、用脚底向额前跨摆挂面里合；右钩手变拳与左掌一起向上摆动（图C154）。

②身体继续左转向后朝向北方，右脚即从上向左脚内侧跺脚踏步并拢，两腿随势屈膝下蹲；与此同时，右拳臂屈肘由右耳侧直臂向右腿外侧下方垂伸栽击，拳心朝向身后；左掌臂则屈肘收于右肩前，掌指朝上，掌心朝右；眼视右拳（图C155）。

图C154

图C155

**要领说明：**

经额前的里合腿，名为挂面脚。它的右（左）腿必须是从身体的右（左）侧向上踢起，继而向额前做由外朝里的弧形内收跨摆。因此右（左）脚一定要屈踝使脚内翻，胫骨前、后肌和趾的屈踇肌同时收缩来协助它的里合内收；胸部也要略含使上身稍向前俯，腹直肌、髂腰肌、股直肌同时收缩来协助它的高踢。左（右）腿由于本动是转体的里合腿，身体要借助左（右）脚脚掌的踮地来转动，因此它可以稍做屈膝，不必挺直，便于脚跟离地上身不至于向前倾倒。

## 第三十七式　蹬腿搂手冲拳（腿蹬九天冲铁拳）

**动作分解：**

①两腿站起，右腿伸直支撑重心；左脚即向左侧上方蹬踢，脚尖勾紧，脚底朝上；左掌与右拳不变；眼视左腿（图C156）。

②右腿屈膝全蹲，左脚向左侧铺腿落地，形成左仆步；同时，上身向左前探，右拳臂屈肘收于右腰侧，拳心朝上；左掌从右肩处随直臂直腕向左脚处反手搂去，拇指外侧朝下；眼视左掌（图C157）。

③上动未停，左掌搂过左脚，变拳随臂屈肘收于左腰侧，拳心朝上；同时，上身直起，左腿屈膝前弓，右腿伸直后蹬，成为左弓箭步；右拳随即向身前平伸冲出，臂内旋拳心朝下；眼视右拳前方（图C158）。

图C156

图C157

图C158

**要领说明：**

①蹬腿，它与踢腿不同。踢腿是将腿挺膝伸直，由下向上直摆踢起，它属于直摆性的腿法。而蹬腿必须是先将腿屈膝提起，然后以脚底为力点向前或向上蹬伸踢出，它是属于屈伸性的腿法。因此本动两腿站起的时候，右腿站直，左腿应该在上身左侧屈膝提起，然后再直腿蹬伸出去。

②搂手冲拳，由蹬腿变搂手冲拳必须通过铺腿的仆步动作再构成弓箭步，本动的仆步虽然是一个过程，但还是要按照仆步的正规要求做。

## 第三十八式　虚步架打（英雄打虎收招式）

**动作分解：**

①左拳拳心朝上由右拳拳背上面向前直臂平伸穿出，右拳则顺着左臂下面随屈肘收于左腋下（图C159）。

②上动未停，左脚脚跟外展，左腿下蹲，左拳方位不变，上身右转，右拳臂随之外旋从左腋处直臂向下、贴近地面向右、经右脚处向上弧形回环绕行；同时，上身前移，右腿屈膝前弓，左腿伸直后蹬，形成右弓箭步；此时两拳拳眼均朝上；眼视右拳（图C160）。

图C159

图C160

③上动未停，右拳继续向上回环绕行挑举，拳眼朝后；左拳则随直臂向下、向前弧形回环绕行，拳眼朝前；与此同时，左腿直立，右腿屈膝在身前提起，右

脚脚面绷平，脚尖朝下；眼视正东前方（图C161）。

④上动稍停，右脚向后落步，右腿伸直，左腿随之屈膝；同时，右拳向后、左拳向前继续回环绕行（图C162）。

⑤左拳臂继续屈肘向上绕行，由脸前收附于右肩前，肘尖下垂，拳心朝里，拳面朝上；右拳则继续随直臂向下、向前绕行，拳眼朝上（图C163）。

⑥上动未停，右拳方位不变，上身半面右转，右腿屈膝半蹲，左脚以脚尖虚沾地面，成为左虚步；在上身半面右转的同时，右拳臂内旋使拳眼朝下，屈肘向上横架于头顶上方；在构成虚步的同时，左拳随直臂向正东前方平伸冲出，拳心朝下；眼视左拳前方（图C164）。

图C161

图C162

图C163

图C164

**要领说明：**

虚步要虚实分明。右拳横架，肘臂须屈圆成弧形；左拳冲出，要边冲拳边使臂内旋，不可先臂内旋使拳心朝下之后再冲拳。

**收势（拳罢庭前月正圆）**

**动作分解：**

上身半面右转朝向南方，两腿伸直，左脚向右脚靠近并步；同时，两拳变掌，从左右两侧一起直臂下垂，五指并拢贴靠于两腿侧旁，掌指朝下；眼视正南前方，仍做立正姿势（图C165）。

图C165

**要领说明：**

虽然是收势，更须保持头正、顶平、项直，肩松肘垂，收腹挺胸，身正腰直，五趾要抓地，精神振作，呼吸平稳，神情自然，勿露倦容，莫作疲态。

# 第五章　四路华拳释解

## 一、四路华拳歌诀

皓月当空双拆拳　先走后过是真传
跨虎接打双云手　丹凤朝阳展翅翩
二郎担山赶日月　白鹤亮翅落仙山
倒步退敌三抄掌　鱼跃龙门向前穿
二郎担山一条鞭　浪子蹴球踢下边
白猿偷桃回头望　金丝裹腕翻身缠
飞天卧佛尘埃落　万钧弩发飞天边
迎面炮捶朝前打　托梁换柱弓步拳
两手托印分左右　苍龙摆尾出海来
浪子蹴球左右踢　玄坛抱虎放山间
行步云手飞双脚　张飞骗马举丈八
结跏趺坐似参佛　及第登科一声雷
凤凰展翅梧间歇　罗汉伏虎闪身拦
钟离挥扇风灌耳　托梁换柱马步拳
叶底藏桃下压肘　飞天卧佛落尘埃
倒卷银席贴地翻　黑虎掏心冲直拳

单风贯耳腮边击　七星交错截来拳
二龙斗宝双戏珠　金钩挂帘踢下边
鱼跃龙门纵身过　二郎担山一条鞭
浪子蹴球下边踢　迎面炮捶冲直拳
太白落马向前栽　回马转锋截下边
迎面炮捶眉间打　弩箭穿心把腿弹
哪吒搅海运两掌　苏秦背剑下仙山
野马跳涧迎面打　单风贯耳击鬓腮
猛虎剪尾上下翻　顺水推舟拨来拳
飞天卧佛尘埃落　二郎担山一条鞭
浪子蹴球左右踢　单掌推碑力无穷
二龙斗宝双戏珠　飞天卧佛落尘埃
凤凰旋窝回身转　太白落马倒街前
二郎担山一条鞭　风卷霹雳上九天
英雄打虎收招式　走罢单拳再拆拳

## 二、四路华拳单练动作图解

### 第一段

#### 预备势（皓月当空双拆拳）

**动作分解：**

面对南方，站立在拳场的西端，两腿伸直，两脚并拢；两手五指并拢贴靠于腿侧，掌指朝下（图D1）。

图D1

**要领说明：**

头要端正，下颌内收，眼向前平视；挺胸，直背，塌腰，沉肩，两臂自然下垂；膝要挺，腿须直，两脚五指抓地；身体微向前倾，呼吸均匀，精神贯注。

**第一式　虚步回环亮掌（先走后过是真传）**

**动作分解：**

①右手成掌，从右侧直臂向右、向上弧形绕行举起，掌心朝左（图D2）。

②上动微停，右掌臂外旋，屈肘使掌心朝上从左肩前绕下；左手成掌，在右掌向下绕行的同时由左侧下方随臂屈肘从右臂里面经右肩前向上直臂穿出，掌心朝右（图D3）。

③上动未停，右掌臂继续向下、向右直臂弧形绕行，同时左掌臂则向左直臂弧形绕行（图D4）。

④上动未停，右掌继续随直臂向上弧形绕行，至头顶上方时，腕关节朝拇指一边侧屈，抖手成横掌，屈肘横架，掌心朝前，掌指朝左；与此同时，左掌相应地继续从左向下、向身后随直臂弧形绕行，至身后时，五指撮拢成钩手，臂内旋反臂斜举于身后，钩尖朝上；在横掌与钩手构成的同时，右腿屈膝半蹲，左腿伸向身前，左脚以脚尖虚沾地面，成为左虚步；上身略前倾；眼视左侧前方（图D5）。

图D2

图D3

图D4

图D5

**要领说明：**

①上述四个分解动作，实是一个完整的左右两臂上下回环的动作，必须连贯起来做，不可中断。两臂回环时，两肩必须放松，不要僵肩硬项。

②两眼目光要随着右掌的回环绕行而转动，但是当右掌从右向上回环绕行成横掌时，目光就不必随右掌向上转动，而是在右掌抖腕时从右向左陡然转头使目光注视左侧前方。右掌屈腕成横掌时，一定要抖腕甩手，不可仅仅做成屈腕。

③跨虎势必须虚实分清，右腿半蹲，大腿与小腿要形成 90° 的直角，膝盖不可超越脚尖；左脚尖虚沾地面，脚面一定要绷平，小腿与脚尖要成直线，不可使脚尖内扣；上身要挺胸、拔背、塌腰，防止由于左臂的反举而造成拱背现象；右横掌要尽量屈腕伸指，左钩手也要使腕屈紧，左臂尽可能向上反举，钩尖正对上方，不可偏向右侧方。

## 第二式　云手并步亮掌（跨虎接打双云手）

**动作分解：**

①左脚向前进半步，左腿膝微屈；右腿随即离地向后屈膝、翻脚，使脚底朝上；同时，右掌臂从上直臂向右、向下、由身前屈肘向左回环绕行，屈腕抄起，掌背朝上；眼视右掌（图D6）。

②上动未停，右掌继续随臂屈肘经左肩前向上、由额前上方向右、直臂向下回环绕行摆动；同时左钩手变掌，从后随直臂向下、由身前屈肘向右回环绕行，屈腕抄起，掌背朝上；在左掌向右抄掌时，右脚向前上步，右腿屈膝；左腿随即离地向后屈膝、翻脚，使脚底朝上；眼视左掌（图D7）。

③上动未停，左掌继续随臂屈肘经右肩前向上、由额前上方向左、直臂向下回环绕行摆动；同时右掌随直臂向下、由身前屈肘向左回环绕行，臂外旋使掌心朝上，屈腕抄起；在右掌向左抄掌时，左脚向前上步，左腿屈膝，右脚离地；眼视右掌（图D8）。

④上动未停，右脚向前与左脚靠近并步，两腿站直；同时，右掌臂内旋，从左肩前直臂向上举起，在头顶上方屈腕成横掌，掌指朝左，掌心朝

前；左掌则向身后绕行，屈腕撮指成钩手反臂斜举，钩尖朝上；眼视左侧前方（图D9）。

图D6

图D7

图D8

图D9

**要领说明：**

①两掌云手，从额前向左右绕行摆动时，掌心须朝外而不是朝里。云手须与步法配合，云右掌则左脚向前，云左掌则右脚向前，手步协同动作。

②两脚离地从后向前上步时，脚掌必须挖地向后翻起，两腿屈膝不宜伸直。

③并步之后，右臂尽量上拔，左臂尽量反举；右掌腕须向拇指一侧屈紧，左钩手腕须向上屈紧。

**第三式　提膝回环亮掌（丹凤朝阳展翅翩）**

**动作分解：**

①右掌臂外旋，屈肘使掌心朝上从左肩前下落；左钩手变掌，在右臂屈肘下落的同时臂外旋，屈肘从左腰侧经身前由右臂里面向上直臂穿出，掌心朝右；眼视右掌（图D10）。

②上动未停，右掌继续向下、向右随直臂弧形绕行，同时左掌臂则向左直臂弧形绕行（图D11）。

③上动未停，右掌继续随直臂向上弧形绕行，至头顶上方时，腕关节朝拇指一边侧屈，抖手成横掌，屈肘横架，掌心朝前，掌指朝左；左掌相应地继续从左随直臂向下、向身后弧形绕行，至身后时，五指撮拢成钩手，臂内旋反臂斜举于身后，钩尖朝上；在横掌与钩手构成的同时，左腿屈膝在身前提起，左脚脚面绷平，脚尖斜朝下；右腿站立不动；眼视左侧前方（图D12）。

图D10

图D11

图D12

**要领说明：**

①右掌的下落和左掌的上穿，右掌的向下、向右、向上回环绕行和左掌的向上、向左、向下回环绕行，右掌的屈腕抖手横掌和左掌的屈腕钩手、左腿的提膝，都必须相应地在同一时间内左右上下协调一致，不能有先后或快慢。

②提膝独立，右腿要挺膝伸直站稳；左腿要尽量向上提膝，左小腿与左脚向右侧斜伸；力求站立稳固，不要摇晃不定。

### 第四式　单鞭弧形步（二郎担山赶日月）

**动作分解：**

①左腿外旋脚尖外展，向身前屈膝成摆步落地；同时，右掌臂从上屈肘向左肩外侧下落，拇指外侧朝下，肘臂环抱平举；左钩手则变掌，从身后随直臂向

下、由腹前屈肘向右弧形绕行至右腋处，掌心朝下；眼视右掌（图D13）。

②上动未停，右脚向东南方向上步，脚尖朝东，右腿屈膝，左腿伸直；同时，右掌从左肩外侧随直臂向身前、向右弧形平摆横扫，至右侧时五指撮拢屈腕成钩手平举，钩尖朝后，拇指外侧朝下；左掌则移至右肩前（图D14）。

③左掌随直臂向前推出，小指外侧朝前，掌指朝上；眼视左掌前方（图D15）。

④上动微停，右腿伸直立起，左腿屈膝向上身左侧提起，左脚脚面绷平，脚尖朝下；眼视左掌前方（图D16）。

图D13

图D14

图D15

图D16

⑤上动微停，左腿向身前屈膝成摆步落地，脚尖外展；右脚向正东方向上步，左腿离地屈膝向后掀起；左脚随即向东北方向上步，右腿离地屈膝向后掀起（图D17—图D19）。

⑥身体重心前移，右脚向左脚击步，左脚蹬地跳起，在空中右脚向左脚碰靠（图D20）。

图D17

图D18

图D19

图D20

⑦右脚先落地；左脚随即向东北方向落地，右脚在身后离地（图D21、图D22）。

⑧右脚向正北方向上步落地，右脚尖内扣，上身从左向后转；在转身的同时，左脚离地向正西方向落步，脚尖外展朝南，两腿形成左前右后交叉；左掌臂则屈肘收附于右腋下方，掌指朝上，掌心朝右；右钩手随着变掌，从右随直臂向下、由左臂前面屈肘向左绕行摆动，掌指朝上，掌心朝左；两臂在身前形成交叉（图D23、图D24）。

图D21

图D22

图D23

图D24

**要领说明：**

①上述的分解动作，①至③动是整个动作的前半部，这三个分解动作要连贯起来做，中间不要停顿；右掌向右平摆横扫成钩手时，臂部肌肉必须放松；左掌

向前推出时，最好稍做一点由右向前的弧形平摆运行，不要直线推出。

②分解动作的第④动，是整个动作前后的中间媒介，并不是一个平衡性质的独立平衡，因此不需要站立很久，只要稍一停顿即做后面的动作。

③分解动作的⑤至⑧，是整个动作的后半部，这是由行步和击步组成的弧形步法，它的路线由东南向东、向东北、向北、向西弧形绕行，行走力求快速、稳健，防止身体忽起忽落，除击步时身体高起之外，前后的行步（上步）都必须使身体在行动中保持同一水平状态。

### 第五式　左右控腿虚步分掌（白鹤亮翅落仙山）

**动作分解：**

①前动不停，两掌臂内旋屈肘向上举起；同时，右腿从后向身前右侧屈膝提起，右脚脚面绷平，脚尖朝下；左腿伸直站立（图D25）。

②上动未停，两掌臂外旋从上分向左（东）右（西）平举，掌心均朝上；同时，上身半面右转，右腿向西方踢伸举起控住，高与额齐，右脚脚面绷平，脚尖朝前；眼视右脚（图D26）。

③上动稍停，左腿屈膝半蹲，右腿屈膝使右脚脚尖向前虚沾地面，脚面绷平，成右虚步；同时，两掌随身下降，仍掌心朝上左右平举；眼视右掌前方（图D27）。

图D25

图D26

图D27

④上动稍停，两腿直起，右脚脚尖外展，左脚脚掌蹍地使上身从右向后转，两腿形成右前左后交叉；在转身的同时，两掌臂内旋使掌心朝下，右掌臂屈肘收附于左腋下方，掌指朝上，掌心朝左；左掌则从右臂上面向右摆动，屈肘收附于右肘外侧，掌指朝上，掌心朝右，两臂在身前交叉（图D28）。

⑤上动未停，两掌臂内旋屈肘向上举起；同时，左腿从后向身前左侧屈膝提起，左脚脚面绷平，脚尖朝下；右腿伸直站立（图D29）。

图D28

图D29

⑥上动未停，两掌臂外旋从上分向左（西）右（东）平举，掌心均朝上；同时，上身半面左转，左腿向西方踢伸举起控住，高与额齐，左脚脚面绷平，脚尖朝前；眼视左脚（图D30）。

⑦上动稍停，右腿屈膝半蹲，左腿屈膝使左脚脚尖向前虚沾地面，脚面绷平，成左虚步；同时，两掌随身下降，仍掌心朝上左右平举；眼视左掌前方（图D31）。

⑧上动稍停，两腿直起，左脚脚尖外展，右脚脚掌蹍地使上身从左向后转，两腿形成左前右后交叉；在转身的同时，两掌臂内旋使掌心朝下，左掌臂屈肘收附于右腋下方，掌指朝上，掌心朝右；右掌则从左臂上面向左摆动，屈肘收附于左肘外侧，掌指朝上，掌心朝左，两臂在身前交叉（图D32）。

⑨上动未停，两掌臂内旋屈肘向上举起；同时，右腿从后向身前右侧屈膝提起，右脚脚面绷平，脚尖朝下；左腿伸直站立（图D33）。

图D30

图D31

图D32

图D33

⑩上动未停，两掌臂外旋从上分向左（东）右（西）平举，掌心均朝上；同时，上身半面右转，右腿向西方踢伸举起控住，高与额齐，右脚脚面绷平，脚尖朝前；眼视右脚（图D34）。

⑪上动稍停，左腿屈膝半蹲，右腿屈膝使右脚脚尖向前虚沾地面，脚面绷平，成为右虚步；同时，两掌随身下降，仍掌心朝上左右平举；眼视右掌前方（图D35）。

图D34

图D35

**要领说明：**

①三个虚步亮掌中的向后转身和两掌错臂交叉、提膝和两掌上举、控腿和分掌，均要上下配合恰当，协调一致。

②三个虚步亮掌中的各个分解动作，要比较缓慢地、柔和地运行，不要像其他动作那么快速。

③控腿分掌，注意两腿必须伸直，脚高过肩，上身须防止耸肩缩颈；站立要稳固。它虽然是一个平衡性动作，但在这里仅作为顿挫性动作处理，所以站立的时间不要过久，只要达到一秒钟左右的时间即可。

④构成虚步之后，两脚虚实必须分明，重心应在后坐的腿上；上身一定要保持挺胸、直背、沉肩、塌腰；两掌直臂平举，后面的掌臂要较前面的掌臂略高一些。

**第六式　退步抄掌（倒步退敌三抄掌）**

**动作分解：**

①右脚向后退步，右腿伸直，左腿屈膝，成为左弓箭步；在退步的同时，右掌臂内旋使拇指外侧朝下，从前直臂向上、向后弧形绕行平举；左掌臂则内旋使拇指外侧朝下，从后直臂向下、由左腿前面屈肘向右前（西北）斜方、屈腕向上弧形绕行抄起举于身前，掌指朝上，小指外侧朝前，高与眉齐；眼视左掌前方

（图D36）。

②左脚向后退步，左腿伸直，右腿屈膝，成为右弓箭步；在退步的同时，左掌从右前方随直臂向上、向后弧形绕行平举；右掌臂则内旋使拇指外侧朝下，从后直臂向下、由右腿前面屈肘向左前（西南）斜方、屈腕向上弧形绕行抄起举于身前，掌指朝上，小指外侧朝前，高与眉齐；眼视右掌前方（图D37）。

③右脚向后退步，右腿伸直，左腿屈膝，成为左弓箭步；在退步的同时，右掌从左前方随直臂向上、向后弧形绕行平举；左掌臂则内旋使拇指外侧朝下，从后直臂向下、由左腿前面屈肘向右前（西北）斜方、屈腕向上弧形绕行抄起举于身前，掌指朝上，小指外侧朝前，高与眉齐；眼视左掌前方（图D38）。

图D36

图D37

图D38

**要领说明：**

①向前抄起之掌不要高过头部，向后绕行平举之掌不要低于腰部。

②弓箭步，前弓之腿要使大腿屈平，膝盖与脚尖达成垂直；后蹬之腿要挺膝蹬直，脚尖要向内紧扣；两脚均须使脚底全部着地，不可有掀脚或拔跟的现象；身体重心要坐落在两腿之间，防止偏向前弓之腿。

### 第七式 跃步提膝穿掌（鱼跃龙门向前穿）

**动作分解：**

①身体重心前移，右脚向左脚击步，左脚趁势蹬地跳起，在空中右脚向左脚碰靠（图D39）。

②右脚先落地；左脚随即向前落地，右脚在身后离地提起；右脚向前跃进，左脚蹬地跳起，身体腾空（图D40—图D42）。

图D39

图D40

图D41

图D42

③右脚向前落地；同时，右掌臂屈肘收于右腰侧，掌指朝下，掌心朝前；眼视左掌前方（图D43）。

④右脚脚掌蹍地使脚跟外展，右腿伸直，上身随之左转朝向南方；在转身的同时，左掌臂外旋直腕使掌心朝上；右掌掌心朝上从右腰处随直臂由左掌掌心上面向前平伸穿出，左掌即贴着右臂下面随屈肘收于右腋下，掌心朝下；左腿随之屈膝提于身前，脚面绷平，脚尖朝下；眼视右掌前方（图D44）。

图D43

图D44

**要领说明：**

①击步不要腾空太高，只求两脚离开地面即可；跃步要求跃远，落地要轻；步法的贯穿力求快速，不要缓慢。

②上身左转向南时，要注意左掌的方位不变，使右掌由左掌掌心上面向正西方向穿出。右掌要稍高过肩，左肘要下垂贴靠身前，两肩必须松沉。

③上身虽然朝向南方，但须稍向西南微偏一些。

**第八式　弓步撩掌（二郎担山一条鞭）**

**动作分解：**

①右腿屈膝全蹲，左腿向左侧正东方向铺地伸出，成为左仆步；同时，右掌

随直臂向上、屈肘向左弧形绕行，屈腕成立掌附于左肩外侧，掌心朝左，掌指朝上；上身微向左转；眼视左侧前方（图D45）。

②上身向前移动，右脚脚跟外展，右腿伸直，左脚脚跟内转，左腿随之屈膝，成为左弓箭步；在上身向前移动的同时，右掌从左肩外侧随直臂向下、向身后弧形绕行，屈腕撮指成钩手反臂斜举，钩尖朝上；左掌则从右腋下随直臂向下、向身前弧形绕行撩起，屈腕成侧立掌平举，掌指朝上，小指外侧朝前；眼视左掌前方（图D46）。

图D45

图D46

**要领说明：**

①两掌的左撩右钩与两腿的左弓右箭，必须是同时动作同时完成。

②身体向前移动时，要防止臀部向上翻起、腰背向后拱起。

③弓步单鞭，左掌掌指高与眉齐，右钩手尽可能举高，钩尖必须朝上，两肩不可耸起，要直背、塌腰、沉胯，两脚防止掀脚、拔跟。

④此处的仆步虽然是过程动作，但在铺腿时必须使脚尖内扣。

## 第九式　挽臂弹踢（浪子蹴球踢下边）

**动作分解：**

①右钩手变掌，臂外旋使掌心朝上，从后直臂向上、向前弧形绕行，至前方用掌心击拍左掌掌背（图D47）。

②上动未停，左掌随即从前随直臂向下、由左腿外侧向后弧形绕行摆动；眼

视左掌（图D48）。

③上动未停，左掌继续向上绕行，至上方时握拳，屈肘横架举于头顶上方，拳面朝右，拳眼朝下；与此同时，右掌臂内旋使拇指外侧朝下，握拳从前屈肘向下、向里、经左胸前向上、向前挽肘绕环，至前方时上臂下垂，前臂向下平砸，使拳背向下，拳面朝前；眼视前方（图D49）。

④上动微停，右腿屈膝提起向前摆腿弹踢，脚面绷平，脚尖朝前；眼视前方（图D50）。

图D47

图D48

图D49

图D50

**要领说明：**

①右臂的挽肘，必须以肘关节为轴使前臂转动，肩关节只起辅助作用。

②两掌变拳后的绕环要协调一致，必须使右拳随前臂向下平砸的动作与左拳

臂屈肘上架的动作在同一时间内一起完成。

③挽臂后的弓箭步，要注意使右肩稍向前牵引，左肩稍向后张展。

④弹踢，一定要先使右腿在身后屈膝提起，而后再脚面绷紧、五趾用力下抓，用脚面向前踢击；弹踢不宜过高，与胯平为度；支撑腿须做屈膝而不宜伸直。

### 第十式　钩手回身推掌（白猿偷桃回头望）

**动作分解：**

①右脚向前落步，右腿屈膝半蹲，左腿伸直，成为右弓箭步；同时，左拳臂外旋从头顶上方由身前下降，屈肘收附于左腰侧，拳心朝上；右拳随即变掌随直臂向前平伸推出，掌指朝上，小指外侧朝前；眼视右掌前方（图D51）。

②上动未停，右掌随即向下屈腕，五指撮拢做钩手，钩尖朝下，臂稍向上抬；眼视钩手（图D52）。

③上动未停，上身左转向后（西方）；右脚脚跟外展，右腿伸直，左脚脚跟内转，左腿屈膝，变为左弓箭步；同时，左拳随之变掌，从左腰侧随直臂向前平伸推出，掌指朝上，小指外侧朝前；眼视左掌前方（图D53）。

图D51

图D52

图D53

**要领说明：**

①钩手回身推掌，是推掌、钩手、回身推掌的组合动作，它们虽然是连贯起来进行的，但必须使它们在进行中要显示出顿挫来，如果按节拍来说，这个组合动作应该在急三拍中完成，各个分解动作各占一拍，不可使两个分解动作合占一个节拍。

②推掌的掌指和钩手的钩顶均高与眉平齐，不可过高。

③上身向后转时，要注意先是左脚脚跟内转，后是右脚脚跟外展，不要同时一起转动。

### 第十一式　仆步缠腕（金丝裹腕翻身缠）

**动作分解：**

①右钩手变掌，臂内旋使掌背朝下，从后直臂向下、向前弧形绕行摆动；左掌则从前随臂屈肘向下，将右前臂近腕处握住，拇指外侧朝上；同时上身右转；低头，眼视右掌（图D54、图D54附图）。

图D54

图D54附图

②上动未停，两臂向上举起，左腿伸直，右脚脚掌蹍地使上身从右向后转，左脚随身转动向正东方向跨步，右腿在转身之后膝稍屈；在两臂上举转身的同时，头随两手上仰，眼仍视右掌（图D55）。

③上动未停，右腿屈膝全蹲，左腿伸直平铺，成为左仆步；在构成仆步的同时，右掌向小指一侧屈腕使掌指朝下形成侧倒掌，与左握手一起从上随臂屈肘向下插伸于裆前，左手握住右腕不变；头随两手低下，眼随右掌（图D56）。

图D55

图D56

**要领说明：**

①两臂上举、转身、左脚跨步等动作，须在同一时间内一起运作，一起完成。两眼始终随着右掌上下转动。

②仆步插掌时，右掌腕部必须紧屈，左手也要紧握，两臂肌肉暂时投入紧张状态，到下一动作开始时再放松。

## 第十二式　左盘腿跌扑（飞天卧佛尘埃落）

**动作分解：**

①右腿伸直站起，左手松开右掌，两手臂一起从下向右、向上、向左摆起；同时左脚离地，左腿屈膝内收也向右摆起（图D57）。

②右脚立即蹬地跳起，身体腾空；在空中，身体向左卧倒，左腿屈膝盘起，右腿伸平，两臂屈肘，两掌掌心朝下（图D58）。

③左腿屈膝盘紧，右腿伸平，从上向地面降落跌扑（图D59）。

图D57

图D58

图D59

**要领说明：**

①盘腿跌扑，是武术跌扑滚翻中的一种跌势。跃起的时候，左腿的大收肌、长收肌、短收肌、股薄肌、耻骨肌等都必须极力收缩，使左腿尽量内收高摆；同时右脚要立即蹬地跳起，两臂尽量向右上方甩摆，这样它的起跳才能高。

②在空中，右腿要迅速加紧对臀大肌、臀中肌、梨状肌等的收缩，使右腿在跳起之后即向外展，上身随右腿的外展相应地立即俯卧，这样它在起跳的高度上又可以再增高度。

③跌落的时候，左腿必须屈膝盘紧，使股外肌、阔筋膜张肌由于紧张收缩而向外凸起；左脚脚尖也必须翘起并使脚内翻屈紧，使小腿肌肉也因紧张收缩而凸起；上身俯平，两臂屈肘，手掌张平，使小腿、大腿、肘臂、手掌都平稳一致；在这样四平八稳的姿势构成后向下跌落，才能由于面积的平大、空气的浮力、腿部肌肉的凸出、着力点的平均而不会产生伤害。

④初学盘腿跌扑时，可以跳得低一些，顺势躺下即可，不必高跃；在右脚跳

起的时候，左脚随即落地，上身随之向左躺倒就可以了。

### 第十三式　箭弹腿（万钧弩发飞天边）

**动作分解：**

①上身向左翻转俯下，左腿跪地，两手撑地；接着，两手推地离开地面，左腿跪起，上身抬起；右脚向前（东方）上步，右腿屈膝，左腿在后伸直；此时两手成立掌在身前随屈肘错臂交叉，左掌在上，右掌在下（图D60）。

②上动未停，两掌向上举起；左脚从后向前、向上摆腿踢起，同时右脚蹬地跳起，身体腾空（图D61）。

③在空中，两掌从上分向左右两侧平举，屈腕撮指成钩手，钩尖朝下；右脚即向前弹踢，脚面绷平，脚尖朝前；眼视右脚（图D62）。

图D60

图D61

图D62

**要领说明：**

举掌、摆腿、起跳，动作要一致；右脚的弹踢，要使膝关节由屈到伸以小腿的摆动陡然用力将脚踢出，而不是使大小腿直着向前踢出。

## 第十四式　弓步冲拳（迎面炮捶朝前打）

**动作分解：**

左脚先落地，左腿伸直，右脚随之向前落地，右腿屈膝半蹲，成为右弓箭步；与此同时，两钩手变拳随臂屈肘收附于两腰侧，拳心均朝上；右拳随即做直拳向前平伸冲出，拳眼朝上，高与眉齐；眼视右拳前方（图D63）。

图D63

**要领说明：**

弓箭步要领与第一段第六式的弓箭步相同。

## 第十五式　抽拳弓步架打（托梁换柱弓步拳）

**动作分解：**

①右拳方位不变上身半面右转朝向东方，左拳插向右腋下面贴着右臂向前移动，在左拳向前移动的同时，右拳臂外旋使拳心朝上，由左拳臂上面屈肘向后抽回收附于右腰侧，此时左拳臂内旋使拳心朝下，从身前屈肘向上举起横架于头前上方，拳眼朝下；眼视前方（图D64）。

②上动未停，左拳臂从上屈肘向左、向下弧形绕环收附于左腰侧，拳心朝

上；同时，上身半面左转，右拳随之做直拳向前平伸冲出，拳眼朝上，高与眉齐；眼视右拳前方（图D65）。

图D64

图D65

**要领说明：**

左拳的向前移动与右拳的向后抽回、左拳的向上横架与右拳的抱腰，必须是同一时间内运行，而后右拳冲出，动作一定要左右协调。

**第十六式　叉步双托掌（两手托印分左右）**

**动作分解：**

①左拳变掌，从左腰侧随直臂向下、向后、向上、向前弧形绕行，至前方时用掌心击拍右拳拳背；右拳随势变掌、臂内旋使掌背朝上以掌背接受左掌的击拍；同时上身右转朝向东方；眼视两掌（图D66）。

②上动未停，两肘稍屈，两掌以腕关节为轴向下、向里、向上翻腕绕转，在脸前成迭掌，右掌在上，左掌在下，掌心均朝上（图D67）。

③上动未停，两掌臂屈肘收于腹前；同时，右腿伸直，左脚向前移进半步，两脚脚掌一起蹍地使上身右转朝向正南方向，两腿形成交叉，右腿在前，左腿在后；低头，眼仍视两掌（图D68）。

④两掌从腹前随直臂分向左右两侧平伸托掌，掌心均朝上；眼视右掌（图D69）。

图D66

图D67

图D68

图D69

**要领说明：**

①翻腕的动作要与两掌收至腹前、转身两腿交叉的动作同一时间开始、同一时间完成，不要像图中那样分割开来，图中的分割只是为了方便动作的分解说明而已。

②交叉步，两腿必须前后靠紧；两掌分向左右时，要先使两前臂从身前向左右平摆分开，而后再直肘伸出，防止形成两上臂的向外振臂平摆动作。

③左右托掌一定要沉肩、直背、收腹，腰微向右拧劲。

# 第二段

## 第十七式　转身摆掌（苍龙摆尾出海来）

**动作分解：**

①两掌臂内旋使掌心朝下；左掌从左随直臂向前、屈肘向右弧形平扫摆动，收附于右腋前（图D70、图D71）。

图D70

图D71

②上动未停，两脚脚掌蹍地为轴，上身从左向后转动至正西方向，左腿屈膝，右腿伸直；在上身转动的同时，右掌随之向左摆臂平扫一周至正西方向；左掌臂则外旋使掌心朝上收于右腋下面；眼随右掌（图D72）。

③上动未停，上身右转，右掌臂外旋使掌心朝上随着上身的右转向右摆臂平扫半周至正东方向；右腿随之屈膝，左腿伸直；眼随右掌（图D73）。

④上动未停，右腿屈膝全蹲，左腿伸直平铺；右掌臂屈肘向上、由脸前向左绕行摆动附于左肩前，掌心朝左，掌指朝上；眼视左侧前方（图D74）。

⑤上动未停，上身前移，左腿屈膝半蹲，右腿伸直，成为左弓箭步；在上身

前移的同时，右掌从右肩处随直臂向下、向后弧形绕行，屈腕撮指成钩手反臂斜举，钩尖朝上；左掌则从右腋下面随直臂向下、向前弧形绕行，屈腕撩起，成侧立掌平举，小指外侧朝前，掌指朝上；眼视左掌前方（图D75）。

图D72

图D73

图D74

图D75

**要领说明：**

转身摆掌，在这里并不是一个直硬着手臂左右摆动的一般性动作，而是像一条长尾巴的鱼（拿鱼来作例比拿龙来作例要容易懂些）在水中摆动着鱼尾那样自然、柔韧，富于节奏的动作。这个动作的要求是：右掌随身后转向左摆动时，运用一般的缓和的摆动速度；而在向右摆动时，则运用稍快的摆动速度；当屈肘向上经脸前摆向左肩时，则以最快的速度来结束整个的摆掌动作。同时，还要求左摆、右摆和举掌摆向左肩三者必须紧密地贯穿一气，中间不可有丝毫的断息。

要达到这样的要求，就必须运用“行肩游臂”的运动方法，将肩、肘、腕三个关节放松，使之灵活。在摆掌的过程中，始终要“梢节（手）起、中节（肘）随、根节（肩）追”，手在前带领、肘在中间跟随、肩在后紧追，“三节均动”。同时，还要注意与身法的配合，当向右摆动时，应使右掌臂的摆动要借助上身右转的力量将掌臂振回，而不可自动地向右摆动。

### 第十八式　左右挽臂弹踢（浪子蹴球左右踢）

**动作分解：**

①右钩手变掌，臂外旋使掌心朝上，从后直臂向上、向前弧形绕行，至前方用掌心击拍左掌掌背（图D76）。

②上动未停，左掌随即从前随直臂向下、由左腿外侧向后弧形绕行摆动；眼视左掌（图D77）。

图D76

图D77

③上动未停，左掌继续向上绕行，至上方时握拳，屈肘横架举于头顶上方，拳面朝右，拳眼朝下；与此同时，右掌臂内旋使拇指外侧朝下，握拳从前随屈肘向下、向里、经左胸前向上、向前挽肘绕环，至前方时上臂下垂，前臂向下平砸，使拳背向下，拳面朝前；眼视前方（图D78）。

④上动微停，右腿屈膝提起向前摆腿弹踢，脚面绷平，脚尖朝前；眼视前方（图D79）。

⑤右脚向前落步，右腿屈膝半蹲，左腿伸直，成为右弓箭步；同时，左拳臂外旋从头顶上方由身前下降，屈肘收抱于左腰侧，拳心朝上；右拳随即变掌、直臂向前平伸推出，掌指朝上，小指外侧朝前；眼视右掌前方（图D80）。

⑥左拳变掌，从左腰侧随直臂向下、向后、向上、向前弧形绕行，至前方用掌心击拍右掌掌背（图D81）。

图D78

图D79

图D80

图D81

⑦上动未停，右掌随即从前随直臂向下、由右腿外侧向后弧形绕行摆动；眼视右掌（图D82）。

⑧上动未停，右掌继续向上绕行，至上方时握拳，屈肘横架举于头顶上方，拳面朝左，拳眼朝下；与此同时，左掌臂内旋使拇指外侧朝下，握拳从前随屈肘

向下、向里、经右胸前向上、向前挽肘绕环，至前方时上臂下垂，前臂向下平砸，使拳背向下，拳面朝前；眼视前方（图D83）。

⑨上动微停，左腿屈膝提起向前摆腿弹踢，脚面绷平，脚尖朝前；眼视前方（图D84）。

图D82

图D83

图D84

**要领说明：**

与第一段第九式的挽臂弹踢相同。

**第十九式　马步合抱弓步推掌（玄坛抱虎放山间）**

**动作分解：**

①右腿伸直，左腿屈膝提于身前，左脚脚面绷平，脚尖朝下；与此同时，两

拳一起变掌，右掌从上随直臂向右、向下、屈肘由腹前向左、经左肩前向上弧形绕行，掌心朝外，右肘向上提起；左掌则从前随直臂向下、由左腿外侧向后绕行摆动，掌心朝外；上身随势向左折腰，右脚脚跟内转使脚尖朝向北方；眼视左掌（图D85）。

②上动微停，左脚向左落步（图D86）。

③右掌臂外旋使掌心朝下，左掌臂屈肘向上与右掌合掌形成抱物状，一起从左后（南方）屈肘向上、直臂向前（北方）、向下弧形绕行下垂，右掌在里，左掌在外，两掌掌心相合，掌指朝下；同时，上身随两掌的绕行转向北方，两腿屈膝半蹲，成为马步；低头眼视两掌（图D87、图D87附图）。

图D85

图D86

图D87

图D87附图

④上动稍停，左脚脚跟内转、右脚脚跟外展，使上身左转向西，左腿屈膝，右腿伸直；在转身的同时，两掌臂肘稍屈从下向身前、向上弧形绕行举起，至头

顶上方时一起臂内旋使掌心朝前、拇指外侧朝下；仰头眼视两掌（图D88）。

⑤上动未停，左腿下蹲，右腿后蹬，成为左弓箭步；同时，两掌从上随臂屈肘向下、由胸前直臂向前平伸推出，两掌掌指相对，掌心朝前，拇指外侧朝下；眼视两掌前方（图D89）。

图D88

图D89

**要领说明：**

①折腰、右脚脚跟内转、左腿提膝和两拳变掌向下绕行，这些动作一定要在同一时间内一起运行，不可分割。

②折腰提膝时，胸须内含，腰要尽量侧屈，但须防止由于折腰而影响右腿的伸直和站立的稳固。

③马步必须使大腿屈平，脚尖向内扣紧，两膝外展；上身在这里是稍向前俯，但仍须直背、塌腰，防止拱背。

④弓箭步推掌，两肩必须下沉，防止由于两臂的内旋而使两肩向上耸起；两臂要尽量内旋使两掌的小指外侧朝上横平。

**第二十式　行步左右飞脚（行步云手飞双脚）**

**动作分解：**

①上身向后移动；同时，右掌从前随直臂微向上、由额前向右弧形绕行摆动，左掌则从前随直臂向上绕行摆动；左腿随之屈膝离地提起（图D90）。

②左脚向前上步落地，右腿随之屈膝离地向后掀起脚底；同时，右掌继续随直臂向下、由腹前屈肘向左弧形绕行摆动，左掌则继续从上随直臂向左绕行摆动（图D91）。

③右脚向前上步，左腿随之屈膝离地向后掀起脚底；同时，右掌臂继续屈肘向上、由额前直臂向右弧形绕行摆动，左掌则继续随直臂向下、由腹前屈肘向右弧形绕行摆动（图D92）。

④左脚向前上步，左掌臂继续屈肘向上、由额前直臂向左弧形绕行摆动，屈腕撮指成钩手平举于上身左侧，钩尖朝下；右掌则继续随直臂向下、由腹前屈肘向左、向上、经额前向右上方弧形绕行摆动，变拳举于头顶右上方，拳面朝上；眼视前方（图D93）。

图D90

图D91

图D92

图D93

⑤右脚离地从后向前、向上摆腿踢起，右拳变掌在额前上方迎击右脚脚面，左腿直立，左钩手不变；眼视右脚，此为右飞脚（图D94）。

⑥右脚向前上步落地，左腿随之屈膝离地向后掀起脚底；同时，右掌从额前随直臂向右弧形绕行摆动；左钩手变掌，从左直臂向下、由腹前屈肘向右弧形绕行摆动（图D95）。

⑦左脚向前上步，右腿随之屈膝离地向后掀起脚底；同时，左掌臂继续屈肘向上、由额前直臂向左弧形绕行摆动，右掌则继续随直臂向下、由腹前屈肘向左弧形绕行摆动（图D96）。

图D94

图D95

图D96

⑧右脚向前上步，右掌臂继续屈肘向上、由额前直臂向右弧形绕行摆动，屈腕撮指成钩手平举于上身右侧，钩尖朝下；左掌则继续随直臂向下、由腹前屈肘向右、向上、经额前向左上方弧形绕行摆动，变拳举于头顶左上方，拳面朝上；眼视前方（图D97）。

⑨左脚离地从后向前、向上摆腿踢起，左拳变掌在额前上方迎击左脚脚面，右腿直立，右钩手不变；眼视左脚，此为左飞脚（图D98）。

图D97

图D98

**要领说明：**

①两掌依次向左右回环绕行时，向上稍高过头，向下平于腹前，向左右一手于另一侧肩前、一手臂稍屈，总之两掌绕行虽说有直臂的时候，只是相对于屈肘而言，并不是十分伸直。两掌绕行时，掌心均朝外，没有臂外旋使掌心朝里的变化。

②行步时，不可与日常的走步一样，而是当后面的脚离地时必须使用前脚掌刨地刮起将脚底向后掀，前后两腿均不伸直。

③飞脚，两腿要直，脚在额前上方，脚面绷平，击拍要准、要响；支撑腿防止拔跟。

# 第三段

## 第二十一式　里合骗腿（张飞骗马举丈八）

**动作分解：**

①左腿外旋使左脚尖外展在身前落地，上身与两臂随势稍向左转（图D99）。

②上动未停，右脚离地从下向右、向上直腿踢起，踝关节侧屈内翻由额前向左跨摆里合；左腿伸直（图D100）。

③随右腿里合之势，左脚脚掌蹍地为轴使上身从左向后转，转至正东方向时，右腿屈膝盘腿使右脚从身前下落，左掌即在腹前将右脚脚底握住；右钩手随之变拳上举，拳眼朝后；眼视前方（图D101）。

图D99

图D100

图D101

**要领说明：**

在做里合骗腿的时候，它的起腿必须是从右外侧向上踢起；由额前向左里合时必须使右脚踝关节侧屈内翻，胫骨前肌、胫骨后肌和屈踇肌同时收缩，协助其里合内收；胸部也要略含使上身稍向前弯；左腿也可以微弯，便于左脚脚掌蹍地转动；转身之后，站立要稳固，防止摇晃。

### 第二十二式　盘腿趺坐（结跏趺坐似参佛）

**动作分解：**

①左脚蹬地跳起使身体腾空，在空中左手将右脚松开，两腿屈膝盘起，左腿在后，右腿在前（图D102）。

②两腿盘坐向地面下落；同时右拳拳背朝下，从上随臂屈肘向下砸击；左掌则掌心朝上，屈肘接住右拳的砸击；眼视前下方（图D103）。

图D102

图D103

**要领说明：**

①纵跳要高，在纵跳的时候左腿要快速屈膝，腹部向里收缩，胁间肌趁机将肋骨上提，呼吸提气，借以助长身体向上的纵起之力。

②盘腿趺坐下跌时，臀部与两脚的外侧面必须一起着地，不要先使两脚着地。

③趺坐时，上身一定要头正、肩沉、挺胸、直背、塌腰。

### 第二十三式　抢背旋风脚（及第登科一声雷）

**动作分解：**

①右脚向前踏地，上身前俯，臀部离地，两腿屈膝站起（图D104）。

②右拳变掌，两手分开，上身向下团身，左脚离地随屈膝向后摆起，右臂屈肘横于面前（图D105）。

③右脚蹬地跃起，团身向前滚翻，以肩、背依次着地（图D106、图D107）。

图D104

图D105

图D106

图D107

④滚翻至臀部着地时，上身翻起，左腿屈膝盘坐，右脚向前踏地；两手在身前撑地（图D108）。

⑤左腿跪地、两手推地站起，右腿直起；两手同时握拳，从下直臂向左、向上摆臂甩动；左腿随之离地屈膝向左摆起，上身前俯构成翻身动作的斜面横轴（图D109、图D110）。

⑥上身随摆臂甩动之势从左向上（后）翻转，同时右脚蹬地跳起，身体腾空（图D111）。

⑦在空中，上身直起构成旋转的直轴随翻转的惯性力量继续向左旋转；转至东北斜方时，右脚屈踝内翻，用脚底向额前里合横摆；左拳变掌在额前迎击右脚脚底（图D112）。

图D108

图D109

图D110

图D111

图D112

**要领说明：**

①向前滚翻的抢背，必须注意屈腿、团身，滚翻要迅速，要使右肩胛、背、腰、臀依次着地；滚翻之后，一定要使左腿屈膝盘坐，便于使小腿跪地站起。

②旋风脚，它的上身必须是既要翻又要转，仅仅是旋转而没有翻身的动作是不够的。旋风脚的翻身，开始于左脚离地向左摆动、右脚蹬地跳起的时候，

此时上身一定要向前倾俯构成翻身动作的斜面横轴；右脚蹬地跳起之后，上身即绕斜面横轴翻转，也就是由下从左向上翻转。旋风脚的旋转，则开始于右脚向额前里合横摆的时候，此时左脚向下垂降，上身随左脚下垂之势向前直起构成旋转动作的直轴，右脚向额前里合横摆时上身即绕直轴旋转，也就是由后从左向前旋转。

③抢背接旋风脚，是滚翻和跳跃的组合动作，它必须衔接紧密，当滚翻跪腿站起时要迅速甩臂、摆腿、翻身、蹬地跳起，不可有丝毫的迟顿。

### 第二十四式 仆步回环亮掌（凤凰展翅梧间歇）

**动作分解：**

①左脚先落地，上身转向正北方向，右脚随之在右侧落地，两脚开步站立；同时，右掌向上举起，掌指朝上，掌心朝左；左掌摆至左侧，掌指朝左，掌心朝下（图D113）。

②上动未停，右掌臂外旋从上屈肘向左、由右肩前向下弧形回环绕行，掌心朝上；在右掌向左绕行的同时，左掌臂内旋从左屈肘向下、经腹前向右、由右臂里面直臂向上回环绕行穿出；眼视右掌（图D114）。

图D113

图D114

③上动未停，右掌继续随直臂向下、向右回环绕行摆动，拇指外侧朝上；左掌继续随直臂向左回环绕行摆动，拇指外侧朝上；与此同时，左腿屈膝全蹲，右腿伸直平铺；眼随右掌（图D115）。

④上动未停，上身向右移动，右腿屈膝全蹲，左腿伸直平铺，右脚脚尖外展，左脚脚尖内扣，成为左仆步；在上身向右移动的同时，右掌继续从右随直臂向上回环绕行，至头顶上方屈腕抖手成横掌，肘稍屈，掌指朝左，小指外侧朝上；左掌则继续从左随直臂向下、臂内旋向后回环绕行，至身后屈腕撮指成钩手，反臂斜举，钩尖朝上；眼视左侧前方（图D116）。

图D115

图D116

**要领说明：**

①两掌回环时，两肩一定要放松；眼睛在右掌从左向下、向右、向上回环时始终随着右掌，当右掌屈腕抖手成横掌时则陡然向左转头眼向左侧前方平视。

②上身从左向右移动时，臀部必须从低处向右移动，防止臀部翻起。

③构成仆步亮掌，左脚脚尖一定要向内扣紧，脚外侧不要掀起；右脚脚尖稍向外展，脚跟不可离地拔起；身体重心要落在两腿之间，不可偏于右腿；上身稍做前倾，要挺胸、直背、塌腰、沉肩，不可使上身前俯；右腿须使膝外展，防止向里跪腿。

## 第二十五式　转身仆步按掌（罗汉伏虎闪身拦）

**动作分解：**

①两腿站起，右腿屈膝，左腿伸直，上身右转向东；同时，右掌臂外旋直腕使掌心朝左，从上直臂向前、向下、由右腿外侧向后弧形绕行摆动；左钩手则变掌，从身后直臂向下、向前、向上弧形绕行摆动；眼视左掌（图D117）。

②上动未停，左掌继续从上随直臂向后（西方）弧形绕行摆动，右掌则继续从身后随直臂向下、向前（东方）弧形绕行摆动；在两掌向前后摆动的同时，上身从左向后转，右腿伸直，左脚退步；眼随左掌（图D118）。

图D117

图D118

③上动未停，左掌继续从身前随直臂向下、向后弧形绕行摆动，右掌则从身后随直臂向上弧形绕行摆动；在两掌向上下摆动的同时，两脚脚掌蹍地使上身继续左转朝向南方；眼随左掌（图D119）。

④上动未停，左腿屈膝全蹲，右腿伸直平铺，成为右仆步；同时，左掌继续从下随直臂向左、屈肘向上弧形绕行摆动，至头顶上方屈腕抖手成横掌，掌指朝右，小指外侧朝上；右掌臂则继续从上屈肘向下、经胸前直臂向下成俯掌按于裆前，掌心朝下；眼视右侧前方（图D120）。

图D119

图D120

**要领说明：**

两掌的绕行要与步法和转身协调一致，上下相随；仆步要领同前述。

## 第二十六式　弓步扇掌（钟离挥扇风灌耳）

**动作分解：**

上身向右移动并微向右转，右腿随之屈膝半蹲，左腿伸直，成为右弓箭步；同时，左掌臂从上随屈肘向右、由右肩前向下、经腹前臂外旋变拳向左弧形绕行，收抱于左腰侧，拳心朝上；右掌则从下随屈肘向左、由左臂里面屈腕（向掌心一面下屈）向上绕行提起，经左肩处用掌背向前平摆横扫甩手扇击，掌指朝前，拇指外侧朝上；眼视右掌（图D121）。

图D121

要领说明：

①扇掌时，必须先使肩、肘、腕等关节放松，肘、腕关节屈曲；然后上臂提起，仅以前臂用力，肘腕关节陡然伸直使掌向前横甩。

②弓箭步要领同前述。

第二十七式　抽拳马步架打（托梁换柱马步拳）

动作分解：

①右掌方位不变上身半面右转朝向西方，左拳插向右腋下面贴着右臂向前移动，在左拳向前移动的同时，右掌变拳、臂外旋使拳心朝上、由左拳臂上面屈肘向后抽回收附于右腰侧，此时左拳臂内旋使拳心朝下（图D122）。

②上动未停，左拳臂继续屈肘向上举起横架于头顶上方，拳眼朝下，拳面朝右；同时上身左转，两腿屈膝半蹲成马步；右拳臂即内旋向右平伸冲出，拳心朝下；眼视右拳前方（图D123）。

图D122

图D123

要领说明：

①左拳在右臂下面前移与右拳在左臂上面后抽、左拳臂屈肘上架与上身左转成马步，必须先后在同一时间内运行完成。不可以左拳完成前移之后再右拳后抽，也不可以左拳完成上架之后再转身成马步。

②马步架打，两大腿必须坐平，两膝外展，两脚尖向内紧扣；上身保持挺胸、直背、塌腰，两肩松沉并稍向后张展；左臂要屈成半圆形，右拳微微高过

右肩。

### 第二十八式　弓步压肘（叶底藏桃下压肘）

**动作分解：**

①右拳方位不变上身右转，左腿伸直，右脚脚尖稍向外展，右腿稍起；同时，左拳变掌，拇指张开，从上向前将右前臂近腕处握住，虎口朝里，拇指在右拳里侧，其余四指在右拳外侧；眼视左手（图D124）。

②上动未停，左手握住右拳臂屈肘收至右肩前使右肘向后、向上绕环抬起；眼视右肘（图D125）。

③上动未停，右肘向前绕环下压，右拳拳心朝下；上身随之前俯，右腿下蹲，成为右弓箭步；眼随右肘（图D126）。

图D124

图D125

图D126

**要领说明：**

①当左手握住右腕向前压肘时，一定要注意以右肩关节为轴使右肘向后、向上、向前转动下压。

②向下压肘时，上身要随压肘之势前俯，胸须内含，防止挺胸；左腿髋部必须下沉，防止臀部凸起。

### 第二十九式 右盘腿跌扑（飞天卧佛落尘埃）

**动作分解：**

①右腿伸直站起，左手松开右拳臂，两手臂一起从下向左、向上摆起；同时，右脚离地，右腿屈膝内收也向左摆起（图D127）。

②左脚立即蹬地跳起，身体腾空；在空中，身体向右卧倒，右腿屈膝盘起，左腿向左伸平，两臂屈肘，两掌掌心朝下（图D128）。

③右腿屈膝盘紧，左腿伸平，从上向地面降落跌扑（图D129）。

图D127

图D128

图D129

**要领说明：**

与第一段第十二式的左盘腿跌扑相同，唯动作姿势相反。

## 第四段

### 第三十式　倒跟斗（倒卷银席贴地翻）

**动作分解：**

①身体向左翻以背部着地仰卧，右腿屈膝内收以左脚踏地，左腿向上摆起；两掌臂屈肘伸向两肩后（图D130）。

②两腿一起向后摆动，臀部离地掀起，团身向后倒卷滚翻；两掌撑地（图D131）。

③滚翻至两腿屈膝跪地，两掌撑地使上身抬起（图D132）。

图D130

图D131

图D132

**要领说明：**

两腿一起向后摆动团身倒卷滚翻时，头必须向左或向右偏歪，用肩胛骨着地向后滚翻，而不是直硬着颈项用头顶着地向后滚翻。

## 第三十一式 跃步冲拳（黑虎掏心冲直拳）

**动作分解：**

①前动不停，两掌推地离开地面，同时两膝跪起（图D133）。

②上动未停，右掌从身前下方随直臂向前、向上、向后弧形绕行，左掌则随直臂向前、屈肘向上绕行；在右掌向后绕行的同时，右脚向身后退一步，上身随之从右向后转，转身之后，右腿屈膝，左腿伸直；眼视右掌（图D134）。

图D133

图D134

③上动未停，右脚蹬地跳起，左脚向前跃进一步；同时，两掌变拳，左拳臂屈肘向头顶上方绕行；右拳臂则内旋屈肘向下、向身前绕行挽起，肘尖下垂；眼视前方（图D135）。

④右脚向前落步，右腿屈膝，左腿伸直，成为右弓箭步；同时，左拳臂继续从上屈肘向前、由右臂的外面向下弧形绕行，臂外旋使拳心朝上屈肘收抱于左腰侧；右拳则在左拳向下绕行时从左臂的里面向上绕行穿出，由胸前随直臂向前平伸冲出，拳眼朝上；眼视右拳前方（图D136）。

图D135

图D136

**要领说明：**

①上述动作必须和前面的倒跟斗紧密连接在一起做。

②跃步落地，应以前脚掌着地，落步要轻；当左脚跃步落地后，须使右脚随之向前上步落地，中间不可停顿。

③冲拳要快、要有力，拳高不可过眉。

④弓箭步要领同前述。

## 第三十二式　环拳击耳（单风贯耳腮边击）

**动作分解：**

①右拳臂屈肘向上从额前向左、由左胸前直臂向下弧形绕行摆动（图D137）。

②右拳继续从右膝前随直臂向右绕行摆动，至平举部位时即屈肘成半圆环状向前平摆横击，如击对方左耳，拳面朝左，拳眼斜朝下；眼视右拳（图D138）。

图D137

图D138

**要领说明：**

①右拳臂屈肘向上、向左环绕时，是以肘关节为轴使前臂转动；而直臂向下、向右环绕时，则以肩关节为轴使前臂、上臂一起转动。

②当右拳从下向右绕至平举部位时，臂须内旋使拳眼斜朝下以拳面向前横击，而不是横击之后才使拳眼斜朝下。

③右拳的向上、向左、向下、向右、向前的绕行，必须连贯起来运行，中间不可停顿。

## 第三十三式　退步下截（七星交错截来拳）

**动作分解：**

①右拳臂外旋使拳心朝上，从前直臂下沉垂于身体右侧，拳心朝前；左拳也随着右拳、直臂向下垂于身体左侧，拳心朝前；在两拳下垂时，右脚向后退步，右腿伸直，左腿在前屈膝；低头眼视左拳（图D139）。

图D139

②上动未停，两拳一起从下随直臂分向左右两侧、向上举起，至头顶上方时两拳随屈肘前后交叉，右拳在前，左拳在后，拳心均朝前；抬头

眼视两拳（图D140）。

③上动未停，两拳交叉着随屈肘向下收至胸前，而后直臂伸向左腿膝前，拳背均朝前；此时左腿屈膝半蹲成左弓箭步；眼视两拳（图D141）。

图D140

图D141

**要领说明：**

两拳自两侧上举到屈肘收于胸前的这一过程，两拳臂勿需用劲，要松柔一些；当两拳从胸前随直臂向下拦截时，两拳就必须紧握、两臂用力迅速地伸出。下截之后，上身要稍向前倾，但要防止翘臀。

### 第三十四式　退步双拳击耳（二龙斗宝双戏珠）

**动作分解：**

两拳一起从左腿膝前随直臂由下分向左右两侧绕行，至平举部位时屈肘成半圆环状向前平摆横击，如击对方两耳状，两拳拳面相对，拳眼均朝下；与此同时，左脚向后退步，左腿伸直，右腿屈膝，成为右弓箭步；眼视双拳（图D142）。

图D142

要领说明：

两拳击耳，两肘要略向上翻起，不要向下坠垂，但须防止两肩向上耸起。

第三十五式　左勾踢（金钩挂帘踢下边）

动作分解：

①两拳一起变掌，左掌拇指外侧朝下，掌指朝右，方位不变；右掌臂外旋使掌心朝上，屈肘伸向左肘下面；在右掌伸向左肘下面的同时，上身随势半面左转；低头转脸眼视右掌（图D143）。

②上动微停，右脚脚尖外展，上身随之右转朝向西北方向；同时，左掌从身前随直臂向下、向身后弧形绕行，屈腕撮指成钩手反臂斜举于身后，钩尖朝上；右掌则随直臂向下、向右弧形绕行，屈腕成侧立掌平举于身前右侧斜方，掌指朝上；左腿则屈膝向后离地提起，翘紧脚尖摆动左腿向正北方向勾挂踢起，高与胯平；右腿随之向上站起，膝稍屈；眼视正西前方（图D144）。

图D143

图D144

要领说明：

左脚勾踢时，必须先使左腿屈膝向后提起，而后将脚尖翘紧用左腿摆荡的力量向前勾踢。由于勾踢要用腿的摆荡，因此左腿离地向后屈膝提起时，大腿的股直肌、阔筋膜张肌、缝匠肌、髂腰肌的收缩不必过分紧张，小腿的三头肌、腓骨长肌、伸踇长肌、屈趾长肌也应处于松弛状态，直到左腿从后向前摆动、左脚将要接近地面时，才使这些肌腱紧张收缩，如果过早收缩，就会影响左腿勾踢的摆荡力量。

### 第三十六式　跃步提膝穿掌（鱼跃龙门纵身过）

**动作分解：**

①左脚向正西方向落步，左腿屈膝，右腿在后伸直；同时，左钩手变掌，臂外旋，从身后直臂向下、向前弧形绕行托起平举，掌心朝上，掌指朝前；右掌臂则屈肘收附于右腰侧，掌心朝上，掌指朝前；眼视左掌（图D145）。

②上动未停，右脚向前跃步，左脚蹬地跳起，身体腾空（图D146）。

③右脚落地，左掌方位不变使上身左转向南，右腿伸直站立，左腿屈膝提于身前，左脚脚面绷平，脚尖朝下；与此同时，右掌从右腰侧随直臂由左掌掌心上面向前平伸穿出，掌心仍朝上；左掌臂即贴着右臂下面屈肘收于右腋下，掌心仍朝上；眼视右掌前方（图D147）。

图D145

图D146

图D147

**要领说明：**

跃步落地要轻、要稳。上身左转向南时，一定要注意左掌向西的方位不可变动。穿出的右掌要稍高过肩，左肘要下垂贴身，两肩须防止耸起。

## 第五段

### 第三十七式　弓步撩掌（二郎担山一条鞭）

**动作分解：**

①右腿屈膝全蹲，左腿向左侧铺地伸出，成为左仆步；同时，右掌随直臂向上、屈肘向左弧形绕行，屈腕成立掌附于左肩外侧，掌心朝左，掌指朝上；上身微向左转；眼视左侧前方（图D148）。

②上动未停，上身向前移动，右脚脚跟外展，右腿伸直，左脚脚跟内转，左腿随之屈膝，成为左弓箭步；在上身向前移动的同时，右掌从左肩外侧随直臂向下、向身后弧形绕行，屈腕撮指成钩手反臂斜举，钩尖朝上；左掌则从右腋下随直臂向下、向身前弧形绕行撩起，屈腕成侧立掌平举，掌指朝上，小指外侧朝前；眼视左掌前方（图D149）。

图D148

图D149

**要领说明：**

与前述第八式弓步撩掌相同。

### 第三十八式　挽臂弹踢（浪子蹴球下边踢）

**动作分解：**

①右钩手变掌，臂外旋使掌心朝上，从后直臂向上、向前弧形绕行，至前方

用掌心击拍左掌掌背（图D150）。

②上动未停，左掌随即从前随直臂向下、由左腿外侧向后弧形绕行摆动；眼视左掌（图D151）。

③上动未停，左掌继续向上绕行，至上方时握拳，屈肘横架举于头顶上方，拳面朝右，拳眼朝下；同时右掌臂内旋使拇指外侧朝下，握拳从前屈肘向下、向里、经左胸前向上、向前挽肘绕行，至前方时上臂下垂，前臂向下平砸，使拳背向下，拳面朝前；眼视前方（图D152）。

④上动微停，右腿屈膝提起向前摆腿弹踢，脚面绷平，脚尖朝前；眼视前方（图D153）。

图D150

图D151

图D152

图D153

**要领说明：**

与第一段第九动的挽臂弹踢相同。

## 第三十九式　弓步冲拳（迎面炮捶冲直拳）

**动作分解：**

右脚向前落步，右腿屈膝半蹲，左腿伸直，成为右弓箭步；同时，左拳臂外旋从头顶上方由身前下降，屈肘收附于左腰侧，拳心朝上；右拳则随直臂向前平伸冲出，拳眼朝上；眼视右拳前方（图D154）。

图D154

**要领说明：**

与前述第十四式相同。

## 第四十式　抢背（太白落马向前栽）

**动作分解：**

①右拳臂外旋屈肘使前臂横举于胸前，拳心朝上；同时，右腿直起，上身弯腰前俯，左脚离地使左腿从后向上摆起（图D155）。

②右脚蹬地跃起，两拳松开，团身向前滚翻，以肩、背依次着地（图D156、图D157）。

③滚翻至臀部着地时，上身翻起，左腿屈膝盘坐，右脚向前踏地；两手在身

前撑地（图D158）。

④左腿跪地，两手推地站起（图D159）。

图D155

图D156

图D157

图D158

图D159

**要领说明：**

与第三段第二十三式的抢背相同。

**第四十一式　回身弓步下截（回马转锋截下边）**

**动作分解：**

①紧接前动，站起，身向北方；两手握拳，左拳臂屈肘收抱于左腰侧，拳心朝上，右拳随直臂平举于右侧，拳眼朝上；同时左脚从身后向右偷步；眼视右拳

（图D160）。

②上动未停，右脚脚跟外展，上身左转朝向西方；在转身的同时，右腿屈膝半蹲，左脚后撤半步，左腿伸直，成为右弓箭步；左拳不动；右拳从右随直臂向前下方摆臂拦截，置于右腿膝前，拳眼朝上；上身随右拳摆臂拦截之势向前倾俯；低头眼视右拳（图D161）。

图D160

图D161

**要领说明：**

当回身向下拦截的时候，要注意先使右臂向身后振臂张展，然后臂内收从外向里摆臂拦截。

**第四十二式　格挡弓步冲拳（迎面炮捶眉间打）**

**动作分解：**

①右拳臂内旋使拳心朝下，从下屈肘向左、向上挽臂弧形绕行，拳背朝前，拳面朝上；眼视右拳（图D162）。

②右拳臂用前臂向外格挡、屈肘收抱于右腰侧，拳心朝上；同时，左脚向前上步，左腿屈膝半蹲，右腿伸直，成为左弓箭步；左拳从左腰侧随直臂向前平伸冲出，拳眼朝上，高与眉齐；眼视左拳前方（图D163）。

图D162

图D163

**要领说明：**

右拳格挡，一定要使右拳从右腿膝前随臂屈肘向左、向上绕一半圆而后用前臂桡骨向右外格挡，上身也要随之直起；右拳格挡后收至右腰侧时，必须与左脚的向前上步、左拳的平伸冲出同时运行一起完成，不可有先后、快慢之分。

### 第四十三式　分手弹踢（弩箭穿心把腿弹）

**动作分解：**

①两腿稍向上站起，同时两拳一起变掌，左掌臂内旋使掌心朝下，直臂下降至左腿膝前；右掌则随直臂伸向身后、臂内旋使掌心朝下，随即右掌从后随直臂向下、向前弧形绕行摆动，至前方时以掌背与左掌掌心碰击相合；眼视两掌（图D164）。

图D164

②上动未停，两掌一起从前向上举起，肘稍屈；眼随两掌（图D165）。

③上动未停，两掌一起从上随直

臂分向左右两侧绕行下降，至平举部位时五指撮拢屈腕成钩手，钩尖朝下；与此同时，右脚离地向前摆腿弹踢，脚面绷平，脚尖朝前；眼视前方（图D166）。

图D165

图D166

**要领说明：**

两肩必须松沉并要稍向后振臂张展，上身保持正直，站立要稳固。

**第四十四式　倒步摇掌（哪吒搅海运两掌）**

**动作分解：**

①右脚向身后退步落地，右腿伸直；同时，两钩手一起变掌，右掌从右侧随直臂向下、由腹前屈肘向左弧形回环绕行抄起，掌背朝上；眼视前方（图D167）。

②上动未停，右掌继续随直臂向上、向右弧形回环绕行；左掌臂则随之从左侧直臂向下、由腹前屈肘向右弧形回环绕行抄起，掌背朝上；同时，左脚向身后退步，左腿伸直；眼视前方（图D168）。

图D167

图D168

**要领说明：**

两掌向外回环绕行，不做臂外旋的动作。退步时膝关节可以稍屈，不必像图像中那样挺直。两掌的回环和两脚的退步要上下相随，左右协调；身须正直，不可左右摇摆。

## 第四十五式　并步亮掌（苏秦背剑下仙山）

**动作分解：**

前动不停，左掌继续随直臂向上、右掌则继续随直臂向下，左掌继续随直臂向左、右掌臂则继续屈肘向左抄起；左掌继续随直臂向下、臂内旋向身后绕行，屈腕撮指成钩手反臂斜举，钩尖朝上；右掌则继续随直臂向上绕行，屈腕成横掌举于头顶上方，掌指朝左；在右掌上举、左掌变成钩手的同时，右脚后撤与左脚并步，两腿伸直；眼视前方（图D169）。

图D169

**要领说明：**

挺胸、拔背、直腰、挺膝、并脚、趾抓地，身体微微前倾。

## 第 六 段

### 第四十六式　跃步冲拳（野马跳涧迎面打）

**动作分解：**

①左脚向前上步，右脚离地；右脚向前上步，左脚离地（图D170、图D171）。

②上动未停，右脚蹬地跳起，左脚向前跃进一步；在跃步的同时，右掌变拳，从上屈肘向前、向下、向身前绕行挽起，肘尖下垂；左钩手也变拳，臂外旋从后屈肘向上绕行举起（图D172）。

③右脚向前落步，右腿屈膝半蹲，左腿在后伸直，成为右弓箭步；同时，左拳臂继续从上屈肘向前、由右臂的外面向下弧形绕行，臂外旋使拳心朝上屈肘收抱于左腰侧；右拳则在左拳向下绕行时从左臂的里面向上绕行穿出，由胸前直臂向前平伸冲出，拳眼朝上；眼视右拳前方（图D173）。

图D170

图D171

图D172

图D173

**要领说明：**

①向前跃步必须和左拳上举、右拳挽臂同时运行，不要分割开来做。

②冲拳的高度与眉齐，弓箭步的要领同前述。

## 第四十七式　环拳击耳（单风贯耳击鬓腮）

**动作分解：**

①右拳臂屈肘向上从额前向左、由左胸前直臂向下弧形绕行摆动（图D174）。

②右拳继续从右膝前随直臂向右绕行摆动，至平举部位时即屈肘成半圆环状向前平摆横击，如击对方左耳，拳面朝左，拳眼斜朝下；眼视右拳（图D175）。

图D174

图D175

**要领说明：**

与第四段第三十二式的环拳击耳相同。

## 第四十八式　退步刁手外格（猛虎剪尾上下翻）

**动作分解：**

①两腿站起，右脚向后退步；同时，右拳臂外旋使拳心朝上，屈肘收抱于右腰侧；左拳则变掌，拇指张开，从左腰侧随直臂向下、屈肘向左、向上弧形绕行举起，掌心朝右，掌指朝上；眼视左掌（图D176）。

②上动未停，左掌臂继续从上屈肘向右、由脸前向下弧形绕行，至左胸前时屈腕使掌指向下、向小指的外侧绕环转动成刁手；眼视左手（图D177）。

③上动微停，左前臂从下向右、向上翻起，左刁手随着前臂的翻起变掌、用掌背由脸前向左外格，掌指朝上；眼随左掌（图D178）。

图D176

图D177

图D178

**要领说明：**

此动主要以腕关节进行活动，在腕关节转动时腕部及指部的肌腱必须放松。但在形成刁手和掌背外格时，一定要使肌腱暂时投入紧张收缩的状态。

### 第四十九式　退步拨掌（顺水推舟拨来拳）

**动作分解：**

左脚向后退步，左腿伸直，右腿屈膝；同时，左掌臂从上屈肘向右绕环降至右肩前、臂内旋使拇指外侧朝下用掌心向外推拨，肘臂屈成环状；右拳则在左掌降至右肩时变掌随直臂向下伸于右腿侧旁，在左掌向外推拨时屈肘与左掌一起用掌心向前、向外推拨，拇指外侧朝上；眼视右掌（图D179）。

图D179

**要领说明：**

①左右两掌的推拨动作，必须是和退步的动作在同一时间内完成，不要有先后、快慢之分。

②左掌、肘臂近于平举部位，右臂的肘部须下垂，防止耸肩。

### 第五十式　右盘腿跌扑（飞天卧佛尘埃落）

**动作分解：**

①上身右转面对正西方向，两手臂一起从下向左、向上绕行摆起；同时，右脚离地，右腿屈膝内收，也向左摆起（图D180）。

②上动未停，左脚立即蹬地跳起，身体腾空；在空中，身体向右卧倒，右腿屈膝盘起，左腿向左伸平；两臂屈肘，两掌掌心朝下（图D181）。

③右腿屈膝盘紧，左腿伸平，从上向地面降落跌扑，脚南头北方向。（图D182）。

图D180

图D181

图D182

**要领说明：**

与第一段第十二式的左盘腿跌扑相同，唯动作姿势相反。

**第五十一式　弓步撩掌（二郎担山一条鞭）**

**动作分解：**

①左脚从南方向西方挪动一步，两掌推地，右腿跪地，上身抬起（图D183）。

②上动未停，右脚脚底着地，上身向西前移，右腿在后伸直，左腿在前屈膝半蹲，成为左弓箭步；与此同时，左掌随直臂向前撩起，屈腕成侧立掌平举，掌指朝上，小指外侧朝前；右掌臂则内旋屈腕撮指成钩手向后反臂斜举，钩尖朝上；眼视左掌前方（图D184）。

图D183

图D184

**要领说明：**

与第一段第八式的弓步撩掌相同。

## 第 七 段

### 第五十二式　左右挽臂弹踢（浪子蹴球左右踢）

**动作分解：**

①右钩手变掌，臂外旋使掌心朝上，从后直臂向上、向前弧形绕行，至前方用掌心击拍左掌掌背（图D185）。

②上动未停，左掌随即从前随直臂向下、由左腿外侧向后弧形绕行摆动；眼视左掌（图D186）。

图D185

图D186

③上动未停，左掌继续向上绕行，至上方时握拳，屈肘横架举于头顶上方，拳面朝右，拳眼朝下；与此同时，右掌臂内旋使拇指外侧朝下，握拳从前屈肘向下、向里、经左胸前向上、向前挽臂绕环，至前方时上臂下垂，前臂向下平砸，使拳背向下，拳面朝前；眼视前方（图D187）。

④上动微停，右腿屈膝提起向前摆腿弹踢，脚面绷平，脚尖朝前；眼视前方（图D188）。

⑤右脚向前落步，右腿屈膝半蹲，左腿伸直，成为右弓箭步；同时，左拳臂外旋从头顶上方由身前下降，屈肘收抱于左腰侧，拳心朝上；右拳随即变掌，直臂向前平伸推出，掌指朝上，小指外侧朝前；眼视右掌前方（图D189）。

⑥左拳变掌，从左腰侧随直臂向下、向后、向上、向前弧形绕行，至前方用掌心击拍右掌掌背（图D190）。

图D187

图D188

图D189

图D190

⑦上动未停，右掌随即从前随直臂向下、由右腿外侧向后弧形绕行摆动；眼视右掌（图D191）。

⑧上动未停，右掌继续向上绕行，至上方时握拳，屈肘横架举于头顶上方，拳面朝左，拳眼朝下；与此同时，左掌臂内旋使拇指外侧朝下，握拳从前屈肘向

下、向里、经右胸前向上、向前挽臂绕环，至前方时上臂下垂，前臂向下平砸，使拳背向下，拳面朝前；眼视前方（图D192）。

⑨上动微停，左腿屈膝提起向前摆腿弹踢，脚面绷平，脚尖朝前；眼视前方（图D193）。

图D191

图D192

图D193

**要领说明：**

与第一段第九式的挽臂弹踢相同。

**第五十三式　弓步推掌（单掌推碑力无穷）**

**动作分解：**

左脚向前落步，左腿屈膝半蹲，右脚不动，右腿伸直，成为左弓箭步；同时，右拳臂外旋从头顶上方由身前下降，屈肘收抱于右腰侧，拳心朝上；左拳则变掌，直臂向前平伸推出，掌指朝上，小指外侧朝前；眼视左掌前方（图D194）。

图D194

**要领说明：**

推掌必须快速有力；推出之掌，掌指高与眉齐；上身要沉肩、挺胸、直背、塌腰；两脚防止掀脚和拔跟。

**第五十四式　退步双拳击耳（二龙斗宝双戏珠）**

**动作分解：**

①左掌变拳，臂外旋使拳心朝上，从前直臂向下、向左腿外侧绕行摆动，同时右拳则从右腰侧随直臂下垂，两拳拳心均朝前（图D195）。

②上动未停，两拳一起从下分向左右两侧绕行，至平举部位时屈肘成半圆环状向前平摆横击，如击对方两耳状，两拳拳面相对，拳眼均朝下；与此同时，左脚向后退步，左腿伸直，右腿屈膝，成为右弓箭步；眼视双拳（图D196）。

图D195

图D196

**要领说明：**

与第四段第三十四式的退步双拳击耳相同。

## 第五十五式　右盘腿跌扑（飞天卧佛落尘埃）

**动作分解：**

①两拳变掌，一起从前向下、向左、向上绕行摆起；同时，右脚离地，右腿屈膝内收，也向左摆起（图D197）。

②上动未停，左脚立即蹬地跳起，身体腾空；在空中，身体向右卧倒，右腿屈膝盘起，左腿向左伸平；两臂屈肘，两掌掌心朝下（图D198）。

③右腿屈膝盘紧，左腿伸平，从上向地面降落跌扑，头北脚南方向（图D199）。

图D197

图D198

图D199

**要领说明：**

与第一段第十二式的左盘腿跌扑相同，唯动作姿势相反。

# 第八段

## 第五十六式　转身里合腿（凤凰旋窝回身转）

**动作分解：**

①左脚从南方向西方挪动一步，两掌推地，右腿跪地，上身抬起（图D200）。

②上动未停，两腿直起站立，左脚脚跟内转以前脚掌蹍地为轴使身体从左向后转动，右脚随之屈踝内翻，从右侧向上、用脚底向额前跨摆挂面里合；两掌一起随着右腿的摆动向上摆起（图D201）。

图D200

图D201

**要领说明：**

经额前的里合腿，名为挂面脚。它的右（左）腿必须是从身体的右（左）侧向上踢起，继而向额前做由外朝里的弧形内收跨摆。因此右（左）脚就一定要屈踝使脚内翻，胫骨前、后肌和趾的屈踇肌同时收缩来协助它的里合内收；胸部也要略含使上身稍向前俯，腹直肌、髂腰肌、股直肌同时收缩来协助它的高踢。左（右）腿由于本动是转体的里合腿，身体要借助左（右）脚脚掌的蹍地来转动，因此它可以稍做屈膝，不必挺直，便于脚跟离地上身不至于向前倾倒。

### 第五十七式 抢背（太白落马倒街前）

**动作分解：**

①紧接前动，右脚向东南方向落地，右腿屈膝，左腿在后伸直，上身前俯；两掌放松，左手臂屈肘伸向腹前，右手臂屈肘伸向额前（图D202）。

②上身弯腰前倒，左脚离地使左腿从后向上摆起（图D203）。

③右脚蹬地跃起，团身向前滚翻，以肩、背依次着地（图D204、图D205）。

④滚翻至臀部着地时，上身翻起，左腿屈膝盘坐，右腿伸向东南方，右脚踏地；两手在身前撑地（图D206）。

图D202

图D203

图D204

图D205

图D206

**要领说明：**

与第三段第二十三式的抢背相同。

**第五十八式　回身弓步撩掌（二郎担山一条鞭）**

**动作分解：**

①紧接前动，两手推地，左腿跪起；上身向右移动，左腿随之伸直，右腿屈膝，右脚脚尖外展朝向东南方向；同时，两手成掌，左掌从下随直臂向左后上方绕行撩起，右掌则向右前下方绕行撩起，两掌拇指外侧均朝上；眼视右掌（图D207、图D208）。

图D207

图D208

②上动未停，两掌继续一起绕行，左掌臂内旋使拇指外侧朝下，直臂向下、屈肘向右弧形绕行，屈腕附于右腋下；右掌则随直臂向上、屈肘向左弧形绕行，屈腕成立掌附于左肩外侧，掌心朝左，掌指朝上；与此同时，上身左转面对西北斜方；右脚脚跟稍向外展，右腿顺势全蹲，左腿平铺；眼视西北前方（图D209）。

③上动未停，上身向前移动，右脚脚跟外展，右腿伸直，左脚脚跟内转，左腿随之屈膝，成为朝向西北斜方的左弓箭步；与此同时，右掌从左肩外侧随直臂向下、向身后弧形绕行，屈腕撮指成钩手反臂斜举，钩尖朝上；左掌臂则外旋使掌心朝上，从右腋处直臂向下、向身前弧形绕行撩起，屈腕成侧立掌平举，掌指朝上，小指外侧朝前；眼视左掌前方（图D210）。

图D209

图D210

**要领说明：**

与第一段第八式的弓步撩掌相同。

**第五十九式　踏步急行旋风脚（风卷霹雳上九天）**

**动作分解：**

①右腿离地屈膝提于左小腿内侧；随即右脚在左脚内侧跺脚踏步，左脚立即离地向前提起（图D211、图D212）。

图D211

图D212

②左脚向前落步，右脚随之向前上步；在上步的同时，右钩手变拳，臂外旋使拳心朝上，从后直臂向上摆动；左掌变拳平举身前（图D213、图D214）。

③左拳从前随直臂向下、向后、向上弧形绕行摆动，右拳从上随直臂向前、向下弧形绕行摆动；同时，上身随之左转弯腰前俯，左腿离地屈膝提起（图D215）。

④右脚蹬地跳起，身体腾空；在空中，上身从左向后、向前旋转一周，右脚随之屈踝内翻，用脚底向额前里合横摆；左拳变掌，在额前用掌心击拍右脚脚底（图D216）。

图D213

图D214

图D215

图D216

**要领说明：**

这里的旋风脚，须要旋转一周，因为它的击响动作一定要在旋转一周之后于额前进行，防止将要击拍的时候左脚已经着地。但对初学者来说，则允许击响动作与左脚的着地同时进行。

**第六十式　虚步架打（英雄打虎收招式）**

**动作分解：**

①左脚落地，上身转向东方，右脚随即向身后西方落地，左腿在前屈膝，右腿在后伸直；同时，两掌握拳，左拳随直臂平举于身前，右拳随直臂平举于身后，拳眼均朝上；眼视左拳前方（图D217）。

②上动未停，左拳臂外旋使拳心朝上，屈肘收于右肩前，以拳轮靠身；同时右拳臂内旋使拳眼朝下，从后直臂向下、向前弧形绕行撩起，使拳眼朝上；眼视右拳前方（图D218）。

图D217

图D218

③上动未停，上身向后坐，右腿随之屈膝半蹲，左脚收回半步、屈膝以脚尖虚沾地面，成为左虚步；在上身后坐的同时，右拳臂内旋使拳眼朝下，屈肘向上架起，横举于头顶上方；上身半面右转，左拳随直臂向正东前方平伸冲出，拳心朝下；眼视左拳前方（图D219）。

图D219

**要领说明：**

右拳横架，肘要屈成半圆成弧形，肘尖要向右后牵引；左拳冲出，臂要边伸边内旋，不可先使臂内旋拳心朝下之后再冲拳或冲拳之后再旋臂。

**收势（走罢单练再拆拳）**

**动作分解：**

上身半面右转向南，两腿伸直站起，左脚向右脚靠近并步；同时，两拳变掌，从左右两侧一起直臂下垂，五指并拢贴靠于两腿侧旁，掌指朝下；眼视正南前方，仍做立正姿势（图D220）。

图D220

**要领说明：**

此动虽然是收势，仍须保持身体正直，精神振作，呼吸平稳，神情自然，勿露倦容，莫作疲态。

# 后　记

## （一）试论蔡龙云武术思想——勇破陋俗、引领创新

### ——悼念武术泰斗蔡龙云恩师

王培锟　曾美英

蔡先生幼年即从其父近代著名武术家蔡桂勤先生习武，不仅武艺高深，且受中华武术传统教育的影响，他厚德、笃实、博学、才广、宽容、大度。他对武术传统文化、技术内涵的理解极为深刻，尊重武术前人的创造，认真汲取传留下来的理、技、艺。但非全盘接收，对前人所论，经分析、研究后，精华部分加以吸取，而对糟粕和传统陋俗加以批判与摒弃，并果敢地提出新论，引领武术发展。本文仅从蔡先生对武术传承与发展的见解，对武术体育论的倡言，构建武术套路运动训练、竞技比赛的模式，扶持武术散打运动的开展，编写体院武术教材、探求武术教学法等方面的所说所做，试论蔡龙云先生“勇破陋俗、引领创新”的武术思想。

**1. 继承传统　勇破陋俗**

蔡先生认为“中华武术应该在继承的基础上寻求新的发展”，“传统的东西反映了那个时代的精神和文化，应该保留。但是，武术是跟着时代的前进而发展的。仅仅保留，就无法反映现时代的精神，因此更重要的还在于发展”。

先生在武术继承传统问题上决不含糊，提出学拳要按传统要求，讲究“一专、二博、三化”。2011年，84岁高龄的他为传承“华拳”这一传统的拳种，身体力行，坚持每周二次给年青教师传授“华拳”套路。“蔡龙云武术大师工作室”还计划出版“华拳系列丛书”（1至12路“华拳”和“华拳对练”套路），为保证一招一式的准确，大师不假手于人，亲自执笔撰写，每天伏案“爬格子”，传统式写作数小时，以求早日完成大作。除此之外，他还常在上海市教委授予的“蔡龙云大师工作室”里，孜孜不倦地翻阅着与中华武术文化有关的古今图书典籍，也看些“杂书”，并认真地做笔记，保持着早年养成的学习、求知的习惯。

他博学，对武术传统中存留下、在武术人群中流传较广、影响较大的所谓武术“论”与“说”，以及残留在武术领域中的陋俗勇于撰文批判。早在1953年上海举办武术观摩交流大会后，对猴拳、猴棍套路中出现“搔耳朵”“棍夹二股”等动作，他就指出：练猴拳是吸取猴子的活泼和敏捷的特点，并不是要学猴子的丑态。对“双刀进枪”对练项目中出现的“刀片在对方背上乱拍”的现象，认为它不符合武术技术的方法，是“旧一套不合实际的噱头”。提出应对“含有丑化的、迷信的、不合实际的、不合科学的武术做严厉的批评……才能进一步向新体育的方向前进”。次年，在《新民晚报》上发表的《谈武术运动》一文中又尖锐地提出：旧时，武术界所形成“正统、宗派的思想观念，造成了许多年的内家、外家、各门、各派的相互歧视、相互诽谤、相互残杀。同时为了相互夸张，便各自争先恐后地在武术运动的身上加上了一套玄学的理论……”而对“在宗派观念支配下，总是各说各的好，打击别人抬高自己”等陋俗加以评说。在那个年代里，武术界还处于沉痼的旧态中，这些对旧俗尖锐、剧烈批判的言论敢于公开发表，表现了先生一身的正气和勇气，也是引导日后武术健康发展的先声。

1956年先生在《人民日报》上发表的《丰富多彩的祖国武技艺术》一文中指出：“由于武术……宗派分立，造成了技术上的零散混乱和迷信荒诞的说法。因此，整理武术运动，要注意推陈出新、去粗存精，把一切有益于人民身体健康、艺术形象优美的项目收集起来，加以研究整理，依据各种项目的不同性质，明确它的使用目的、对象，在技术上使它成为有标准、有规则、科学化的体育运动项目。”特别是1984年在《当代体育》杂志上发表的“写在《精武》专栏前的几句话”中说：反对宣扬那些臆造的、幻想的、不科学的东西，如“履水功”“避火功”“刀枪不入”“隔墙打人”及所谓的“绝招”等。还说：不反对为了探讨项目的源流而作些“家谱”“宗谱”的叙述。然而，宣传介绍的重点应该是武术的传统技艺与理论，绝不能以世袭嫡传、辈分来论定技艺的优劣，绝不能以封建宗法来替代武术技艺的流传。宣传武术“绝不可以失真，不可以故弄玄虚，哗众取宠，更不能无中生有，胡编乱造”，提倡阐述观点和流派，反对打击别人、唯我独尊、“老子天下第一”的宗派意识。认为，武术越老越好、越古越真，以标榜“正宗”，甚至称是第几代传人、嫡传等搞厚古薄今是没有意义的，在批判武术中残存的诸多陋俗后，他认为“继承是基础，而发展才是最终的目标”“创新并不是说要丢掉传统，而是要有所发展”，又说陈王廷可以“忙来时种田，闲来时造拳”，为什么我们现代人倒不可以呢？当然，他也敢标新立异，提出自己的看法、观点，乐与同行共研讨。如，称“如果福建泉州的少林寺称为南派少林，那么河北蓟县的盘山少林寺倒也可以称为北派少林。而河南登封的嵩山少林寺则可称为中州少林了，因为嵩山少林寺正好居于南北的中间”。而谈到武当武术的理论建设和研究时，先生认为：在指导思想上“武当功法、武当拳法与道教的界线也要弄清楚”，避免落入“有了道教才有武当拳”等不切实际的怪圈里。先生除了提些与武术相关的敏感话题给人许多遐想与探求的欲望以外，还对影响较大的“武术论”进行了潜心研究，有了新见解也撰文论证。如发表“论武术的‘内家’与‘外家’”一文，果敢地对清初著名学者黄宗羲先生为浙东武术家王征南撰写的《王征南墓志铭》中“中国武术分‘内家’与‘外家’”之说提出质疑，文中引经据典，论证：古人和贤者所说的一切，恐怕有一些也不完全是符合客观实际的，在武术“内家”与“外家”之别的说法上，就难免不带偏面性和局限性了。在提出质疑后，先生也提出“中国武术，在长、短拳两类的拳术中，有工、行、醉、绵、劲、别六种体势”的见解，摇撼了数百年来中国武术被分为内、外两家的理论。引领武术研究者对传统武术中某些方面加深研究与认定的兴趣。

## 2. 引领创新　促武发展

武术是中国传统的民族体育项目之一。蔡先生从历史起源、技术方法、优劣评判、健身功效、社会意义等方面论证了它在当代的发展价值，对曾被认为是“落后的、粗糙的、上不得台面的东西”在思想上予以重视、在行动中予以整理、在实践中加以提高。创新发展要讲“体育科学的原则”，反对“以体操的形式来要求武术”。特别赞赏武术运动员在赛场上表演的带有时代精神的创新“自选套路”。为使武术能更好地为民众健康服务，并在体育运动项目中占有地位，蔡先生认为，只有创新，武术才有生命力。早在1987年他就提出“武术跨学科研究”“武术研究要社会化”，建议“各种学术观点都允许发表”，尤其是新见解、新观点。

### ①“击”和“舞”双线发展的思想

先生早在 1957年《新体育》杂志上发表的“我对武术的看法”中，提出“我国武术从创始到现在，始终是循着‘击’和‘舞’两个方面发展的。这两个方面传统地构成了整个武术运动”。又说：中国武术中“击”的一面，它在古代的作用是在于“防身杀贼”，这是没有疑问的。而“舞”的一面特别是“花”的，它在古代的作用，我认为则是在于它的动作优美、气势雄伟，能给人以极大的感染力，是“击”反映在“舞”中的表演。从中可以比较明显地感受到他所提出的武术“击”（对抗运动）和“舞”（套路运动）两条线发展的思想萌芽。曾一时引起了武术界的激烈讨论，先生坚持己见，事实上现代武术已发展为“散打”与“套路”两种运动形式，也为武术教科书中“武术是以技击为主要内容，以套路和搏斗的运动形式，注重内外兼修的中国传统体育项目”的武术基本定义奠定了思想基础。

### ②开启系统、科学化训练之先河

武术在民间的发展，不能停留在普及的水平上，必须更上一层。蔡先生1958

年出版发行的《武术运动基本训练》一书，无论在基本功训练、基本动作训练还是基本套路的讲述均较前人所著的武术书论，更明确、更系统、更具有实用价值，特别是基本技法中所论述的“二十四要”，即“四击”“八法”“十二型”的深入浅出的论述，至今尚难见到如此精辟的有关武术演练的论说，即使现代的武术运动竞赛规则有了较大的变化，而“评分方法与标准”一章中“演练水平”仍占“3分”分值，这是运动员获取优胜的关键，因此教练员、运动员均会自觉、不自觉地去探求“二十四要”的精髓所在。显然，此书既是习武者“入门”的最好教科书，更是专门从事武术运动训练者的必读教程，有效地促进了武术运动水平的提高。1958年有了全国性的武术竞赛活动后，在全国各省市陆续成立武术运动队。《武术运动基本训练》一书已成为各地业余和省市武术运动队的首要训练参考书。至今，在各高等院校的武术教材、各武术运动队制订的训练纲要中，有关武术基本功、基本技术、基本理论的章节中，无不引用《武术运动基本训练》的内容。可见，蔡先生的武术运动系统、科学训练的创新思想，已在中国武术半个世纪的发展中所具有的影响力和地位。此书早已一书难求，人民体育出版社已重新再版，以满足读者的需求。

**③倡导武术竞赛的新思路**

1953年蔡先生在参加“全国民族形式体育竞赛暨表演大会”获“优秀奖”后，在武术竞赛运动的“破”与“立”中，是引领武术竞赛创新的人之一。

1956年国家体委将武术列为正式运动项目，并列为国家的运动竞赛制度的内容之一。此后，每年举行全国规模的武术竞赛，使各种武术套路内容都得到充实和提高，而原有各种套路的质量、难度、强度已显得落后了，从而也促使原有的竞赛规则、竞赛和裁判方法需要迅速加以改进。为了适应技术发展的需要，国家体委组织了新的武术竞赛规则的研究工作，制定了中国武术竞技的第一部《武术规则》，并在1959年颁布实施。《规则》虽因时势的变化修订过数次，也由厚本变薄本，但主体内容、条款仍无大变化，即使在1993年制定的《国际武术竞赛规则（草案）》中，“演练水平”一节还是离不开原《规则》的本义，而《传统武术套路竞赛规则》中，则留有更多的痕迹。显然，第一本

《武术规则》的精要，至今依然影响着武术竞技与交流比赛的发展。根据这一新的武术竞赛规则，还创编了长拳、刀、枪、剑、棍五项“武术竞赛规定套路”，1960年的武术运动会上成为竞赛的内容。“竞赛规定套路”在武术规范动作、提高技术、增强体能等诸方面均促进了武术竞技运动的迅速发展。先生是《武术规则》的主编，大部分章节由他执笔，而在“竞赛通则及评分方法”“各项动作的组别及基本要求”二章中，先生首写了“长拳”“南拳”两节，其余各节内容均以此为范例，由参与编写“规则”者进行撰写。《武术规则》突破了武术囿于民族体育的“土围子”，吸收了其他运动项目所制定的“竞赛规则”的合理、先进的部分，并寻找出与武术运动项目竞赛特点相关联的结合点，对《武术规则》进行大胆变革，创建了武术全新的竞赛形式，有力地促进了武术套路竞技运动的迅速发展。这与先生在主笔《武术规则》、“武术竞赛规定套路”的编写与后来多次参加“规则”的修订中，勇破旧俗、力求革新的思想是分不开的，其所起的作用也为武术人所认可。

### 3. 扶持散打运动的开展

从武术“击”和“舞”双向发展论的提出，足以看到先生对武术对抗运动的独特认识。从童年习武及少年时与洋人的公开实战的经历中，自然而然地对民间兴起的武术“散打”运动给予关注与扶持。他在1988年《话技击、散打》一文中说：奥运会，我们已确定争取将武术列为表演项目，中国武术走向世界已是大势所趋。由于国外一些武术团体比较注重武术的实用价值，同时技击本来就是武术的重要内容，因此，当前加强对技击的研究和实践，对促进武术早日走向世界有着十分重要的作用。并期望，“用不了太长时间，具有浓郁中国特色的运动将会为世界所瞩目”。显然，先生对“散打”运动的开展既给予明确的肯定，还指明技术发展的方向要有“中国特色”。他对“古代的角抵相扑运动”进行研究后，提炼出“气盛心平、得机得时、顺势勿逆、搏贵无形，击必中、中必摧”的古代角抵相扑的战略战术思想，也蕴藏着先生自身实战的经验总结，对现今散打运动的发展具有现实的指导意义。

### 4. 武术的学校教育

新中国成立后，武术被列为各级体育教学内容，武术这一民族的体育项目也进入了高等教育的大雅之堂。1959年国家体委的直属体育学院还设置了武术专业，培养武术人才。此后各种形式的武术学校相继建立。对学校的武术教育，先生说：“不能只重技术，不重文化课学习，应文武并重。”更强调“习武先习德”。他认为，通过教材的施教是武术教育的重要途径之一。

#### ①编纂教材

学生在学校习武，首先要有一本好的武术教材，通过教材才能有目的、有计划、系统地传授中华武术的文化和技艺给学生，将其培养成为对社会有用的武术人才。当武术项目成为体育学院的专业后，编写武术教材就成为首要的事情。1959年先生参加了武术教材的编写工作，第一本“体育学院本科讲义”《武术》于1961年出版，注明为“内部教材”。这本“讲义”奠定了体育院、校武术教材的基础。“讲义”主要理论章节是由先生撰写的，最后由他进行修改和编纂。“讲义”中有关武术的特点和作用、内容分类、基础训练、教学与训练等章节的内容，体现了武术理论与实际、传统与现代相结合的务实求新的思路。此后，先生又分别于1978年、1983年参加体育院系《武术》通用教材的编纂，在“讲义”的基础上，拓展了教材的内容，吸取了新的观点，并纳入培养学生能力章节，使重编的教材更具有新意和时代性。先生的创新观、发展观在所编写的教材中依然可见。

#### ②探索武术教育方法

蔡先生认为“武术课堂教学应该下工夫研究”，称几十年来，教学的形式和方法基本“没有改变，或者说改变不大”。在新的历史时期、新的形势面前，我们能不能对武术课堂教学也进行一番改革与研究？先生提出新教学法的改革，并非首次。早年他就对武术单一死板、枯燥无趣的民间传统教学作了剖析，努力探索武术教法的改革，并于1964年在全国体育科学会议上作了“关于武术教法中的几个问题”的报告，并被入选《体育报告论文选集》。此报告从武术教学步骤、武术分解教学法、武术讲解与示范、武术的口令运用几个标题来看，似与“体育理论”教材所述内容近似，但细读后可品味出他对武术教学法论述的精辟。先生从丰富的教学经验中将实践提升为理论，仅“武术口令的运用”就分解为7种，而每种均有说法，且便于应用。聆听过先生上课的学生无不感受到学之有趣、练之不累，课后回味无穷，特别爱上他执教的课。但他总是谦虚地说，“我是学校武术教学的新兵，没有很好地对武术教学进行过研究。仅以几点体会求教于大家”。时至今日，还真看不到有更好的有关武术教学法的文、论能超越先生的。

**③武术技术的“标准化”**

蔡先生重视武术技术的“标准化”。1956年他就提出武术应在“技术上使它成为有标准、有规则、科学化的体育运动项目”，1958年国家体委运动司武术科编、人民体育出版社出版的《长拳基本动作和应用术语》一书中，对武术的动作和术语均作了规范、标准的要求。先生是这本书的执笔者，而且动作图示均是先生的实拍动作照片。长拳动作“规格”和“术语”成为后来编写“规则”，规定拳、械书，以及大多数武术书、刊作者的参照模本。先生对拳术的“标准化”理念，先人一步，起到了示范作用。还提出武术以“体势”分类，拳术可分“工、行、醉、绵、劲、别”6种；剑术可分工架剑、行剑、醉剑、绵剑4种的构想，甚至连握剑的方法也提出随着不同剑法的变化，分为满把、螺把、压把、钳把、刁把5种，反映出他对武术动作“标准化”的思考与实践。

结语：作为蔡龙云先生的学生，我们曾经得到先生的面授以及后来长时间的工作相处，不论是从做人还是习武、学识等方面均获益匪浅，通过对《琴剑楼·武术文集》的再研读，更加深了对先生“勇破陋俗、引领创新”武术思想的认识。事实上，在他的直接教导与潜移默化的影响下，多少也有了点破旧立新的思路。因此，从上海体院武术系到武术学院，学生们也做了：创建“上海体育学院武术散打专业”、促建非奥运项目的“上海体育学院竞校武术班”、申报“上海体育学院重竞技硕士点” 获批、申报全国第一个“武术博士授予点”获批、创建“上海体育学院中国武术博物馆”、组建“上海体育学院武术养生与民间体育专业”等，也算是传承了先生的武术发展思想，果敢地克服各种困难，做了些有益于武术发展的几件事情吧！

最近，提出为中华民族实现伟大复兴，通过文化大发展、大繁荣，让文化中国成为世界强国的国策，已深入人心。以中国式文化发展，塑造中国特色文化大国形象时，武术这一传统文化必将更放光彩。武术后来人，也会在先生的武术思想激励下，为中华武术、为上海体育学院武术的发展，继续发扬光大！

注：上述引文均来自蔡龙云《琴剑楼·武术文集》（北京：人民体育出版社，2007）

此文为在全国第9届体育科学大会分会场“传统武术传承与发展暨蔡龙云武术思想研讨会”上作的报告。

2011年12月6日　于上海

## （二）漫谈武术泰斗蔡龙云先生对中国武术的贡献

邱丕相 郭玉成

**摘要：**采用口述史研究方法，以武术泰斗蔡龙云先生撰写的《琴剑楼武术文集》《武术运动基本训练》《四击、八法、十二型》等著作和论文为重点，系统总结了其对中国武术的贡献。认为：蔡龙云先生文武贯通、击舞融合，是德艺双馨的武术家；著书立说、筑基武术，是新中国竞技武术的开拓者；寓教于武、继承创新，是新中国武术教育的奠基人。

**关键词：**武术 蔡龙云 贡献 口述史

### 蔡龙云先生简介

蔡龙云（1928—2015年），汉族，山东济宁人。我国著名武术技击家、理论家、教育家，新中国武术的主要奠基人之一；上海体育学院教授，国家体育总局武术研究院专家委员会主任；原国家体育运动委员会武术研究院副院长，中国武术协会副主席。1943年、1946年先后在上海与西洋拳击家比赛，以中国拳法击败俄国拳击家马索洛夫、美国重量级拳击冠军鲁塞尔，被人们誉为“神拳大龙”。著有《武术运动基本训练》等10余部专著。主编我国第一部《武术竞赛规则》，主编和参编了全国体育院校通用教材《武术》。1985年被授予“新中国体育开拓者”奖章。1991年起，享受国务院颁发的“政府特殊津贴”。1997年出任武术理论与方法博士生指导小组组长。2008年，上海市教育委员会为他建立“蔡龙云大师工作室”。

**采访时间：**2015年12月22日

**采访地点：**上海市国和路555弄金体苑小区邱丕相家

**采访人：**郭玉成

**受访者：**邱丕相

**摄像/录音整理：**王培含 张银萍

我1961年开始跟随蔡老师，到今年应该是54年了。1961年我进入上海体育学院武术系，蔡老师是我们619班（武术、摔跤、举重班）班主任；从二年级开始，又担任我们专项班的教练老师，一直到毕业。我毕业之后留校工作，到1976年他带着我去国家体委编写武术剧本。文化大革命结束以后，恢复教学，到获批硕士点、博士点等。他也曾带着我参加统编武术教材、各种比赛裁判及国际裁判训练班教学等，一直到大师工作室成立，他依旧耕耘不息。

## 1. 文武贯通、击舞融合，是德艺双馨的武术家

蔡老师是一位伟大的武术家。伟大在于他站得很高，可以说是高瞻远瞩、高屋建瓴、高韵深情。与同时代人相比，他是文武兼修、德才兼备的一代宗师。通俗地讲，就是蔡老师能打、能练、能写。能打，赛场上叱咤风云，挫败俄、美的洋力士，十几岁的时候就很有胆量和智慧。能练，他练的华拳也好、剑术也好，甚至形意拳、太极拳也好，都气韵不凡。记得在1953年天津举行全国民族体育大会的时候，最后一场，蔡老师参加一个精英表演，和蔡鸿祥老师一起表演四路华拳对打，令人叫绝，其中有个动作叫金钩挂帘，非常精彩。大会结束时，国家挑选了一批优秀武术运动员，进京到怀仁堂给国家领导人表演。蔡老师后来给我说起，他当时表演的是剑术，我估计是峨眉剑，因为后来在4年的教学中，对我们影响最大、印象最深的就是他的峨眉剑。能写，他是当时著作最丰的一位武术家。不光是他自己的编著，他还帮别的武术家整理，像胡汉平的《武松脱铐》、邵善康的《醉拳》等，都是他整理的，还有好多。

蔡老师的文化资历不是很高，没有上过大学，但是他读古文的能力颇强，文学修养颇高。他研究武术历史，研究整个套路的发展历程、剑术的发展过程，都是认真读史书、查资料的。他的文字功底也很好，20世纪50年代的时候，他就经常在报纸上写一些评论性的文章，写得很精。集成一集成了后来的《琴剑楼·武术文集》，既是行家里手，读起来又颇有兴味。我后来也写一些类似的文章，都是受了蔡老师的影响。

蔡老师能练、能打、能写，有文采，教学能力也非常强。我们当时各个班抽出一部分专项比较好的同学集训，蔡老师身体力行，晚上需要加班训练的，就白天上课、晚上训练。蔡老师那时候40多岁，示范动作的手、眼、身法、步非常漂亮，器宇不凡。蔡老师的理论课也非常精彩，我们当时都很喜欢听他的理论课，他口才好，博闻强记，绘声绘色，极为生动。当时上海体育学院举行过对全校教师的示范课，他在大礼堂讲武术教学法，相当精彩。他还讲过一次武术的套路运动。总体来说，蔡老师是技、理全面又有综合修养的一位武术大家。

非但如此，蔡老师还会弹古琴，他跟上海文艺界不少名家有交往。如上海歌剧舞剧院院长舒巧、上海古琴协会会长张子谦等。蔡老师的书法也相当有造诣，写的是颜体，但不太轻易写，他写的“中国武术博物馆”7个大字，端庄、大气。

旧时代的武术行家里手，多数是能练或能打，而不能写；蔡老师则能练、能打、能写、能教、能讲，相当全面，在老一辈武术家中，他虽然年轻但出类拔萃。

## 2. 著书立说、筑基武术，是新中国竞技武术的开拓者

说到学术成就。第一件事是新中国成立后，在国家体委的领导下，蔡老师和众多专家一起开拓了新中国的武术，或者说开创了新中国武术。新中国成立以前，武术的拳种很多，流派林立，却有宗派门户之见，甚至有的民间组织受到封建迷信及反动道会门的影响，使武术组织比较混乱，蒙垢染尘。当时中央人民政

府对反动的残渣余孽混在民间武术中是取缔的，但是新中国不是不要武术了，而是要有一个崭新的体制去替代它。

毛主席当时的指示是“发展体育运动，增强人民体质”。武术在民间流传了这么久，如何作为体育运动来开展、来为增强人民体质服务呢？当时国家体委总的思想是建立一个新中国的武术。从名称上来讲，由国术改为武术；从具体的技术内容来讲，孕育出以“长拳”为代表的新中国武术运动。其中很重要的奠基人之一是蔡先生。他技术纯正大方，思维敏捷，敢于创新，长于动笔，自然不辱使命。他当时写的《武术运动基本训练》和《长拳基本动作和应用术语》两本书，为长拳运动奠定了技术和理论基础，将武术的基本功、基本动作、动作规格、动作名称规范等系统地统一。

在此基础上，有了竞赛规则、竞赛套路，有了竞技比赛，也就有了专业运动队，武术运动开始蓬勃发展起来。1962年，还在上海体育学院风雨操场举行过一次14个省市的武术比赛，有规定套路，也有自选套路，各队风格不同，而技术标准是一致的，规格化、标准化，手型、步型、跳跃、平衡都清清楚楚。“长拳”运动的确立，蔡老师功不可没。他这两本书对各武术运动队和体工队的建立、建设及教学训练有直接的指导作用。特别是20世纪60年代的武术形式，跟新中国成立以前相比，可以说是面貌一新。当时好像有很长一段时间，蔡老师调到国家体委的武术科协助工作，为新中国武术的创建立下了汗马功劳。

第二件事是教材建设。1958年青岛会议，全国体育院校校（院）长开会，决定把武术列为院校课程，设立专项班。蔡老师和一批学院里的老专家，在1961年共同出版了全国体育院校通用教材上、中、下 3 册。当时没有主编，只有编写组，大家分工写，蔡老师负责串编。这 3 本书是新中国第一套武术教科书，也可以说在新中国成立前还没有这么一本全国统一的教科书，这也是他的一个很重要的贡献。

再接下来，又出了一套 4 册的武术教科书，后来，专修教材和普修教材分开了，蔡老师任教材组组长（国家体委任命的教材组组长），我那时担任秘书，负责整理专家讨论的意见。此后，又出了两次统编教材，由我接替蔡老师任组长，全是继承了蔡老师的思想。2003年我主编《中国武术教程》时，蔡老师和我们一起去了武夷山，他担任教材顾问，依旧兢兢业业。可以说，新中国武术从技术到理论的建立，蔡老师从一开始起步，到带领武术人逐步构建了一个新中国武术的技术体系和理论体系。这是蔡老师一个很突出的贡献。

20世纪80年代《少林寺》电影之后，武术掀起了一个热潮，蔡老师出版了《少林寺拳棒禅宗》。这本书中有八步连环、少林十八手、疯魔棍等内容。蔡老师亲力亲为，自己做示范，我帮助拍，也参与了蔡老师技术动作的拍摄，因为打对练的时候需要一个对手。这本书发行量很大，在普及武术的热潮中深受青少年喜爱。

还有一本书是《剑术运动》，后来由人民体育出版社再版了。这本书也是开历史之先河，之前只有《青萍剑》《昆吾剑》《青龙剑》等各种剑术书，都是单一的套路。蔡老师高瞻远瞩，从剑术历史到基本理论以及剑术运动的发展脉络、运动特点、基本技法都系统整理了，并向读者系统地推出了太极剑、峨眉剑、双剑、长穗剑、醉剑等剑术套路。这样，剑术的系统就比较全了。

还有一个就是“把法”。以前的剑术书中就是写动作，如弓步刺剑、回身劈剑、提膝平斩等，但是怎么握剑，没有写。蔡老师总结了“把法”，因为有时候握剑要满把握，如劈剑，而刺剑的时候就不行了，刺剑就要螺把，还有的剑法要钳把、刁把、压把等。这是开创性的技术理论。

除了这些，蔡老师还提到套路运动的几种基本形态，由书法联想到工、行、醉、绵、劲、别。以往武术套路的分类按地域、内外家、寺和山等，蔡老师将自己的多年实践上升到理论，提出了按体势分类的方法，即武术套路有几种不同的体势。

所谓工体，就是工整的支撑八面、平衡匀称，就像书法当中的楷书；比较流畅的行体，如行云流水，势势相连，起伏跌宕，就像行书、草书，比如八卦掌走出来就是连绵不断的；醉剑有点像书法里的狂草写法，很自由；太极剑就是绵体，柔利而绵绵不断；还有劲体和别体，如西北鞭杆的技术形态，就属于别体。蔡老师认为不同的拳派有不同的技术风格，但是可以大致分为6种技术形态，这也是他的一个理论贡献。

在此基础上，蔡老师发表了一篇名为《论武术的内家与外家》的论文，认为笼统地将武术拳种分为内外家是不够科学的。有人认为只有内家才讲“以柔克刚”“后发制人”，其实所谓的“外家”，讲“刚”也讲“柔”、讲“外”也讲“内”、讲“先发”也讲“后发”，总之是相对而言，以“柔、静、内、外”来标志内家拳类是不科学、不准确的。这篇论文一经发表，引起了强烈的反响，他的辩证唯物主义的思考方法令人折服。蔡老师整理撰写这些文章时站在国家的高度，不是为某一家拳种、某一个门派，可谓高屋建瓴。

### 3. 寓教于武、继承创新，是新中国武术教育的奠基人

蔡老师在理论上的贡献很多，其中教学法是具有开创性的。比如讲武术的教学步骤：第1步要掌握动作路线，路线先搞清楚；要学会掌握这个动作过程，怎么做的，是走的弧形、走的圆形还是走的直线，从哪儿到哪儿。第2步动作式势要到位，最终的位置这个姿势应变成什么样的，比如弓步冲拳，从搂手之后，是弓步和冲拳，最后结束的姿势要正确。

又如：第1步是先明路线，哪怕你姿势还不行，但是你的动作路线先要清楚，所以教学要先交待路线，教师领做的时候可以轻轻比划一下，姿势高一些也无妨，但是动作要慢，把它的路线搞清楚。第2步教师施展动作时，要标准，要到位；每个动作姿势要正确。第3步，要求恢复到正常的速度，体现一定的劲力。第4步，再是整个手、眼、身、步的协调。第5步，讲的是学而令其似本，强调反复练，拳打千遍，身法自现。同样的道理，这5步教学步骤也是站在新中国武术教育的角度上，突破了以前传统的“教师做学生跟”的模式，在后面跟着模仿，一遍又一遍；现在公园里还有人这么教，太极拳一打，什么也不讲，跟着模仿就可以了。蔡老师是站在一个科学的角度，经过提炼总结，把武术教学引入一个新的阶段。

关于武术的套路运动源流，蔡老师从套路的历史出发，告诉人们中国武术开始最早的是相搏、手搏、击剑等格斗技术，摔跤也属相搏。另外还有一种是演练、舞练的技术，即套路运动，它与搏斗运动长期并行不悖。套路技术最早在汉

代的宫廷里，剑舞、刀舞、双戟舞等，他引用了大量资料，说明那时候就把格斗的技术动作连接起来形成套路。他认真地研究了这个历史，在此基础上他提出了武术套路运动的“四击”“八法”“十二型”，就是我们讲的“踢、打、摔、拿”“手眼身法步、精神气力功”“动如涛、静如岳、起如猿、落如鹊、立如鸡、站如松、转如轮、折如弓、轻如叶、重如铁、缓如鹰、快如风”，掌握了这“十二型”，基本上套路的演练技巧就掌握了。重如铁、轻如叶，砸下去很重、跳下来很轻，都是功夫，这个动作连起来，起承转合、动静疾徐都在这里面了。可以说，蔡老师总结了套路演练的基本技法。

20世纪80年代，我写了一篇《武术套路美学初探》，这篇论文就是受蔡先生的影响。蔡先生在理论课上讲得很深，他提出了一系列的传统美学理念来分析套路运动，比如说讲究“五体匀称”，“五体称，乃可谓之形备”，即形体要匀称、工整，势正招圆；“筋骨遒劲”，“筋骨遒，乃可谓之质善”，即动作架子摆得好，内涵的劲有没有，要看身体是否含了劲，如有劲力就到位了。这让我们联想到书法亦是如此，字型、间架、结构、笔画要写得饱满、工整、匀称。另外要看力度，不是剑拔弩张就很有力，真正书法家的字初看起来很柔和，再仔细品味却很老辣、内刚。如太极拳，它的劲力是含在里面的，柔中带刚。

练武术要心动形随，心要动，形要跟上去，意气要风发，意发神传，特别讲究精、气、神，讲究形断意连、势断气连，整个套路讲究起伏转折、气脉不断。气脉不断也如书法一样。

经过长时间的琢磨研究，蔡老师最后总结出套路运动演练的最高境界，是一个很了不起的贡献。20世纪60年代，出类拔萃的武术运动员都心甘情愿拜蔡先生为师，如黑龙江的于立光、江苏的王金宝、山西的张玲妹、安徽的陈道云、上海的李福妹和山东的于承惠、于海、王常凯等，对蔡老师从技术到理论都非常崇拜。

蔡老师有这么深厚的理论都是通过博览群书、精研慎思后提炼出来的。他建议研究生要从技术上研究、思考，不能仅仅做从理论到理论。他对现代竞技武术提出了建议，认为现在的竞技武术缺乏内涵、味道，要把握竞技武术真正的内涵，需要更多研究者从技术上认真研究，思考什么样的套路形式才能代表武术发展的正确方向，要既是传统的，又是创新的。

蔡老师重视武术教育，强调“少年强则中国强”，在青少年这一代要进行武术教育。武术教育最重要的是品质、精神、人格的教育，不是单一的通过理论进行教育，也不是只教技术、练功夫，而是要通过技术锻炼，使学生感悟和体悟品格与精神。他还强调，习武之人要心力坚强，要培养青少年的心力，练武术时刻要进入一种战斗的场合，这样精气神才能表现出来。习武者心力要坚强，如果没有这种精神，武术就和体操没多大区别了。

回顾蔡先生的人生历程，正是：铁骨神拳挫洋力士为民族吐气扬眉，丹心精论革新武术育中华栋梁英才。

注：根据邱丕相口述整理，并经邱丕相审定

**图书在版编目(CIP)数据**

稀世珍本　经典华拳（上册）/ 蔡龙云著.
- 北京：人民体育出版社，2017
ISBN 978-7-5009-5189-6

Ⅰ. ①稀…　Ⅱ. ①蔡…　Ⅲ. ①华拳-基本知识
Ⅳ. ①G852.12

中国版本图书馆 CIP 数据核字（2017）第 162916 号

*
人民体育出版社出版发行
三河兴达印务有限公司印刷
新　华　书　店　经　销
*
787×960　16 开本　26.5 印张　406 千字
2017 年 12 月第 1 版　　2017 年 12 月第 1 次印刷
印数：1—4,000 册
*
ISBN 978-7-5009-5189-6
定价：85.00 元

社址：北京市东城区体育馆路 8 号（天坛公园东门）
电话：67151482（发行部）　　邮编：100061
传真：67151483　　邮购：67118491
网址：www.sportspublish.cn
（购买本社图书，如遇有缺损页可与邮购部联系）